Irmtraud Feldbinder
Wolfgang Stahlberg

LAPPLAND

Ein Express Reisehandbuch

MUNDO

Mundo Verlag

Bildquellen der Schwarzweißbilder
Feldbinder, I./Stahlberg, W.: S. 16, 20, 25, 29, 30, 33, 40, 47, 52, 55, 59, 62, 65, 87, 91, 119, 122, 127, 131, 151, 152, 155, 157, 161, 167, 169, 174, 178, 181, 188; Meyfarth, K.: S. 186.

Bildquellen der Farbbilder
Feldbinder/Stahlberg: 1, 2, 4, 5, 6, 7, 8, 9, 10, 11, 12, 14, 15, 16, 17, 18, 19, 20, 21, 22, 23, 24; Tommy Petersson: 3; Fiete Schulz: 13.

Das Foto auf der Vorderseite des Umschlags machte Wolfgang Stahlberg: Sieperjåkkå. Den Mann in lappischer Tracht auf dem Buchrücken fotografierte Maximilian Küthe. »Innenraum einer Korfkote« zeigt die Aufnahme von Irmtraud Feldbinder auf der Rückseite des Umschlages. Die farbige Karte auf der hinteren Innenklappe des Umschlages drucken wir mit freundlicher Genehmigung des Westermann Schulbuchverlags GmbH, Braunschweig © Atlas Heimat und Welt.

CIP-Titelaufnahme der Deutschen Bibliothek
Feldbinder, Irmtraud:
Lappland / von Irmtraud Feldbinder; Wolfgang Stahlberg. – Leer: Mundo-Verl., 1991
   (Ein Express Reisehandbuch)
   ISBN 3-87322-014-8
NE: Stahlberg, Wolfgang

© 1991 by Mundo-Verlag, Leer
Gesamtherstellung: Druckerei Gerhard Rautenberg, 2950 Leer
Umschlagentwurf: Zembsch' Werkstatt, München
Alle Rechte vorbehalten
Printed in Germany
ISBN 3-87322-014-8

Inhaltsverzeichnis

Reiseziele

Reisetips von A–Z

Vorwort

Wer schon einmal die Gelegenheit zu einem Vorwort hat, sollte sie auch nutzen. Wir kommen sofort zur Sache und danken ...

... Staffan und Elisabeth, die uns geholfen haben, unseren ersten Schritt in Lappland zu tun.

... Edith, Kurt und Tommy, die uns den zweiten Schritt vorgemacht haben.

... Karin, John und Christa, die genauso verrückt sind wie wir.

... Unseren Eltern, Geschwistern, Silvia und Erhard, die uns mit Care-Paketen versorgt haben.

... Kersti und Margareta, die uns die schwedische, Siri und Maria-Teresa, die uns die samische Sprache nähergebracht haben.

... Fritz und Torbjörn, die Rentiere zerlegen und Geschichten erzählen können.

... Ninni, Mona, Ellen und Östen, die alles wissen.

... Bertil, der so schön spricht.

... Astrid, Irene und Veronika, die so schön schreiben.

... Stig, Stig, Amanda, Anders, Tord, Lena, Karin, HG und Sara für ihre Musik.

... Anna-Carin, Greta, Anders und Börje für ihre unvergleichliche Gelassenheit.

... Björn, Anki, Tommy und Yvonne für ihr heimliches Wildmarksleben.

... Veronica und Lilian, die uns Geschichten aus anderen Welten erzählt haben.

... Monika, Barbara, Willi, Klaus und Bernd, die uns kritisch über die Schulter geguckt und aufmunternd auf dieselbe geklopft haben.

... Petter und Sunna, die uns zutrauen, daß wir die Rentiere bei den Hörnern packen.

... Cay und Dagmar, deren Interesse uns aufweckt.

... Julian, Florian, Phoebe, Kerstin, Henrike, Stefan, Lars, Lennart, Leon, Lena, Caspar, Niko, Robin und Hannes, die uns zu dieser ganzen action inspirieren.

... Lena und Tore, die so irre Hambo tanzen.

.. Lasse, der seine Kunst in Geschichten einwickelt und weitergibt.

... Hjalle und Gittan, die so hartnäckig sind.

... Riita.

Alle anderen, für die uns kein spezieller Dank eingefallen ist, möchten wir auf jeden Fall grüßen: Hej!

Dorotea, im Herbst 1990   Irmtraud Feldbinder
                                           Wolfgang Stahlberg

Zur Einstimmung

Dieses Reisehandbuch beschreibt das nordschwedische Inland, die Landschaft Lappland. Sie ist eine der weitläufigsten und am dünnsten besiedelten Landesteile Schwedens und scheint oft so weit weg von allem, was »typisch schwedisch« ist.

Wir leben hier seit mehr als zwei Jahren und haben mit Hilfe unserer Freunde und Bekannten Vorurteile revidieren können:

Lappland ist nicht die Hälfte des Jahres dunkel. Selbst um Mittwinter herum wird die Dämmerung, die tagsüber herrscht, von weißem Schnee, Mondschein und Nordlicht und einem strahlenden Sternenhimmel erleuchtet. Es ist zwar kalt hier im Norden, aber die trockene Kälte ist bei weitem nicht so unangenehm wie das feuchtkalte Klima in südlicheren Gegenden. Die Menschen, die hier leben, sind in der Regel nicht schweigsamer oder pessimistischer als anderswo. Ihr Leben verläuft ruhiger als in den südlichen Ballungsgebieten, und ihr Schweigen ist vielleicht die einzig mögliche Antwort auf die häufig gestellte Frage: »Ihr lebt doch wohl nicht das ganze Jahr über hier?«

Die »Lappenkrankheit«, eine Herbst- und Frühjahrsdepression, ist keine Erscheinung ausschließlich Nordskandinaviens, sie kann überall dort vorkommen, wo Menschen zuwenig Anreiz von ihrer Umgebung haben – auch in Stockholm oder Düsseldorf. Sie tritt besonders häufig in den Wochen um die Tag- und Nachtgleiche herum auf. Das Sommer-Lappland, das die meisten Reisenden kennenlernen, gibt es nur acht bis zehn Wochen jedes Jahr und ist in vieler Hinsicht eine Ausnahmesituation: Die Käuferzahlen in den Geschäften vervielfachen sich, die Parkplätze werden knapp, Busse und Züge fahren häufiger, die Cafés sind ausgelastet. Die Einheimischen teilen sich in zwei Gruppen: ein Teil verschwindet, fährt selbst in den Urlaub, ein anderer Teil hält den Sommerbetrieb in Gang.

In dieser Zeit ist es schwer, einen echten Einblick in das Leben im Norden zu bekommen. Lappland verlangt, daß man sich einläßt, daß man den Rhythmus der Landschaft erkennt und sich von ihm vorwärtstragen läßt. Wir Mitteleuropäer und alle Menschen aus Industrienationen brauchen Gegenden wie Lappland als Ruhe- und Anhaltspunkt, wo wir zu unserem Gleichgewicht zurückfinden können.

Stefan Jarl hat recht, wenn er in seinem Dokumentarfilm »Uhkádus – Die Bedrohung« über das Leben rentierzüchtender Sami nach dem Reaktorunglück in Tschernobyl zu dem Schluß kommt: »Die Sami kommen nicht ohne Rentiere, und wir anderen kommen nicht ohne Wildnis aus. Ohne eine Vorstellung von unberührter Natur in Harmonie und Gleichgewicht, die wir in die ›Wildmark‹ verlegt haben, ist unsere Heimat diesseits der Wildnis nicht bewohnbar.«

Lage und Geographie Lapplands

Wenn wir in diesem Buch von Lappland reden, meinen wir die nordschwedische Landschaft Lappland. Auch in Nordfinnland gibt es eine gleichnamige Provinz, und die Bezeichnung ist außerdem in der alten Literatur üblich als Name für das Land der Lappen *(same ätnam)*, umfaßt dann aber einen viel größeren Bereich, der sich von Mittelnorwegen über die gesamte Nordkalotte bis in die UdSSR erstreckt.

Mit einer Fläche von 110.000 km^2 macht das schwedische Lappland ein Viertel Schwedens aus. Es liegt zwischen dem 64. und 69. Breitengrad, mittendurch geht also der Polarkreis bei 66° 32' 51'' nördlicher Breite. Die Nordhälfte Lapplands ist damit das echte »Land der Mitternachtssonne«, die je nach Ort einen bis ca. 70 Tage im Jahr um den 21. Juni (Mittsommer) herum scheint. Ebensolange dauert die sogenannte Polarnacht, in der die Sonne nicht über den Horizont guckt – der Schrecken aller »Südländer«.

Lappland ist ausgesprochen dünn besiedelt, auf einen Quadratkilometer kommt etwa ein Mensch. Zum Vergleich: in Stockholms län wohnen 245 pro km^2, und in Berlin-Kreuzberg sind es rund 24.000 Menschen pro km^2. Von Dorotea in Südlappland bis Karesuando an der Grenze zu Finnland sind es ca. 750 Kilometer zu fahren (Hamburg–München 795 km). Lange Wege sind es schon zwischen den einzelnen Orten der Landschaft, und nicht immer ist ein bezeichneter Fleck auf der Karte mehr als eine Handvoll Häuser. *Kiruna* beispielsweise, die (auch flächenmäßig) größte Kommune Lapplands hat etwa 27.000 Einwohner, von denen knapp 22.000 in der Stadt selbst wohnen.

Auf bundesrepublikanische Verhältnisse übertragen wäre die größte Stadt Lapplands ein Dorf. Hier jedoch ist sie ein Zentralort mit relativ starker Industrieansiedlung und umfassendem kommunalen Service. Nur noch zwei weitere Orte in dieser riesigen Landschaft haben eine vergleichbare Größe: *Gällivare* (Kommune) mit 23.000 Einwohnern und *Lycksele* (Kommune) mit 14.000 Einwohnern. Alle anderen sind mehr oder weniger kleine Dörfer, in denen die Leute von Handwerk, Kleinindustrie, Landwirtschaft, Tourismus und Dienstleistung leben. Der Service für die Einwohner ist eingeschränkt, das nächste Krankenhaus kann über 200 km entfernt sein.

Lapplandreisende sind meist Leute, die die Einsamkeit suchen und genießen wollen. Dazu bieten sich die weiten Wälder, riesigen Seen, wilden Flüsse mit phantastischen Wasserfällen, die imposanten Gletscher der Bergwildnis und immer wieder die malerischen Aussichten geradezu an.

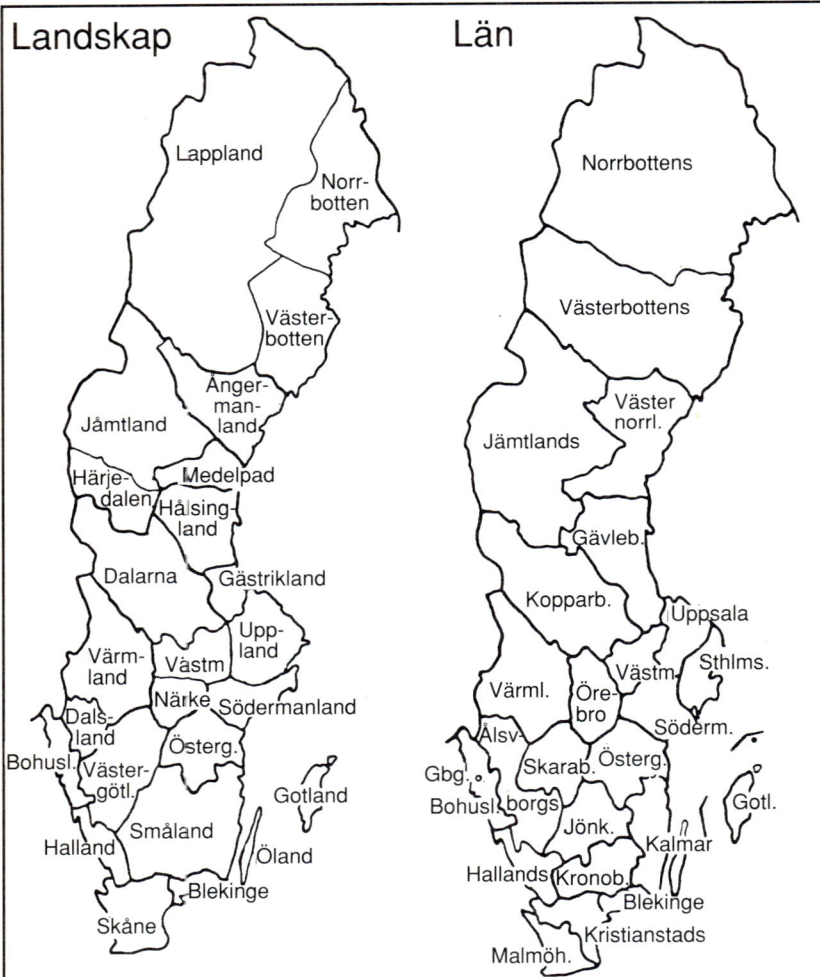

Landskap   **Län**

Landskap und Län

Schweden ist in 25 Landschaften (landskap) und 24 Regierungsbezirke (län) eingeteilt, die nicht immer deckungsgleich sind. Lappland ist die größte schwedische Landschaft und bildet das Inland der beiden Regierungsbezirke Norrbotten und Västerbotten, die ihrerseits die beiden nordschwedischen Küstenlandschaften sind. Darüber hinaus gibt es die Einteilung Schwedens in Götaland, Svealand und Norrland, wobei Norrland alles nördlich von Stockholm heißt. Im Wetterbericht erscheint Lappland als Övre Norrlands fjälltrakter.

Geologie

Lappland umfaßt ein Viertel Schwedens. Eine geologische Grenze von *Torne-träsk* im Norden bis *Dorotea* im Süden teilt die Landschaft in die westlichen »jungen« Gesteine mit stark durchbrochener Topographie und die östlichen »alten« Gesteine, die unter riesigen Wäldern liegen und teilweise zu den ältesten des Landes gehören. Eine hügelige Landschaft senkt sich zum Bottnischen Meerbusen hin. Dementsprechend fließen alle Hauptströme nach Osten.
Die Entstehung des schwedischen Urgesteins ist weitgehend unbekannt. Die häufigsten Arten Granit, Gneis und Porphyr sind wahrscheinlich Reste von bis zu drei Milliarden Jahre alten Bergketten. Die geologische Entwicklung des Fjälls, also der nordskandinavischen Bergkette *(Skanden)* ist besser bekannt: Die heutigen Fjällgesteine wurden gebildet, als vor ca. 500 Mio. Jahren das heutige Amerika und Europa aufgrund der Kontinentalverschiebung kollidierten. Der Meeresgrund vor der heutigen norwegischen Küste wurde durch enormen Druck zu einer Bergkette »gefaltet«. Die Meeressedimente wurden Felsen. Schollenförmig schoben sich die neuen Gesteinsarten über das alte skandinavische Urgestein.
Nach Abschluß der Faltung war das Gebirge wahrscheinlich über 8.000 m hoch. Im Laufe von einigen Hundertmillionen Jahren verwitterte es zu einem Hochplateau *(Peneplan)*. Gleichzeitig drifteten die beiden Kontinente wieder auseinander. Durch Verschiebungen in der Erdkruste wurde die erodierte Fjällkette vor 70 Mio. Jahren erneut gehoben. Mehrere Vereisungen, Verwitterung, Erosion und Gletscher haben die Fjällformation so geschaffen, wie sie heute ist. Die Hochebenen, die charakteristisch sind für Nordskandinavien, sind Reste des alten Peneplans.
Während der letzten Jahrhunderttausende haben mindestens vier Eiszeiten auf die Oberfläche des Landes eingewirkt. Heute sind U-Täler, ausgetrocknete Schmelzwasserabflüsse (Urstromtäler), tiefe Canyons und Eisseestrandlinien, Gletschertöpfe, Moränen, Oser, Gletschermühlen *(jättegrytor)* und Deltas deutliche Spuren des letzten Eises. Und solange es noch Gletscher gibt, kann man auch innerhalb eines Menschenlebens weitere Veränderungen in der Landschaft erkennen. Nordskandinavien hebt sich pro Jahr noch fast einen Zentimeter, weil die Gletscher immer weiter abschmelzen.

Klima

Das Klima Lapplands ist geprägt von seinen Extremen zwischen Dunkelheit und Sonnenschein, zwischen langen, kalten, schneereichen Wintern und Sommern mit teilweise üppigem Wachstum trotz kurzer Vegetationsperiode. Dazu kommen lokale Unterschiede zwischen niederschlagsreichen und niederschlagsarmen Gebieten, die oft nur wenige Kilometer voneinander entfernt liegen, wie z. B. Riksgränsen und Abisko. Benachbarte Fjälltäler können dadurch eine ganz unterschiedliche Vegetation aufweisen.
Die hohen norwegischen Berge halten das maritime Klima und den Einfluß des Golfstroms von Schweden fern; die langen, kalten Winter und kurzen, häufig relativ warmen Sommer entsprechen eher kontinentalen Verhältnissen. Davon weicht das Klima an der bottnischen Küste nur wenig ab.

Für die Meteorologen ist in Norrland Sommer, wenn die mittlere Temperatur über +10° C liegt, und im Winter, wenn das Tagesmittel unter 0° C sinkt. Dementsprechend dauert ein Sommer in Piteå 97 Tage, in Jokkmokk 80 Tage und in Kiruna vom 22. Juni bis 8. August, also 47 Tage.
Winter ist in Piteå vom 26. Oktober bis 15. April, in Gällivare vom 9. Oktober bis 28. April und in Karesuando vom 5. Oktober bis 10. Mai. Eine geschlossene Schneedecke hat Piteå durchschnittlich 172 Tage, Jokkmokk 199 Tage, Kvikkjokk 220 Tage und Riksgränsen 255 Tage, dort kann man zu Mittsommer noch skilaufen.
Sommer und Winter sind die Jahreszeiten mit den extremsten Temperaturschwankungen. Im Sommer kann es auch in den Bergen über 30° C warm werden, dennoch sind Tage mit nur fünf bis zehn Plusgraden keine Seltenheit, und es kann zu Frost kommen. Im Winter reicht die Skala von einigen Plusgraden (Kvikkjokk im Februar 1984: +9° C) bis zu den schwedischen Kälterekorden (Vuoggatjålme im Februar 1966: -53° C).

Die acht Jahreszeiten der samischen Tradition

Die samische Tradition kennt acht Jahreszeiten. Jahrhundertelang wurde das Leben der samischen Nomaden von der Wanderung der Rentiere bestimmt, die in acht verschiedene Etappen eingeteilt ist, entsprechend dem wetterbedingten Jahreszyklus:

Vårvinter – Frühlingswinter
Die Weide der Rentiere ist der Wald. Sie graben Löcher in den tiefen Schnee, um an den Flechtenteppich auf dem Waldboden heranzukommen. Aber die Wärme der Sonne und der beißende Nachtfrost verwandeln die Schneedecke in einen undurchdringlichen Eispanzer, und es wird Zeit, den Standort zu wechseln.

Vår – Frühling
Die Rentierkühe haben das Gebirge erreicht und damit ihr Kalbungsland. Auf den Brunstweiden des Herbstes werden jetzt die Kälber geboren, aber nicht alle überstehen die noch gelegentlich auftretenden Schneestürme.

Vårsommar – Frühlingssommer
Während die Schneedecke immer dünner und das Eis auf den Seen und die
Schneebrücken über den Bächen immer brüchiger werden, setzt die Herde
der Rentierkühe mit ihren kleinen Kälbern langsam die Wanderung zur Sommerweide fort.

Sommar – Sommer
Auf ihren Sommerweiden können sich die Rentiere endlich nach der Kälte
des Winters und der Anstrengung der Wanderung in Ruhe fettfressen. Nur
manchmal müssen sie flüchten: wenn mit der Wärme die Mückenplage zu
stark wird, sieht man ganze Herden auf den letzten Schneeflecken hoch oben
im Gebirge liegen.

Höstsommar – Herbstsommer
Die Ruhe des Sommers ist vorbei, die Luft wird schärfer, nachts kann es Frost
geben. Die Pflanzen auf der Sommerweide der Rentiere haben nicht mehr
genügend Nährstoffe – hier im Gebirge ist der Winter wieder in Sicht, die
Herde geht zurück in die Täler.

Höst – Herbst
Nach einigen Wochen Wanderung treffen sich die Herden der Rentierkühe
und -stiere wieder im Kalbungsland. Jetzt beginnt die Brunstzeit.

Höstvinter – Herbstwinter
Die Weidemöglichkeiten werden immer schlechter in den Vorbergen. Die
Rentiere wittern die frisch gewachsenen Flechten unten im Waldland, ihre
Wanderung geht wieder zurück in den Schutz der Bäume.

Vinter – Winter
Immer noch fett von der Sommerweide kommen die Rentiere im Winterland
an, Schnee ist gefallen, aber der Wald bietet Schutz und Nahrung. Rentierscheidung (das Trennen der Herde nach Besitz), Schlachtung und immer
wieder Sammeln der Tiere, damit sie sich nicht in unerlaubten Gebieten
aufhalten, macht den Winter für die Rentierzüchter zu einer arbeitsamen
Zeit.

Auch die Touristen folgen mit ihrer »Wanderung« durch das Land der Rentiere klimabedingten Überlegungen:

Frühlingswinter
Dezember bis März sind die Monate, in denen es wirklich kalt werden kann.
Dunkelheit, Schneestürme und Eiseskälte lassen die Aktivitäten draußen auf
ein Minimum absinken. Vor jedem Gang ins Freie steht der Blick auf das
Thermometer und die Analyse der Kleidung. Der März allerdings bringt mit
dem Sonnenschein auch wieder Bewegung in die wintersteifen Glieder. Der
Frühlingswinter fängt an.

Frühling
März und April ist die Zeit derjenigen Skitouristen, die vor allem Stille und
Weite suchen. Es wird immer heller, Ende März hat Lappland schon mehr
Sonnenstunden als Mitteleuropa, aber die Kälte ist noch nicht gewichen.

Frühlingssommer
Im Mai und Juni werden die Nächte immer kürzer, bis die Sonne gar nicht
mehr untergeht. Die Skiläufer im Fjäll und die Pimpelfischer auf den noch
zugefrorenen Seen riskieren einen Sonnenbrand.

Sommer
Während im Juni an der Küste die Bäume grün sind, kann man im Gebirge
manchmal am Anfang des Monats noch skilaufen. Am Ende dieser Jahreszeit
treten die berüchtigten Mücken auf. Jetzt beginnt die Hauptsaison des Lapp-
land-Tourismus.

Herbstsommer
Der Juli ist der Monat der Wanderer, der Kanuten, der Angler und der Wohn-
wagentouristen. Die Temperatur ist in der Regel mild und der Niederschlag
nur mäßig. Trotz der relativ kurzen Saison ist es in Lappland auf jedem
Campingplatz noch leerer als irgendwo in Mittel- oder Südeuropa.

Herbst
Im August macht die Mitternachtssonne immer längere Pausen unter dem
Horizont, die Natur verändert sich. Die Beeren werden reif, der Wasserspie-
gel in den Bächen sinkt, die Pflanzen färben sich langsam – eine gute Zeit zum
Wandern.

Herbstwinter
Im September und Oktober sind die grünen Farben der Nordkalotte in Gelb,
Rot, Ocker und Braun übergegangen. Es ist die Zeit der Elchjagd, des Beeren-
und Pilzesammelns. Man genießt den Anblick der Natur, bevor sie wieder
unter der Schneedecke verschwindet. Der berühmte lappländische Herbst
mit seinen bunten Farben ist im Gebirge am intensivsten in der zweiten Sep-
temberwoche zu bewundern.

Winter
Der November ist keine Zeit für Touristen. Die Bewohner des Nordens haben
sich nach der Hektik des Sommers und der Spannung der Elchjagd in War-
testellung begeben. Es wird noch dunkler und noch kälter werden, aber das
Nordlicht in seiner faszinierenden Farben- und Formenpracht braucht diese
Dunkelheit als Bühne. Im Februar werden die Tage wieder länger, mit großen
Schritten geht es auf den Frühlingswinter und die Tag- und Nachtgleiche am
21. März zu.

Nordlicht

Als wir zum erstenmal Nordlicht sahen, kannten wir zwar Beschreibungen, aber die Wirklichkeit sah doch anders aus. Alle Schilderungen können nur versuchen, einige Grundmuster dieser lebendigen Lichtflut am dunklen Himmel zu beschreiben. Das Nordlicht durchläuft in seiner Erscheinung mehrere Stadien, die aber nie gleich sind, sondern immer wieder Überraschungen enthalten. Es zeigt sich in einem Bogen oder auch gleichzeitig in mehreren Parallelen. Es geht mit fließender Bewegung über in Bänder, Strahlen, Spiralen, Schleier, in vorhangartige Überlagerungen, es wechselt die Farbe von diffusem Hellgrün zu Gelb oder von Weiß zu zartem Blau, kräftigem Rot oder auch Violett, manchmal mit atemberaubender Geschwindigkeit, bisweilen bleibt es auch über einen längeren Zeitraum hin fast unverändert.

Das Geheimnis hinter dem Nordlicht ist die Sonne: Von ihr geht nicht nur sichtbares und unsichtbares Licht aus, aufgrund ihrer hohen Temperatur sendet sie auch einen ständigen Partikelstrom ins All, den sogenannten Sonnenwind. Dieser besteht aus Plasma, dessen Bestandteile hauptsächlich negativ geladene Elektronen und positiv geladene Ionen sind. Um die Erde herum existiert ein Magnetfeld, das vom Sonnenwind beeinflußt wird und umgekehrt. Den Bereich dieser wechselseitigen Beeinflussungen nennt man Magnetosphäre. Sie reicht etwa zehn Erdradien in Richtung Sonne und erstreckt sich in einem langen Schweif 100 Erdradien weit auf der sonnenabgewandten Seite. Die elektrisch geladenen Teilchen, die in die Magnetosphäre eindringen, können bis zur Atmosphäre hinunter gelangen, und zwar in zwei ringförmige Bereiche: einem auf der nördlichen und einem auf der südlichen Erdhalbkugel. In diesen Bereichen kann Polarlicht entstehen, das Nord- und Südlicht, wenn die Teilchen in einer Höhe von etwa 100 km abgebremst werden und ein Teil ihrer Energie in sichtbares Licht umgewandelt wird. Die verschiedenen Färbungen des Nordlichts sind abhängig von der unterschiedlichen Geschwindigkeit der Teilchen und unterschiedlichen Zusammensetzung der Atmosphäre.

In Europa ist das Nordlicht etwa vom 60. Breitengrad an (Linie Oslo–Helsinki–Leningrad) häufiger zu sehen. Weiter nach Norden, bis etwa zum 80. Breitengrad hin (Spitzbergen), wird das Nordlicht immer intensiver und deutlicher sichtbar, danach nimmt es wieder ab. Am nordschwedischen Himmel ist die Nordlichtaktivität im Herbst und im Frühjahr am größten.

Mitternachtssonne

Von Mitternachtssonne spricht man dann, wenn die Sonne auch am tiefsten Punkt ihrer Bahn, um Mitternacht, voll über dem Horizont steht. Am Polarkreis (66° 32' 51'' nördlicher Breite) geht die Sonne an einem Tag in jedem Jahr – am 21. Juni – nicht unter. Diese Zeit wird um so länger, je weiter nördlich man kommt; am Nordpol steht die Sonne zwischen dem 21. März und dem 23. September voll über dem Horizont. Auf der Südhalbkugel ist die Situation entsprechend.

Diese mathematisch genauen Begrenzungen werden in der Praxis dadurch etwas unschärfer, daß die Sonnenstrahlen in der Atmosphäre eine gewisse Brechung erfahren. So wird der Bereich der Mitternachtssonne über den Polarkreis hinaus nach Süden erweitert. Der Grund für die Mitternachtssonne liegt in der Schiefe der Ekliptik. Das bedeutet, daß die Ebene der scheinbaren Sonnenbahn – also der Bahn, auf der sich die Sonne bei einer ruhend angenommenen Erde um die letztere bewegt – einen Winkel von 23° 26' 30'' mit der Ebene des Erdäquators bildet. Durch diese schiefe Lage der Sonnenbahn ist in den Polargebieten auch die Dämmerung im Vergleich zu den Gebieten am Äquator stark verlängert.

Der Mitternachtssonne, auch Polartag genannt, entspricht die Polarnacht, also die Zeit, in der die Sonne nicht über dem Horizont zu sehen ist. Während Polartag und Polarnacht am Polarkreis jeweils einen Tag dauern, beträgt die Dauer am nördlichsten Zipfel von Lappland (ca. 69° nördlicher Breite) jeweils rund 60 Tage.

Wald

Die geologische Grenze zwischen Urgestein und »jungem« Gebirge entspricht auch der Grenze zwischen den beiden Waldtypen Lapplands: *Nadelwald* mit ausgedehnten Moorflächen findet sich auf Urgestein, und *Birkenwald* bis hin zur baumlosen Fjällheide wächst in den »neuen« Bergen. Spezifisch für Skandinavien ist, daß nicht Kiefern, sondern Birken die Baumgrenze zum Kahlfjäll bilden. In Lappland kann man die Waldgrenze nicht einheitlich mit einer bestimmten Höhe angeben; mit zunehmendem Breitengrad variiert sie zwischen 300 und 800 m über dem Meeresspiegel.

Bartflechten

Lapplands Nadelwälder sind oftmals licht mit schmalen, langsam wachsenden Bäumen. Im südlichen Bereich dominiert die Fichte, im Norden eine kurznadelige Kiefernart. Doch auch die größten zusammenhängenden Urwaldgebiete Schwedens mit hochgewachsenen, 600 Jahre alten Riesenkiefern liegen in Lappland. Dennoch ist nur ein halbes Prozent produktiven Waldlandes als schützenswert ausgewiesen.

Hohe, alte Kiefern sind ein Lebensraum für so seltene Vögel wie Königs- und Seeadler, die darauf ihre Horste bauen. Große, abgestorbene und hohle Bäume werden von Eulen, Käuzen und Mardern besonders geschätzt. Die Urwälder bilden ein reiches Jagdgebiet für Großwild wie Bär und Luchs. Auch die immer noch relativ zahlreichen Auerhahnstämme fühlen sich in dichtem Nadel- und Mischwald an der oberen Nadelwaldgrenze am wohlsten.

Der Wald ist eine von Lapplands wichtigsten Rohstoffquellen. Er gehört dem staatlichen *Domänverket*, einigen wenigen Holzverarbeitungsfirmen und Privatpersonen, die oftmals in einer Verwertungsfirma zusammengeschlossen sind.

Das Abholzen von Wald ist gesetzlich soweit geregelt, daß nur dort geschlagen werden darf, wo Wiederaufforstung möglich ist und wo die Rentierzucht nicht eingeschränkt wird. Diese Richtlinien sind natürlich von gewissen Beurteilungskriterien abhängig, die ihrerseits in der Praxis von den Forstbehörden selbst festgelegt werden. Ein privater Waldbesitzer kann in Schweden auch gegen seinen Willen gezwungen werden, seinen Wald abzuholzen. Der Profit der mehr und mehr zentralisierten Holzindustrie steht also gegen den Profit von dezentralen Wirtschaftszweigen wie Rentierzucht, Tourismus und Jagd.

Für die Rentiere ist der Wald als Schutz vor winterlichen Schneestürmen wichtig – ein Kahlschlag ist dazu ungeeignet. Außerdem ist in den Wintern, wenn gefrierender Regen eine dicke Eisschicht über die auf dem Waldboden wachsenden Flechten gelegt hat und sie für die Tiere damit unerreichbar werden, die von den Bäumen herunterhängende Bartflechte als Ersatznahrung von großer Bedeutung. Bartflechten wachsen jedoch nur in gesunden Wäldern mit dichtem Baumbestand an Bäumen, die mindestens 50 Jahre alt sind – im wesentlichen also in Urwäldern. Die Jagd und das Beerensammeln ist in Lappland ebenso wie das Fischen für die Bewohner meistens kein reines Freizeitvergnügen, sondern gehört zu ihrer ganz normalen Nahrungsbeschaffung im Laufe eines Jahres.

Daß es für Touristen kein erhebendes Erlebnis ist, auf ihrem Wanderweg, statt sich durch Wald zu schlängeln, plötzlich an einem kahlgepflügtem Feld zu enden, versteht sich von selbst. Man hat aus diesem Grund z. B. bei einem Kahlschlag oberhalb von Kvikkjokk rechts und links des Kungsleden einige Meter breit Wald stehen lassen. Es ist eine Frage der Zeit, wann dieser schmale Streifen den jetzt ungehindert von den Gletschern des Sarek herunterpfeifenden kalten Stürmen zum Opfer fällt. Daß dort Wald nachwachsen können soll, muß eigentlich als sehr unwahrscheinlich angesehen werden und gehört zu den vielen rätselhaften bis verantwortlungslosen Entscheidungen der Wald- und Holzindustrie. Hier wird der Konflikt um den *fjällnära skog,* den fjällnahen Wald, berührt.

Im Jahre 1952 setzte der damalige Chef des Domänverkets eine sogenannte *skogsodlingsgräns*, eine Waldnutzungsgrenze, fest. Sie sollte einem schwer aufzuforstenden Wald die Möglichkeit zur »Erholung« geben. Die Grenze sollte später je nach Einsicht und neuem Erkenntnisstand wieder verändert werden können. Vor allem den letzten Teil dieser Anweisung scheinen sich das Domänverket und seine Kollegen heute besonders zu Herzen zu nehmen. Die Waldnutzungsgrenze wird je nach Marktlage immer weiter in Teile des fjällnahen Waldes hineinverschoben. Dieses Waldareal entlang der Fjällkette ist innerhalb der letzten 100 Jahre in einer Periode gewachsen, die durchschnittlich eineinhalb Grad wärmer war als vorher und hinterher. Das bedeutet, daß ein Kahlschlag mit großer Wahrscheinlichkeit Verödung nach sich zieht.

Der fjällnahe Wald

Der fjällnahe Wald bildet die Übergangszone vom borealen (nordischen) Nadelwald zu Tundra und Kahlfjäll. Natürlich angewachsene Jungpflanzen tauchen hier nur in »unnormal« warmen Klimaperioden auf. Unser Klima variiert ständig, und die Unterschiede sind im Norden und in den Bergen immer am stärksten spürbar.

Zuletzt in den 50er und 60er Jahren, nach besonders kühlen Sommern, gingen Millionen Kiefern ein, obwohl es sich nur um eine vorübergehende und völlig normale Klimaveränderung handelte. Auch das Jahr 1987 hatte Folgen für den fjällnahen Wald: Noch im August jenes verregneten und kalten Sommers stand ein Teil der Bäume in gefrorenem Torf.

Es sind diese Jahre mit Dauerfrost im Boden, die die Bergwälder schwächen. Sturmschäden, Ansammlung von totem Holz, Waldbrände, permanente Kahlflächen – das ist die Reihenfolge der Spätschäden. Bis 1880 konnte man im Laufe der sogenannten »kleinen Eiszeit« genau diese beschriebenen Veränderungen im fjällnahen Waldland praktisch im gesamten Eurasien erforschen. Die Erkenntnis, daß ein zusätzliches Abholzen den verbleibenden Restwald noch stärker schwächt, führte im Jahre 1903 zu einem schwedischen Waldschutzgesetz, einer verantwortlichen Naturschutzmaßnahme. Nach 1920 traf jedoch das ein, was die Wurzel des heutigen Konflikts um den fjällnahen Wald ist: das Klima wurde milder. Pflanzen begannen, im Bergwald wieder aufzutauchen, nachdem sie dort schon lange nicht mehr vorgekommen waren. Die Waldgrenze verschob sich sogar ein Stück weiter die Berghänge hinauf. Die großen Sägewerke und Holzindustrien erkannten schnell diese neue Entwicklung, und bald sprach man verächtlich über die

Forscher, die um die Jahrhundertwende ihre Prognosen für den Wald aufgestellt hatten. In dem neuen Waldpflegegesetz von 1948 fehlte also der Waldschutzparagraph völlig.

Seit Mitte der 50er Jahre gibt es praktisch keine natürlich nachgewachsenen Nadelbäume mehr in Fjällnähe. Ohne eine radikale Waldbodenbearbeitung (Pflügen) und ohne die nordamerikanische Contorta-Kiefer, eine künstlich eingeführte Pflanze, wäre kaum noch Waldbau in diesem empfindlichen Gebiet am Rande der Tundra möglich. Und selbst diese Art und Weise, mit den Ressourcen umzugehen, mußte 1987 gestoppt werden: Die Contorta-Kiefer kann zwar ein kälteres Klima vertragen als die einheimische Kiefer und pflanzt sich sogar natürlich fort, sie wird aber von einem Pilz befallen, der die Wurzeln und damit den ganzen Baum und nach und nach den gesamten Bestand zerstört. In einigen Gebieten Lapplands ist daher für zwei Jahre der Anbau von nicht einheimischen Bäumen probeweise verboten. Darüber hinaus war bei der Contorta-Kiefer höherer Schaden durch Schneebruch festzustellen, weil sie dünnere Äste hat, die die Schnee- und Eismassen des langen nordskandinavischen Winters nicht aushalten. Unklar ist auch, wie Waldvögel, z. B. der Auerhahn, auf diesen fremden Baum reagieren. Im Winter ernähren sich Auerhähne von den jungen Nadeln der Kiefern.

Falls man sich also trotz der Schwierigkeiten bei der Wiederaufforstung entschließen sollte, Teile des fjällnahen Nadelwaldes zu schlagen, muß nach Auffassung des Waldexperten Leif Kullmann (Universität Umeå) mit weitreichenden ökologischen Folgen gerechnet werden: Angenommen, nach einer Abholzung ist Wiederaufforstung nicht möglich – und dazu braucht es nur die derzeitige leichte Klimaverschlechterung –, so wird mit großer Wahrscheinlichkeit auf Teilen der Kahlschläge, aber auch im angrenzenden Wald und in den Mooren ewiger Frost (Permafrost) auftreten. Während der Schneeschmelze gäbe es dann die ersten Probleme. Das Schmelzwasser könnte nicht in den gefrorenen Boden eindringen, es wird also an der Oberfläche ablaufen. Überschwemmungen im flachen Land an den Wasserläufen wären unausweichliche Folgen. Das schnelle Abfließen des Schmelzwassers würde wiederum zu Trockenheit führen und das Waldsterben fördern. Es entstünden Lücken in dem vormals geschlossenen Waldgebiet. Hier hätten die immer häufigeren nördlichen Stürme eine gute Angriffsmöglichkeit, und die Kahlflächen würden größer. Dieser Prozeß würde sich weiter fortsetzten, bis er auch die widerstandsfähigeren Waldgebiete erreicht hätte. Von nicht wieder aufforstbaren Schlägen würde die Humusschicht nach und nach weggespült werden – keine Klimaverbesserung könnte hier den Wald wieder wachsen lassen. Die vernünftigste Weise, den fjällnahen Wald ökonomisch zu nutzen, wäre, ihn als Pufferzone zwischen Tundra und Wirtschaftswald in tieferen Lagen zu betrachten.

Die Forderung des Schwedischen Naturschutzvereins SNF ist es daher, den gesamten Wald westlich der Waldnutzungsgrenze zum Naturreservat zu erklären.

Moore

Allein im lappländischen Waldgebiet liegt fast ein Drittel aller schwedischen Moore. Normalerweise sind sie pflanzenarm, und ihre Torfschicht ist selten mehr als ein bis zwei Meter dick. Sie sind von unschätzbarem Wert für eine unglaubliche Anzahl von Vogelarten. Sehr weit ausgedehnte Moorgebiete wie *Sjaunja* und *Muddus* sind zu Vogelschutzgebieten erklärt worden und dürfen teilweise zur Brutzeit nicht betreten werden.

Einige Waldmoore habe eine interessante Oberfläche ausgebildet: Torfmoosstränge, die häufig mit Zwergbirken und Krähenbeeren bewachsen sind, liegen wie Bänder rechtwinklig zur Strömungsrichtung des Moorsickerwassers. Die eigentümliche Anordnung von Pflanzen, die Lage der Moore in den Urwäldern, ihr unberechenbarer Untergrund, ihr Reichtum an Vögeln mit jeweils Glücks- oder Unglücksbedeutung, ihr besonderes Mikroklima mit häufigen Nebeln hat die Waldmoore von jeher mit einem unheimlichen oder zumindest respektvollen Flair umgeben.

Botanisch interessante Moore findet man vor allem im Fjäll. Dort sind es besonders Bachsümpfe, die mit fließendem, sauerstoffreichem Wasser Nahrung für so anspruchsvolle Arten wie das breitblättrige Wollgras und das fleischfarbene Knabenkraut bieten. Hier haben jedoch die Lage der Moore, Höhe, Sonneneinstrahlung und Kleinklima der direkten Umgebung eine entscheidende Bedeutung für den Bewuchs eines nährstoffreichen Bodens.

Flüsse

Die großen Flüsse Lapplands entspringen in den Bergen, nahe der norwegischen Grenze, und münden in den Bottnischen Meerbusen. Von Süden nach Norden sind das der *Ångermannälv, Ume-, Vindel-, Skellefteälven,* der *Byskeälv, Pite-Lule-, Råneälven,* der *Kalix-* und der *Torneälv.* Ihre Wassermassen stammen von Schneefeldern und Gletschern des Fjälls, sammeln sich in teilweise riesigen Seen und stürzen sich von Stufe zu Stufe in das flachere Waldland bis zum Meer hinab. Ihre gewaltigen Strömungskräfte wurden von jeher genutzt. Anfangs waren die Flüsse nur Transportwege. Sie waren die einzige Möglichkeit, ins Landesinnere zu kommen, wobei Wasserfälle und Stromschnellen umgangen werden mußten. Aus dem Land heraus holte man durch das Holz, das in großen Mengen billig geflößt werden konnte. Die Holzarbeiter waren zuerst nur Siedler, die sich in Lappland oft in den Vorbergen niedergelassen hatten und die Waldarbeit als Winterarbeit annahmen.

Im Frühjahr, nach der Schneeschmelze, wenn der Wasserstand hoch war, schickte man dann das Holz auf die Reise, und die Arbeiter gingen wieder zu ihren Familien auf die Höfe, um die Sommerarbeit zu beginnen. Mit dem Fortschritt der Technik errichtete man wasser- und dampfbetriebene Sägewerke an den Flüssen, so daß das Holz bei Bedarf gleich im Landesinneren bleiben konnte. Anfang dieses Jahrhunderts kam von den Schwedischen Staatsbahnen die Forderung nach Strom zur Elektrifizierung ihrer Eisenbahnlinie Luleå–Riksgränsen. Auch für die Erzgewinnung wollte man gerne Elektrizität nutzen. So kam es im Jahre 1910 zum Bau des ersten Wasserkraftwerks in Lappland (Porjus) durch die staatliche Kraftwerksverwaltung *Vattenfall.* 1914 wurde es eingeweiht und gilt heute noch als Pionierwerk, das unter schwierigsten Umständen und dem

Opfer vieler Menschen errichtet worden ist. Mit diesem ersten Großkraftwerk fing die Ausnutzung der Wasserkraft lappländischer Flüsse für das gesamte Schwedische Reich und auch die Nachbarländer an. Staudämme verändern die Flüsse, und das nicht nur an der Stelle, wo sie gebaut wurden, sondern in ihrem ganzen Lauf. Fische, hier vor allem Lachse, gelangen nicht mehr in die klaren Berggewässer, um dort zu laichen, die Wasserflora und vor allem die Strandlinie verändern sich. Aus breiten, mächtigen Strömen werden Seen, aus Seen mit Buchten und Inseln werden kleine »Binnenmeere«. Die Veränderung der Höhe des Wasserspiegels je nach Energiebedarf führt zur Verödung der Strände. Übrig bleibt ein häßlicher, verschlammter, mit Steinen befestigter Rand, der im Winter von gefährlichem Eis bedeckt ist, das sich auf dem schwankenden Wasserspiegel nicht festlegen kann. Damit sind die Flußläufe auch als Wanderwege für die Rentiere nicht mehr geeignet. Die Tiere müssen sich entweder auf die Straßen begeben, mit den daraus entstehenden Verkehrsproblemen, oder sie müssen verladen werden und im Frühjahr und Herbst in die Berge bzw. ins Waldland transportiert werden – mit den daraus entstehenden Kosten für die Züchter. Nur ein kleiner Teil der in Lappland produzierten Energie wird auch hier verbraucht; der Rest wird bis nach Südschweden und in angrenzende Länder geschickt. Riesige Überlandleitungen prägen einen Teil der Flußlandschaften. Der Kleine und Große Luleälv werden 16mal aufgestaut, bis sie endlich das Meer erreicht haben.

Der Vindeälv, der Råne- und der Kalixälv sowie der Torneälv als Grenzfluß zu Finnland sind noch nicht zur Energienutzung ausgebaut worden, obwohl dies von der staatlichen Kraftwerksverwaltung immer wieder gefordert wird. Die regierenden Sozialdemokraten hatten beispielsweise den Ausbau des Kalixälvs bis 1987 in ihrem Programm. Um den schwedischen Wählern allerdings ein ökologisch orientiertes Profil zu zeigen, wurde dieser Plan vor den Reichstagswahlen 1988 fallengelassen, 1989 jedoch von den Gewerkschaften wieder aufgenommen. Zwei Flüsse im Innern Lapplands seien hier noch erwähnt, die bisher ebenfalls von einem Ausbau verschont wurden: Im *Pärlälv* westlich von Jokkmokk gibt es heute noch Perlmuscheln, die unter Naturschutz stehen. Der Fluß schlängelt sich von den Bergen durch ziemlich unberührte Natur mit Urwäldern bis zum Kleinen Luleälv. Er bildet unterwegs mächtige Wasserfälle und kilometerlange Stromschnellen, aber auch Seen und Mäander. Wer auf den ruhigen Teilen dieses Flusses paddelt, hat immer die Ausläufer der hohen Fjällkette vor sich. Es gab Überlegungen, diesen Fluß in umgekehrte Richtung zu lenken und ein Fallrohr zum nördlich gelegenen Saggat zu bauen. Damit hätte die staatliche Kraftwerksverwaltung *Vattenfall* einen doppelten Effekt – Fallenergie und eine größere Wassermenge im Luleälv – erreicht. Ein barbarischer Plan!

Ein anderer Fluß, der bisher weitgehend geschützt ist, weil er durch ein Vogelreservat fließt, ist der *Kaitumälv*. Er bildet den Abfluß für ein riesiges Moorgebiet – Sjaunja – nordwestlich von Gällivare. Auch dieser Fluß verläuft in Seen, Mäandern und weniger mächtigen Stromschnellen, bevor er in den Kalixälv mündet.

Zwischen dem Torneälv und dem Kalixälv besteht eine natürliche Verbindung, der *Tärendöälv* – eine sogenannte Bifurkation, was es auf der Erde nur noch einmal in Brasilien gibt.

Erstaunlich an den lappländischen Flüssen ist, daß ihre Quellen nur wenige Kilometer von den norwegischen Fjorden, also von dem Atlantik, entfernt liegen.

Nationalparks

Als im Jahre 1872 der erste Nationalpark der Welt im nordamerikanischen Yellowstone-Gebiet eingerichtet wurde, dachte man in Europa noch kaum in Naturschutzdimensionen. Der Nordpolreisende Nordenskjöld versuchte zwar die Einrichtung eines Reichsparks in den nordischen Ländern anzuregen, traf aber um 1880 nur auf taube Ohren. Der Durchbruch der Naturschutzbewegung begann erst im Jahre 1909, als Schweden als erstes europäisches Land ein Gesetz über die Einrichtung von Nationalparks und die Erhaltung von Naturdenkmälern schuf. Gleichzeitig wurden neun Nationalparks eingerichtet, vier davon in Lappland: *Abisko, Stora Sjöfallet, Sarek, Pieljekaise*. Später kamen hier noch drei dazu: *Muddus, Vadvetjåkkå* und *Padjelanta*. Der Grundgedanke war, den Parks eine von Menschen unbeeinträchtigte Entwicklung zu ermöglichen. Das bedeutete, daß auch Forscher eine Genehmigung brauchten, um in diesen Gebieten Pflanzen, Insekten usw. sammeln zu dürfen. Letztere nahmen allerdings nur unbedeutende Eingriffe vor. Im Jahr 1919 jedoch forderte die staatliche Elektrizitätsgesellschaft (Vattenfall) die Nutzbarmachung des Gewässersystems im Stora-Sjöfallet-Nationalpark zur Energieerzeugung. Der Reichstag unterstützte dieses Projekt, und um nicht gegen das Naturschutzgesetz zu ver-

Absenkbarer Anleger am Akka-Stausee

stoßen, gliederte man das geforderte Gebiet aus dem Nationalpark aus. In den folgenden Jahrzehnten sollten weitere Änderungen von Naturschutzgebieten zugunsten ökonomischer Interessen folgen, interessanterweise wurde jedoch nur in lappländische Nationalparksgebiete eingegriffen.

Eingriffe in schwedische Nationalparks

Abisko:
1931 Die Sjangeli-Grubengesellschaft erhält die Genehmigung zum Bau einer Straße.
1962 STF (Schwedischer Touristenverein) erhält die Erlaubnis zum Bau einer Seilbahn und einer Skipiste auf dem Njulla.
1980 Die Straße Kiruna-Narvik und eine Hochspannungsleitung dürfen gebaut werden. – Zum Bau eines Hüttendorfes (Abisko-Touristenstation) wird ein Gebiet aus dem Park ausgegliedert.

Stora Sjöfallet:
1919 Die Suorva-Seen und weiteres Gelände werden zum Ausbau der Wasserkraft aus dem Park ausgegliedert (ca. 12.000 ha).
1927 Genehmigung für die 1. Ausbaustufe (Suorva).
1939 Genehmigung für die 2. Ausbaustufe (Suorva).
1962 Genehmigung zum Bau des Kraftwerkes in Vietas und zum Stau des Satihaure (ca. 3.200 ha werden überflutet).
1963 Genehmigung für die 3. Ausbaustufe (weitere 4.000 ha werden überflutet).
1964 Genehmigung für die 4. Ausbaustufe (weitere 2.300 ha werden überflutet).
1968 Eine Hochspannungsleitung von dem Wasserkraftwerk Vietas darf gebaut werden.
1970 Genehmigung zum Bau der Straße Vietas–Ritsem (außerhalb des Parks). Der Sitasjaure (außerhalb des Parks) und der Autajaure werden reguliert (30 ha im Nationalparkgebiet werden überflutet).
1980 Genehmigung für die dritte Triebwasserleitung (Vietas Wasserkraftwerk) wird erteilt.

Sarek:
1945 Abänderung des Nationalparkgesetzes für den Magnesitabbau bei Äpar.
1962 Genehmigung zur Überflutung des Rittak-Tals (420 ha Nationalparkfläche werden überflutet).

Muddus:
1956 Genehmigung zum Anstau des Lule-Flusses (5 ha betroffen).

Pieljekaise:
1948 Genehmigung zum Anstau des Sädvajaure (30 ha Parkfläche werden überflutet).
1980 Überflutung weiterer 30 ha Parkfläche aufgrund der 2. Ausbaustufe des Sädvajaure.

Das Schwedische Staatliche Amt für Naturschutz hat eine ausführliche Beschreibung aller Nationalparks herausgegeben, die auch auf deutsch erschienen ist, s. Literaturverzeichnis. Hier nur eine kurze Zusammenfassung:

Vadvetjåkka

Eingerichtet zur Erhaltung einer hochnordischen Gebirgslandschaft. Der Nationalpark liegt westlich des Torneträsk an der norwegischen Grenze. Von dem 2.630 ha großen Areal sind etwa vier Fünftel Kahlfjäll. 160 ha sind Birkenwald, 44 ha Gletscher, 226 ha Moor und 48 ha Wasserfläche. Der Gebirgsrücken in der Mitte des Parks wird von Moor und Wasser umgeben und ist dementsprechend schlecht zu erreichen. Ein Deltagebiet und das umgebende Moor beherbergen eine Vielzahl von Vögeln. Der *Čunučohkka* ist mit 1.247 m der niedrigste Gletscherberg Schwedens. Auf dem niederschlagsreichen Südhang des *Vádvečohkka* wächst krautreicher Birkenwald mit einer Waldgrenze bei 600 m. Der Felsgrund besteht aus Kalkstein, der die Entstehung von Höhlen begünstigt. Der Nationalpark ist touristisch nicht erschlossen, d. h. es gibt weder bezeichnete Wege noch Schutzhütten.

Abisko

Eingerichtet zur Erhaltung einer hochnordischen Gebirgslandschaft. Südlich des Torneträsk liegt dieses 7.700 ha große Gebiet, das zur Hälfte aus montanem Birkenwald, zur anderen Hälfte aus Kahlfjäll und zu einem kleinem Rest aus Wasserfläche besteht. Besonders sehenswert ist hier der Blick vom *Njulla* auf Lapporten und das ganze Torneträsk-Gebiet. Der Abiskojåkka-Canyon hat wegen seines besonderen Mikroklimas eine spezielle Pflanzenwelt. Der Abiskojåkka verbindet den Abiskojaure mit dem Torneträsk und hat sich einen 20 m tiefen Canyon gegraben, an dessen Wänden man den geologischen Aufbau dieses Gebietes erkennen kann. Abisko ist eine der sonnenreichsten Regionen des Landes, der Niederschlag liegt bei nur 300 mm jährlich. Der Nationalpark bildet den nördlichen Abschnitt des *Kungsledens* (Königspfad; einer der bekanntesten Wanderwege der Welt), das gesamte Gebiet ist touristisch sehr stark erschlossen. Wege, Feuerstellen, Rastplätze (Zelten ist im Park nur an einigen Stellen erlaubt) und eine Touristenstation mit entsprechenden Einrichtungen und Veranstaltungen bieten einen guten Einstieg für Neulinge im Fjäll. Hier wurde eines der schönsten und interessantesten Fjällgebiete leicht zugänglich gemacht.

Stora Sjöfallet

Eingerichtet zur Erhaltung einer hochnordischen Gebirgslandschaft. Ursprünglich wollte man den berühmten Wasserfall *Stora Sjöfallet* (Großer Seefall) und dessen Quellseen schützen. Aber schon 1919 wurde das gesamte Seensystem oberhalb des Wasserfalls zur Stromproduktion ausgegliedert. Schützenswert blieben die Fjällgebiete.
Zwei Drittel des insgesamt 127.800 ha großen Nationalparks sind Kahlgebirge. Dazu gehört auch das Akka-Massiv, nach Selma Lagerlöfs Roman auch »Nils-Holgersson-Fjäll« genannt, einer der 13 Berge über 2.000 m Höhe in Schweden. Bei Vietas liegt ein Kiefernurwald, dessen Entstehung auf eine wärmere Periode

zurückzuführen ist. Darüber hinaus bieten das tiefeingeschnittene Teusa-Tal und die schroffen Felswände des Kierkau gewaltige Naturerlebnisse. Aufgrund großer Höhenunterschiede im Park gibt es mehrere Vegetationszonen mit entsprechender Flora. Die Tierwelt ist durch den Ausbau der Wasserkraft stark beeinträchtigt worden, dennoch sind mit etwas Glück Elch, Bär, Luchs und Vielfraß sowie Greifvögel je nach Stärke der Nagerpopulation anzutreffen. Der Nationalpark ist auf dem »Weg nach Westen« *(vägen västerut)* gut zu erreichen, die Straße führt bis *Ritsem* (Ritjem). Durch den nördlichen Teil des Stora Sjöfallet führt ein Teil des Kungsledens, der südliche Teil ist nur mit entsprechender Ausrüstung und Erfahrung zu durchqueren. Bootsverkehr gibt es im Sommer nach *Staloluokta* und *Änonjalme*.

Sarek

Eingerichtet zur Erhaltung einer ausgeprägten Hochgebirgslandschaft. Der *Sarek* liegt zwischen den Quellseen der Flüsse *Stora* und *Lilla Luleälv*. Nachdem der Geograph Axel Hamberg hier viele Untersuchungen durchgeführt hatte, wurde 1909 der Reichstagsbeschluß gefaßt, einen Nationalpark einzurichten. 1962 durften 420 ha Nationalparkfläche im Rittaktal überflutet werden, um ein Wasserreservoir für die Seitevare-Kraftstation zu schaffen.
197.000 ha ist der Park groß, davon sind fast 15.000 ha Gletscherfläche und vier Fünftel Kahlfjäll. Er ist das größte Hochgebirgsgebiet Schwedens, mit 200 Gipfeln über 1.800 m Höhe und etwa 100 Gletschern. Enge Täler, wildbrausende

Lappländischer »Dschungel«

Wasserläufe, undurchdringliches Weidendickicht und steile Pässe sind seine Kennzeichen. Arktisch öde Hochgebirgsebenen, tief ausgewaschene Felsschluchten und senkrechte Felswände charakterisieren den östlichen Teil des Parks, der westliche flacht zum Padjelanta hin ab.

Im Zentrum des Sarek fließt der *Rapaätno*, der im Verhältnis zur Niederschlagsmenge der wasserreichste Fluß Schwedens ist. Er führt den Schlamm von etwa 30 Gletschern mit sich und bildet dadurch an seinem Auslauf in den Tjaktajaure ein eindrucksvolles Delta mit Lagunen und verzweigten Wasserläufen. Am besten kann man das sehen, wenn man auf dem *Skierfe* steht, der dort 700 m senkrecht ins Tal geht. Obwohl in Teilen des Sareks Birkenwalddschungel und Nadelurwald gewachsen ist, gibt es hier doch vergleichsweise wenige botanische Raritäten. Die stellenweise üppige Vegetation hebt sich deutlich von den kahlen Bergspitzen und Hochplateaus ab, aber Besonderheiten muß man woanders suchen. Das Gleiche gilt für die Tierwelt. Der irrigen Ansicht, im Sarek alle größeren Raubtiere anzutreffen, erliegen viele Wanderer. Vogelfreunde haben hier eher Glück, wenn sich z. B. im Herbst Hunderte von Singschwänen vor ihrer Reise nach Süden im Rapa-Delta treffen und ihr Können lautstark kundtun. Der Nationalpark birgt vor allem klimatisch bedingte Gefahren, wie starke Niederschläge mit ungeheuer anschwellenden Wasserläufen, Schneestürme und Lawinengefahr im Winter.

Bezeichnete Wanderwege gibt es hier nicht, aber Rentierwirtschaft und sehr starker Wandertourismus haben Pfade geschaffen. Wir empfehlen die Broschüre des Schwedischen Amtes für Umweltschutz auf deutsch: »Sarek – Mythos und Wirklichkeit« (siehe Literaturauswahl, S. 197).

Padjelanta

Eingerichtet zur Erhaltung einer Gebirgslandschaft mit Seen und ausgedehnten Heidegebieten in ihrer natürlichen Beschaffenheit. Das 198.400 ha große Gebiet besteht nur zu 4.000 ha aus Birkenwald, Moor und Gletschern, 31.300 ha sind Wasserfläche, und mehr als vier Fünftel des Parks sind Kahlfjäll. Er liegt westlich des Sareks an der Grenze zu Norwegen.

Die bezeichneten Wanderwege führen immer wieder durch Täler hinauf auf kahle Bergrücken und bieten phantastische Ausblicke auf die weiten, großen Seengebiete und die gletscherbedeckten Bergspitzen. Leicht verwitterter Kalksandstein und Schiefer bilden den Untergrund für die für Gebirgsverhältnisse extrem artenreiche Flora. Über 400 höhere Pflanzenarten sind hier vertreten – ein Rekord für das Fjäll. Die Eiszeit hat mit den Kisuris-Terrassen und einer großen Ansammlung von Tundrapolygonen (regelmäßige Bodenformationen) südlich von Staloluokta ihre deutlichen Spuren hinterlassen.

Seltene Tiere wie Polarfuchs und Vielfraß haben einen festen Bestand im Padjelanta-Park. Ansonsten wird das Gebiet von der Rentierzucht bestimmt. Hier liegen die Sommerweiden der Samedörfer Tuorpon, Jåkkåkaska und Sirkas. Diese haben dort auch ihre Sommerwohnplätze. Touristen sollten wissen, daß der Nationalpark ein Arbeitsgebiet der Sami ist, kein Ferienort. Man hat hier aber die Möglichkeit, die Rentierzucht näher kennenzulernen – wenn man sich Zeit läßt.

Der Padjelanta-Nationalpark ist in drei bis vier Tagesetappen von Kvikkjokk im Süden oder Änonjalme und Vaisaluokta im Norden aus zu erreichen. Man kann auch das Flugzeug nach Staloluokta nehmen.

Pieljekaise

Eingerichtet zur Erhaltung eines Gebietes mit montanem Birkenwald in seiner natürlichen Beschaffenheit. Der Fjällbirkenbestand bedeckt zwei Drittel des 15.340 ha großen Nationalparks. Der Rest sind Moore, Wasserflächen und Kahlgebirge.

Der Name »Pieljekaise« bedeutet »Ohrenberg«. Damit sind die Gipfel *Vuomavare/Gaissatj* und *Pieljekaise* gemeint, von denen sich eine großartige Aussicht bietet. Charakteristisch für den krautreichen Birkenwald ist hier die Trollblume, die auch auf magerem Boden in großer Anzahl wächst. Die Gesteinsarten Schiefer und Gneis bedingen ansonsten eine artenarme Flora. Der Pieljekaise ist über den Kungsleden gut zu erreichen. Er liegt zwischen Jäkkvikk im Norden und Adolfström in der Gemeinde Arjeplog im Süden.

Muddus

Eingerichtet zur Erhaltung einer Wald- und Moorlandschaft in ihrer natürlichen Beschaffenheit. Der Muddus-Nationalpark ist knapp 50.000 ha groß, wovon die Hälfte Nadelwald, 20.000 ha Moore, der Rest Mischwald, Birkenwald, Strauchheide, Blockhalden und Wasserflächen sind. Er liegt südwestlich von Gällivare, nördlich des Stora Luleälv. Sehenswert sind hier der Urwald mit seinen Riesenkiefern, Felsschluchten mit interessanter Flora, die mosaikartigen Moore und der Muddusfall, ein mächtiger, 40 m hoher Wasserfall. Durch abfließendes Gletscherwasser und Frostsprengungen sind die beiden sogenannten Kursu-Täler *Måskoskårsa* und *Muddusjokktal* entstanden. Sie sind besondere Sehenswürdigkeiten, nicht zuletzt wegen ihrer interessanten Flora. Am berühmtesten ist jedoch der Muddus-Park als größtes zusammenhängendes Urwaldgebiet des Landes. Die Moore sind von strangförmigen gras-, strauch- oder baumbewachsenen Inselchen durchzogen. Mit den dazwischenliegenden Wasserläufen sehen sie aus wie Mosaike. Strangmoore sind kaum begehbar, aber ein wertvolles Vogelbiotop. Der nordwestliche Teil des Parks ist daher Vogelschutzgebiet und darf vom 15. März bis 31. Juli nicht betreten werden.

Dennoch hat man im Muddus-Nationalpark gute Gelegenheit, die seltensten Tiere Lapplands anzutreffen, wenn man über ihren Lebensraum und ihre Gewohnheiten Bescheid weiß. Da Kahlschläge fehlen, ist die Elchpopulation nur gering, dagegen kommen Bär, Luchs, Hermelin, Mauswiesel, Otter und in größeren Mengen auch Marder und Auerhahn vor. Knapp 100 Vogelarten brüten hier, darunter viele Wat- und Schwimmvögel. Die Moore sind trotz ihres kalkarmen Bodens reich an Pflanzen, und viele Gebirgsarten gedeihen in den Felsschluchten.

Der südliche Teil des Parks ist durch einen wunderschönen Wanderweg erschlossen, den man am bequemsten von Skaite im Süden erreicht. Der Aufenthalt im Muddus-Nationalpark empfiehlt sich eher in mückenarmen Jahreszeiten. Informationen über die vorhandenen Übernachtungshütten geben das Touristenbüro und *Fjällenheten* in Jokkmokk (s. S. 148).

Flora und Fauna

Die Pflanzenwelt

Die Pflanzenwelt Lapplands hat starke Ähnlichkeit mit alpiner und hochalpiner Flora, obwohl sie in viel tieferen Lagen angesiedelt ist. Im Unterschied zu den Alpen und vergleichbaren Regionen bildet jedoch hier nicht die Latschenkiefer, also ein Nadelgehölz, die Baumgrenze, sondern die Birke (Fjällbirke). Die Baumgrenze liegt je nach Breitengrad zwischen 300 und 800 m (Mitteleuropa: 1.400 m im Schwarzwald, 2.300 m in den Alpen).
Einige wenige Pflanzen, wie z. B. der Gelbe Alpenmohn, haben wahrscheinlich die letzte Eiszeit auf den eisfreien skandinavischen Bergspitzen oder an der ebenfalls eisfreien nordwestnorwegischen Küste überlebt. Durch ihre isolierte Lage konnte sie spezielle Arten ausbilden. In fast jeder Gebirgsgegend, in der diese relativ seltene Pflanze vorkommt, wächst also eine besondere Alpenmohnrasse. In Norrland ist die Art Papaver radicatum naturgeschützt.
Ebenfalls unter Naturschutz stehen die Waldhyazinthe (Platanthera oligantha), das Leberblümchen (Hepatica nobilis), der Fettblattsteinbrech (Saxifraga cotyledon), die Knollenrothaube (Calypso bulbosa), der Rotbraune Frauenschuh (Cyptipedium calceolus), das Schwarze Kohlröschen (Nigritella nigra) und ein Farn (Botrychium virginianum). Den kalkhaltigen Boden in einem Teil der Gebirgsregion bevorzugen außer einigen Orchideen (Geflecktes Knabenkraut, Große Händelwurz, Schwarzes Kohlröschen, Frauenschuh und Zwergorchis) auch so seltene Arten wie Alpen-Schotenkresse, Nördliche Lichtnelke, Nördliche Arnika, Grönländischer Steinbrech und der Gelbe Alpenmohn.
Auf den Kahlfjällhängen kommen die Alpenpechnelke, die einblättrige Waldhyazinthe, Schneefingerkraut und Zypressenheide vor. Die Moore bieten Nahrung für die Große Händelwurz, den Sumpfdreizack, den Moorsteinbrech und hier in extrem nördlicher Ausbreitung sogar die Seesimse (Muddus-Nationalpark).
In den lappländischen Kiefernwäldern findet man den Blattlosen Widerbart und die Knollenrothaube, in Fichtenwäldern die Echte Goldrute, Erdglöckchen und Wiesen-Wachtelweizen und in den Birkenwaldregionen Trollblume, Wald-Storchschnabel, Nordischen Eisenhut, Alpenmilchlattich und ... Vergißmeinnicht. Dieses ist natürlich nur eine kleine Auswahl, wenn man bedenkt, daß es allein im Padjelanta-Nationalpark, immerhin eine Hochgebirgsregion, etwa 400 höhere Pflanzenarten gibt.
Wie überall auf der Erde, so ist auch in Lappland der Artenreichtum durch Pflanzenschadstoffe vermindert worden. Jahrzehntelang wurden hier Wälder besprüht, um das Wachstum von Unterholz zu verhindern. Damit starb ein Teil der Vegetation auf dem Waldboden ab.
Für die Ernährung von Sami und Siedlern hatten Wald- und Moorbeeren einen nicht zu unterschätzenden Wert. Blaubeeren, Preisel- und Multebeeren stehen immer noch ganz oben auf der Frischobstliste. Auch heute noch kann ein Beerenpflücker einige tausend Kronen (jedes Jahr) steuerfrei verdienen. Ein sellerieartiges Gewächs kann man auch als Wanderer im Gebirge finden und zu

Steinbrech

Gemüseeintopf verarbeiten: die Echte Engelwurz (Angelica archangelica), schwedisch: *kvanne*. Die jungen Stengel wurden von den samischen Kindern auf ihren Wanderungen gegessen; man kann auch die Blütenstände kochen. Diese Pflanze kann man vor allem an Bächen »ernten«, wo sie bis zu 2 m hoch wachsen kann, im Gebirge wie im Wald – vorausgesetzt, der Bär war nicht schneller. Engelwurz gehört zu seiner Lieblingsspeise. Vor allem im südlichen Lappland gab es im 18./19. Jh. zeitweise einen regelrechten Anbau von Engelwurz. Nach vielen fehlgeschlagenen Versuchen, Gerste und Kartoffeln zu ziehen, verlegte man sich schließlich auf eine Pflanze, die hier beheimatet war – und hatte Erfolg. Doch von Engelwurz allein konnte man nicht leben, und so wurde in Notjahren Baumrinde zu Brot verarbeitet. Noch heute sind in Urwaldgebieten in der Nähe ehemaliger Einsiedlerhöfe Stellen an alten Bäumen zu sehen, wo die Rinde sorgfältig herausgeschnitten worden war.

Die Tierwelt

Ausgrabungen von steinzeitlichen Ansiedlungen mit in der Nähe liegenden Fallgrubensystemen *(fångstgropsystem)* deuten darauf hin, daß Elche und die großen Wildrentiere, die es heute nur noch im Norden Kanadas gibt, einst einen wichtigen Teil der menschlichen Nahrung in Lappland ausgemacht haben. Spätestens im 19. Jh. verschwand jedoch das Wildren in Lappland; ein fester Elchstamm war in Norrbotten schon im 17. Jh. nicht mehr zu registrieren gewe-

sen. Erst im 20. Jh. wanderten Elche aus Südschweden wieder in den Norden ein, und der Zuwachs ist immer noch kolossal. In den Nationalparks scheinen sich besonders große Elche zu entwickeln, die auch nicht ganz so scheu sind wie anderswo. Jedes Jahr wird entsprechend der Stärke des Elchstammes eine Abschußquote festgelegt, die die Jagdvereine dann unter sich aufteilen müssen. Anfang September beginnt die Jagdsaison, und nicht wenige Schweden nehmen sich Urlaub, um diese feuchtfröhliche Hysterie mitzumachen. Da Elche sehr scheu sind, sind sie in der Regel für Menschen ungefährlich. Sollte man jedoch einem Tier begegnen, das die Ohren angelegt hat, ist es besser, den eleganten Rückzug anzutreten. Darüber hinaus sind Elche eine große Gefahr im Straßenverkehr. Aus einem unerklärlichen Grund ziehen sie es vor, gerade dann ihre 10 bis 15 Zentner Lebendgewicht auf die Straße zu werfen, wenn ein Auto kommt (oder ist es umgekehrt?).
Weniger Angst vor Menschen, dafür aber – meistens – etwas mehr Respekt vor Autos haben die zahlreichen Rentiere Lapplands. Alle Rentiere gehören zu einer Herde, und diese wiederum ist Eigentum eines Rentierzüchters. Es gibt festgelegte Gebiete, in denen die Herden weiden können, die aber relativ groß und natürlich nicht eingezäunt sind. Das Sammeln der Tiere macht daher einen großen Teil der Arbeit der Rentierzüchter aus. Alte Sami erzählen, daß man früher in den Herden herumlaufen und die Tiere, die man brauchte, einfach mit der Hand herausholen konnte. Durch die weitgehende Motorisierung der Arbeit mit Helikoptern, Geländewagen, Crossmaschinen und Skootern sind die Ren-

Rentiere im Sommerland

30

tiere scheinbar scheuer geworden und lassen den Menschen nicht mehr so einfach an sich heran.

Die größte Gefahr in der Natur stellt für das Rentier das Vielfraß dar. Obwohl es wesentlich kleiner ist, kann das Vielfraß sogar Elche reißen. Mit seinen breiten Tatzen verfolgt es seine Beute auch durch tiefen Schnee, denn es sinkt viel weniger ein. Wenn dann Elch oder Rentier von der Jagd durch den Schnee ermüdet sind, hat das Vielfraß sein Opfer so gut wie sicher. Es lebt hauptsächlich im Gebirge, aber durchaus in Waldnähe. Zur Kalbungszeit der Rentiere kann man es manchmal auf den freien Hängen, z. B. im Padjelanta-Nationalpark, sehen.

Ein ausgesprochen scheues und vorsichtiges Waldtier ist der Luchs. Es gelingt nur ganz selten – und dann auch nur Spezialisten – ein Foto von Luchsen in freier Wildbahn zu machen. Für Interessierte sei daher auf den Tierpark in *Lycksele* verwiesen. Dort gibt es auch eine Moschusochsenfarm. Diese Urtiere, die für Menschen nicht ganz ungefährlich sind, kommen in Lappland nicht mehr in freier Wildbahn vor. Einen kleinen Stamm trifft man weiter südlich im Dovrefjäll und in Jämtland.

Ebenfalls nur im Tierpark kann man Wölfe sehen. Wie überall in Europa, so ist auch in Lappland der Wolf irrationalen Ressentiments ausgesetzt. Selbst die beharrliche Aufklärungsarbeit der Naturschützer kann nicht die zähe und haßvolle Verfolgung und Tötung von sehr selten und vereinzelt auftretenden Wölfen verhindern. Obwohl der Wolf unter Naturschutz steht, machen sich bei Bekanntwerden einer Wolfsspur sofort Leute mit Helikoptern und Schneeskootern auf, um das Tier aufzuspüren und dann oft auf sadistische Weise zu töten. Die Angst vor Wölfen und der damit verbundene Haß sitzen so tief, daß sich ein Jäger nicht mit einem gezielten Schuß begnügt. Es wurden Tiere gefunden, die skalpiert waren, denen die Beine abgehackt oder die mehrmals von Autos überrollt worden sind. Wird ein Wolfstöter bekannt, braucht er nicht mit einer Strafe zu rechnen, sondern kann sich oft noch in Zeitungen als Held feiern lassen. Die Erinnerung an die Erzählungen der Vorfahren, denen die Wölfe in einem Blutrausch ganze Rentierherden über Abgründe gejagt oder das Vieh gerissen haben, sind noch lebendig. Der Schwedische Naturschutzverein hat zusammen mit den Nachbarländern, in denen die Situation nicht anders ist, bereits darüber nachgedacht, künftig beim Auftauchen von Wölfen eine Art Wachschutz zu organisieren.

Ein ausgesprochen respektiertes und auch respektables Tier ist der Bär. Erfreulicherweise ist der Bärenstamm in Lappland im Anwachsen. So können jedes Jahr einige Tiere zur Jagd freigegeben werden – ein teures Vergnügen. Einen Bären im Wald oder sogar auf der Straße zu sehen, gehört zu den Spitzenerlebnissen jedes Touristen. Aber selbst von den Einheimischen haben nur wenige dieses Glück. Bären sind im Grunde nicht gefährlich. Wenn sie Menschen riechen, flüchten sie, da ihnen der Geruch zuwider ist. Brenzlig wird es aber, wenn man zwischen eine Bärin und ihr Junges oder ihre Beute gerät. Dann muß man unbedingt Ruhe bewahren, denn ein Bär rennt schneller als ein Rennpferd. Gewöhnlich verhalten sich Wanderer auffällig genug, um dem Bären genügend Zeit zum Rückzug zu geben. Sollte dennoch einmal ein Bär auf einen zukommen, so hat das meist den Grund, daß er nichts riecht und vielleicht nur den Kopf sieht, weil man gerade einen Hügel heraufkommt. Dann wird der Bär neugierig, denn er hat hier keine natürlichen Feinde. In einem solchen Fall sollte man mit dem Tier reden, den Rucksack absetzten, Geräusche machen, so daß der Bär weiß: Achtung Mensch – stinkt! Diese Ratschläge gelten für den sehr unwahrscheinlichen Fall, diesem Tier zu begegnen.

Größenmäßig das Gegenteil und doch mindestens genauso viel beachtet wie der Bär ist der Lemming, ein hamsterähnliches Tier, über das viele mystische Gerüchte im Umlauf sind. In den nordskandinavischen Bergen und auf der Kola-Halbinsel hat der Lemming vermutlich die letzte Eiszeit überlebt und durch seine Isolation eine eigene Art ausgebildet, die es nirgends sonst auf der Erde gibt: Lemmus lemmus. Das, was den Lemming so rätselhaft macht, sind seine periodisch wiederkehrende Bevölkerungsexplosion und seine damit verbundenen Massenwanderungen. Lemminge rennen ins Meer, um Selbstmord zu begehen, sie suchen das versunkene Atlantis, sie teilen sich in Armeen und führen Krieg gegeneinander, und sie sind mondsüchtig – das ist nur eine Auswahl von Behauptungen, die in den letzten Jahrhunderten über dieses Tier verbreitet worden sind. Tatsache ist, daß es alle drei bis vier Jahre zu einem Ansteigen der Lemmingpopulation kommt. Für den Beobachter stellt sich das dann so dar, daß er überhaupt einmal vereinzelte Tiere zu Gesicht bekommt, während in »Normaljahren« der Lemming fast völlig verschwunden zu sein scheint. Besonders günstige klimatische Bedingungen im Winter haben zumindest einen wichtigen Anteil an den Lemmingjahren, weil dann die Fortpflanzung nicht unterbrochen wird. Im Laufe von lemmingreichen Sommern kann es lokal zu Wanderungen kommen, vermutlich, um die eigene Art zu schützen und keinen Nahrungsmangel aufkommen zu lassen. Die Tiere laufen dann einzeln (!) entsprechend den topographischen Gegebenheiten, also durch ein Tal hindurch oder um einen Berg herum oder an einem Flußlauf oder See entlang. Dabei kann es vorkommen, daß sie in einer Sackgasse landen, wenn z. B. ein Fluß einen Zulauf erhält oder das Seeufer eine Halbinsel bildet. Dort gibt es dann eine Art Stau, und ungewöhnlich viele Tiere sammeln sich an der Stelle. Nicht erklärt ist damit, warum die Lemminge plötzlich aufbrechen und warum sie oft in dieselbe Richtung wandern (in Norwegen tatsächlich häufig nach Westen, also in Richtung Meer). Wenn Lemminge sich nicht in ihrem Gängesystem befinden und damit schutzlos sind, zeigen sie gegen jedes andere Lebewesen eine ausgesprochen aggressive Haltung. Sie fauchen und schreien mit weit aufgerissenem Maul. Diese Aggressivität richtet sich auch gegen ihre Artgenossen. Wenn es also zu den geschilderten Massenansammlungen kommt, reagieren die Tiere gestreßt. Plötzlich stürzt sich schließlich ein Tier nach dem anderen ins Wasser. Lemminge sind sehr gute Schwimmer, jedoch wissen sie nicht, wie groß der See ist, den sie durchschwimmen wollen. Deshalb sterben unterwegs viele, die es nicht schaffen. Einen Teil der Verhaltensweisen dieser Tiere kann man also erklären, aber es bleiben noch viele Fragen offen für die Forschung, die dadurch erschwert wird, daß die Tiere ihren Lebensraum oberhalb der Baumgrenze haben und fortgesetzte Beobachtung nicht leicht ist.

Während der meisten Lemmingjahre ist auch ein Anstieg der Populationen anderer Kleinnager, wie der Wühlmaus, zu beobachten. Dementsprechend können Vogelfreunde dann einige der seltenen Raubvögel wie Adler, Bussarde und Eulen in größerer Zahl sehen.

Polarfuchs, Rotfuchs, Marder, Hermelin, Hase, Mauswiesel und Otter sind weitere Tiere, die man mit viel Glück treffen kann. Da sich der Polarfuchs an den Südhängen des Fjälls jedes Jahr seinen alten Bau sucht, um den Nachwuchs zu schützen, haben seine Exkremente und Abfälle einen Hügel mit besonders starker Vegetation gebildet. Als grüne Hügel inmitten der mehr oder weniger graubraunen Fjällheide sind Fuchsbauten deutlich zu erkennen.

Zum Abschluß seien noch die Vögel erwähnt. Lappland ist durch seine weiten stillen Moore, Wälder und Wasserflächen und durch das übersichtliche Kahlfjäll ein bevorzugter Brut- und Jagdplatz für viele Vogelarten, die oft von weit her aus dem Süden kommen und nur den kurzen Sommer hier verbringen. Sumpfvögel wie der Bruchwasserläufer, der Regenbrachvogel, Grünschenkel, Sumpfläufer und Rotschenkel teilen sich die Brutgebiete mit ungewöhnlichen Entenarten, Tauchern, Sägern, Gänsen und dem Singschwan, der im Frühling und im Herbst oft in großen Scharen lauthals bekanntgibt, daß er auf der Reise ist. Raubvögel wie die Kleine Raubmöwe, die Schneeule, die Sumpfohreule, Stein-, See- und Fischadler, Rauhfußbussard und Jagdfalke und sogar der seltene Gerfalk bieten mit ihrem eleganten Flug ein faszinierendes Bild. Birkhühner und Auerhähne kann man im Frühling bei ihrem imponierenden Balztanz beobachten. Diese eigentlich etwas schwerfälligen Vögel leben im Wald und sind im Winter auf der obersten Spitze von Bäumen zu sehen, wo sie die Nadeln und jungen Triebe abfressen. Eine Liste von kleinen Vögeln aufzustellen, die man in Lappland antreffen kann, würde hier zu weit führen. Die örtli-

Kleine Raubmöwe

chen Touristeninformationen geben darüber Auskunft. Zwei Vögel sind jedoch typisch für Lappland: Der auch bei uns bekannte Kolkrabe fliegt bis in die höchsten Felsklippen, und der Unglückshäher, der mit seinem orangebraunen Gefieder gut zu erkennen ist, hält sich in lichten Wald- und Moorgebieten auf und ist ausgesprochen neugierig. Leider sind in den letzten Jahren Fälle von Raubvogeldiebstahl entdeckt worden, an denen auch Menschen aus der Bundesrepublik beteiligt waren. Seitdem werden oft auf einsamen Waldwegen parkende ausländische, vor allem deutsche Kleinbusse registriert oder der Polizei gemeldet. An bekannten Vogelhorsten mit seltenen Raubvögeln gibt es für die Dauer der Brutzeit immer wieder Kontrollen von Naturschützern, um Diebstähle zu verhindern oder möglichst schnell zu entdecken.

Die Geschichte Lapplands

Frühgeschichte
Die frühe Geschichte Norrlands ist nicht zusammenhängend darstellbar, denn es gibt keine entsprechenden Quellen. Archäologische Funde lassen zwar Schlußfolgerungen für die unterschiedlichen Zeiten zu, liefern aber keinen roten Faden, der die Einzelergebnisse schlüssig miteinander verbindet. Dazu kommt als weitere Schwierigkeit, daß die mitteleuropäischen Epocheneinteilungen, die sich schon nicht vollständig auf die südskandinavischen Verhältnisse übertragen lassen, bei der Geschichte Norrlands kaum noch stimmen. Dieses Gebiet lag besonders weit abseits der Zentren der Weltgeschichte, deshalb wurde es von manchen Entwicklungen erst später oder gar nicht erreicht. So spricht man für Südskandinavien ab etwa 1000 v. Chr. von der Bronzezeit, deren Einflüsse in Norrland aber keine Rolle spielen. Hier reichte die Spätsteinzeit noch bis in die Eisenzeit, deren Beginn für Südskandinavien etwa 400 n. Chr. gesehen wird. Ungefähr 7000 v. Chr. hatte sich nach der letzten Eiszeit der Südrand des Eises soweit nach Norden geschoben, daß große Teile des heutigen Nordschwedens frei lagen.
Vor rund 6000 Jahren lebten Menschen an allen größeren See- und Flußsystemen. Ihre Nahrung bestand aus Elch und Wildren, Fisch und Beeren. Sie jagten das Wild vor allem mit Hilfe von Fanggruben-Systemen *(fångstgropsystem)*. Ihre Siedlungen lagen an trockenen, nach Südwesten freien Stränden, in der Nähe einer Quelle – an Plätzen also, die auch heute von Leuten bevorzugt werden, die sich ein Sommerhäuschen bauen. Einzelne Beispiele für Ackerbau finden sich ab etwa 2000 v. Chr. in den Küstengebieten.
Unsere Kenntnisse über Siedler und Händler sind äußerst dürftig. Archäologische Funde in Form von Münzen, Schmuck, Pfeilspitzen und anderen eisernen Gerätschaften geben Hinweise auf Kontakte nach Mittelschweden, Karelien und Rußland. Dabei kommen die *Wikinger* in den Blick, die in der Zeit zwischen 800 und 1050 n. Chr. als Kaufleute und Eroberer an fast alle Küsten und in die größeren Flußsysteme vordrangen. Nach Norrland kamen sie offensichtlich von

Westen her, von der norwegischen Küste. Wichtige Verbindungen Norrlands mit der übrigen Welt gab es sonst in südöstlicher Richtung, entlang alter Handelswege, die von der norwegischen Küste durch Torne- und Luletal verliefen und die dann über das finnische Seensystem nach Karelien, zum Schwarzen Meer und zur Wolga und sogar weiter zum bedeutendsten arabischen Markt in Bagdad führten. Der marokkanische Schriftsteller Ibn Batuta, der im 14. Jh. lebte, berichtete, daß es sich wegen des hohen Aufwandes nur reiche Kaufleute leisten konnten, im Norden Handel zu treiben. Nach seinem Bericht reisten die Kaufleute mit vielen vollgepackten Hundeschlitten bis zu einem bestimmten Platz im Landesinneren. Dort stapelten sie ihre Waren und gingen zu ihrem Lagerplatz zurück. Am nächsten Tag fanden sie anstelle ihrer Waren Bündel mit unterschiedlichen Fellen vor. Waren sie zufrieden, reisten sie zurück. Waren sie mit der Gegenleistung nicht einverstanden, ließen sie die Felle liegen, um einen Tag später nochmals zurückzukommen und das veränderte Angebot zu prüfen. Normalerweise funktionierte dieser »stumme« Handel, obwohl die Kaufleute oft nicht einmal wußten, mit wem sie handelten.

Die Birkarler- und Wasa-Zeit

Im 12. und 13. Jh. wurde Norrland allmählich zu einem interessanten Gebiet für drei Länder: Dänemark-Norwegen, Schweden-Finnland und Rußland. Das Interesse galt vor allem dem Pelzreichtum des Landes, den sich die drei Mächte durch Steuereintreibungen holten – die Steuern waren in Form von Fellen und Pelzen zu entrichten.

Bis zur Mitte des 16. Jh. gab es feste Siedlungen nur in einem weniger als 100 km breiten Küstenstreifen, vor allem an den Flußmündungen. Bei der Kolonisation spielte die Kirche eine nicht unwesentliche Rolle, trug sie doch durch ihre Kirchenbauten zur Seßhaftwerdung bei. Von diesen kirchlichen Zentren aus konnte dann die Missionierung des Inlandes in Angriff genommen werden. Aber die Kirche hatte nicht nur geistliche, sondern auch massive ökonomische Interessen: Der Fischreichtum in den norrländischen Flüssen – vor allem Lachs – konnte nicht nur nach Südskandinavien exportiert werden, sondern darüber hinaus einen großen Teil des aus religiösen Gründen riesigen Fischbedarfs im katholischen Europa decken.

Im 14. und 15. Jh. wurde der Norrlandhandel von den *Birkarlern* beherrscht, einem Geschlecht von Großbauern, die wahrscheinlich aus der Gegend des finnischen Tampere stammten und sich an der bottnischen Küste niedergelassen hatten. Sie beherrschten in den genannten zwei Jahrhunderten nicht nur den Handel, sondern auch den schwedischen Anteil am Steuerwesen Norrlands. Sie zahlten nur einen geringen Beitrag an die schwedische Krone, der Löwenanteil ihrer staatlich sanktionierten »Beutezüge« floß in ihre eigenen Taschen. Um sich nicht gegenseitig zu behindern, teilten sich die einzelnen Birkarler-Sippen das norrländische Inland in sogenannte »Lappmarken« ein. In der heutigen Forschung wird meist als größtes »Verdienst« der Birkarler angesehen, daß sie scheinbar »herrenlose« Gebiete dem schwedisch-finnischen Reich zugeführt haben.

1350 wurde von König *Magnus Eriksson* per Gesetz der »Bottnische Handelszwang« eingeführt. Dieser besagte, daß aller Ex- und Import im Gebiet des

Bottnischen Meerbusens (nur Åbo/Turku hatte Sonderrechte) über die Zwischenstation Stockholm ablaufen mußte. Im einzelnen war das nicht immer zu kontrollieren, weil die Zentralverwaltung nicht die notwendige Macht besaß. Aber es führte doch dazu, daß sich Kaufleute aus dem Norden in Stockholm ansiedelten und dorthin auch der größte Teil ihrer Gewinne floß – eine Struktur, die sich im heutigen Wirtschaftsleben Schwedens mühelos wiederfinden läßt. 1523 wurde *Gustav Wasa* zum schwedischen König gewählt. Sein Hauptanliegen war die ökonomische und politische Stärkung der Zentralmacht. Dazu verstaatlichte er 1527 fast den gesamten Besitz der katholischen Kirche und führte die Reformation und die lutherische Staatskirche ein. Außerdem verschärfte er die Handels- und Steuerkontrollen, damit der Krone keine Einnahmen vorenthalten blieben. Besondere Bedeutung maß er dabei Norrland zu: Er nahm den Birkarlern ihre Steuereintreibungsrechte und setzte in den Lappmarken Vögte ein. Meistens handelte es sich bei diesen aber zunächst wieder um Birkarler, weil sie über die besten Kenntnisse von Land und Leuten verfügten.
Das Land im Norden gehörte nach Gustav Wasas Meinung »Gott, uns und Schwedens Krone«. Um solche Besitzansprüche abzusichern, versuchte der König, die Kolonisation voranzutreiben, indem er »unverheirateten Kerlen« Land für die Ansiedlung versprach. Zu seiner Zeit wuchs die Bevölkerung, nahm aber wenige Jahrzehnte später aufgrund von Kriegen, Mißernten, Epidemien und Hungersnöten wieder ab.

Kolonie im Norden
König *Karl IX.* versuchte zu Beginn des 17. Jh. die Norrland-Politik seines Vaters Gustav Wasa fortzuführen. Um die ökonomischen Ressourcen möglichst umfassend ausnutzen zu können, wollte er eine zuverlässige Verwaltung schaffen und die Verbindungen mit dem übrigen Land ausbauen. Er befahl, die Missionstätigkeit zu verstärken und ließ an einigen Zentralorten im Landesinneren Kirchen bauen. Hier sollte auch der Handel konzentriert werden. So entstanden 1605–1607 die Markt- und Kirchenplätze Lycksele, Arvidsjaur, Jokkmokk, Jukkasjärvi und Enontekio (Karesuando). Um die Kontrolle über den Lappmarkshandel noch zu stärken, wurde 1621/22 den Küstenstädten Torneå, Luleå, Piteå und Umeå die Stadtrechte verliehen.
Schwedens Nationalpolitik wurde im 17. Jh. – wie auch im übrigen Europa – vom Merkantilismus bestimmt. Der Staat versuchte durch Wirtschaftslenkung, Schutzzölle, Schaffung staatlicher Monopole, Lohnstopp usw. seine militärische und politische Macht nach innen und außen zu vergrößern.
Der Erfolg des Merkantilismus wurde am Edelmetallreichtum eines Landes gemessen. Mit dieser Fixierung auf Gold und Silber und darüber hinaus mit Schwedens teurer Beteiligung am Dreißigjährigen Krieg ist es zu erklären, daß man mit großer Hast und Anstrengung begann, bekannt gewordene Silbervorkommen auszubeuten: 1635 im Nasafjäll westlich von Arjeplog, 1662 im Fjäll westlich von Kvikkjokk. Beide Unternehmungen waren letztendlich Verlustgeschäfte und wurden nach wenigen Jahren eingestellt, aber sie gaben Nahrung für den Traum eines »schwedischen Westindien« – also einer Kolonie im eigenen Land. Ebenfalls um die Mitte des 17. Jh. begann die Eisen- und Kupferausbeutung in Svappavaara bei Kiruna und in Kengis im Tornedal. Die aus Holland

stammenden Brüder *Reenstierna* betrieben die Gruben. Sie hatten weitreichende, aber teure Pläne für die weitere Kolonisierung Norrlands. Aber sie verspekulierten sich, und nach einigen Jahren brach ihr Wirtschaftsimperium zusammen.

Die größten Schwierigkeiten bei allen Bergbauunternehmungen waren die Transporte: Das Nasafjäll an der norwegischen Grenze etwa war 50 km vom Schmelzwerk in Silbojokk und weitere 350 km vom Küstenort Piteå entfernt – ein Weg, der im weithin weglosen Land nur von den Sami mit ihren Rentieren und Transportschlitten bewältigt werden konnte. Sie mußten das wertvolle Silber an die Küste schaffen, von wo es weiter nach Stockholm verschifft wurde, und sie mußten in umgekehrter Richtung Lebensmittel, Baumaterialien und Werkzeuge transportieren. Zu diesen Arbeiten wurden die Sami gezwungen, wenn sie sich weigerten, mit brutalen Methoden. Die einzige Möglichkeit für sie, sich dieser Sklavenarbeit zu entziehen, war die Flucht – nach Norwegen oder in andere Gebiete der unwegsamen Lappmarken.

Lappmarksplakat

Um die Lappmarken – das norrländische Inland – besser nutzen zu können, erschien es der Krone notwendig, dort eine größere Bevölkerungsdichte zu erreichen. 1654–1678 war *Johan Graan* Bezirksgouverneur in Västerbotten. Er versuchte mit großer Kenntnis der Verhältnisse und ebensogroßem Verständnis für die Menschen die Voraussetzungen zu schaffen, daß möglichst viele Siedler kamen und die Bedingungen für die Sami so verändert wurden, daß sie auch im Lande blieben. Diese Politik wurde 1673 im sogenannten *Lappmarksplakat* festgeschrieben. Dort wurde Siedlern, die aus den sich südlich und östlich anschließenden Landschaften kamen, eine Steuerfreiheit für 15 Jahre und eine lebenslange Befreiung vom Kriegsdienst zugesagt, wenn sie sich – zu Viehzucht, Jagd und Fischfang – an Stellen niederließen, die die Sami für ihre Rentierzucht nicht benötigten. Die Zentralverwaltung ging davon aus, daß Sami und Siedler mit ihren jeweiligen Wirtschaftsformen gut nebeneinander existieren konnten, ohne sich gegenseitig etwas wegzunehmen. Das war in etlichen Fällen aber nicht so, z. B. beim Fischfang oder bei der Heuernte.

Bei den Siedlern handelte es sich oft um ehemalige Soldaten oder auch um Bauernsöhne, die in ihrer Heimat keine wirtschaftliche Zukunft sahen. Wenn sich die Siedler in Lappland niederließen, hatten sie oft nur wenige Gerätschaften – eine Axt, ein Messer, ein Netz zum Fischen. Sie suchten sich eine Stelle an einem Fischgewässer, die ihnen Zugang zu Holz als Bau- und Brennmaterial und zu Laub und Gras als Viehfutter bot. Die Siedler mußten also über entsprechende Kentnisse verfügen, um die Naturgegebenheiten nutzen zu können, nur so konnten sie überleben. Hatten sie eine Familie, so mußten alle, auch die Kinder, ihren Teil zur täglichen harten Arbeit beitragen.

Mit den Sami kam es zwar gelegentlich zu Auseinandersetzungen – vor allem um Fischereirechte – aber es gab auch Möglichkeiten des gegenseitigen Nutzens. So half etwa ein Sohn des Siedlers den Sami beim Hüten der Rene, und als Gegenleistung bekamen die Siedler Rentiere. Oder der Siedler fertigte für die Sami etwas an, beispielsweise eine hölzerne Tür, und bekam dafür Renhorn, das er zu Leim kochte. Diesen konnte er auf dem Markt gut verkaufen und von dem Geld

Mehl und Zucker anschaffen. Besonders am Anfang war für den Siedler die Hilfe der Sami oft von großem Wert, um überhaupt über den ersten Winter zu kommen. Die Sami verfügten über Ortskenntnisse, Gerätschaften und die notwendigen Fertigkeiten, während die Siedler von den Beanspruchungen oft überfordert waren. Das Lappmarksplakat zeigte insgesamt aber nicht die gewünschte Wirkung. Es kam lediglich zu einer kleineren Zahl von Ansiedlungen vor allem durch Finnen, die nicht nur im Tornedal, sondern auch in anderen Gebieten der Lappmarken siedelten. 1695 wurde ein zweites Lappmarksplakat herausgegeben. Die Versprechungen von 1673 wurden wiederholt und teilweise erweitert. So wurden Siedler nun dazu aufgefordert, das Land richtig in Beschlag zu nehmen, ein Haus zu bauen und auch Ackerbau zu betreiben. Dadurch wurde auch eine stärkere Abgrenzung zwischen Siedlern und Sami festgeschrieben. Eine nennenswerte Ausdehnung der Kolonisation fand auch nach dem zweiten »Plakat« nicht statt.

Der letzte Krieg
Im 18. Jh. war Norrland insgesamt nach wie vor dünn besiedelt. So hatten die heutigen Bezirke Västerbotten und Norrbotten um 1750 zusammen nur etwa 33.000 Bewohner. Die Ursachen dafür waren verschiedene: Die Kolonisation wollte nicht so recht in Gang kommen, denn das Land wirkte in seiner Größe und Undurchdringlichkeit, mit seinen fehlenden Kommunikationswegen und seinem harten Klima wenig einladend. In den zahlreichen schwedischen Kriegen wurden viele Männer als Soldaten verheizt. Die Menschen lebten ständig am Rand einer Hungersnot, weil die kleinen bewirtschafteten Flächen nicht genügend Erträge abwarfen. Außerdem lag die gesamte schwedische Wirtschaft aufgrund der Kriege am Boden, und der Steuerdruck wurde immer stärker. Durch militärische Niederlagen und Fehlplanungen kam es 1718 und 1721 dazu, daß feindliche russische Truppen an der bottnischen Küste entlang zogen und die dortigen Städte plünderten.
Immer noch unter dem Vorzeichen des Merkantilismus setzte Schweden für den Export auf die großen Ressourcen, die es im Norden besaß: Erze und Wald. Das immer wichtiger werdende Eisenerz konnte nur mit Hilfe von Holzkohle veredelt werden. Da Schweden von beidem reichlich hatte, versuchte es, sich eine Monopolstellung zu schaffen. Dies funktionierte eine Zeitlang ganz gut, bis die Engländer 1780 eine Erfindung machten, die die Anwendung von Koks und Steinkohle für den Veredelungsprozeß ermöglichte. In der Waldwirtschaft wurde neben Bauholz nicht nur Holzkohle produziert, sondern auch Teer. Hier errang Schweden ebenfalls gegen England ein Preismonopol, so daß sich England schließlich billiger in seinen nordamerikanischen Kolonien bediente.
Die Landwirtschaft spielte im merkantilistischen System nur eine untergeordnete Rolle. Eine Aufwärtsentwicklung machte sich in der zweiten Hälfte des 18. Jh. bemerkbar, als sich der Anbau der Kartoffel durchsetzte. Bezeichnenderweise geschah dieser Durchbruch, nachdem man entdeckt hatte, daß aus der Kartoffel wunderbar Schnaps herzustellen war! So konnte man das wertvolle Getreide wieder zum Brotbacken verwenden. In Norrland war der Kartoffelanbau aber erst in den 20er Jahren des 19. Jh. allgemein verbreitet.

Zu Beginn des 19. Jh. lebten etwa 75.000 Menschen in Norrland, im heutigen Västerbotten und Norrbotten. Dabei waren die Frauen nach den vielen Kriegen in der Mehrzahl. 1808/09 schloß sich ein weiterer Krieg an – der letzte bis heute, an dem Schweden direkt beteiligt war: der finnisch-russische Krieg. Nach einer geheimen Absprache mit Napoleon griff der russische Zar die Schweden in Finnland an, nachdem sich der schwedische König geweigert hatte, an der gegen England gerichteten Kontinentalblockade teilzunehmen. Der Krieg endete mit einer schwedischen Niederlage und einem Friedensvertrag, der Finnland bis zum Tornetal dem russischen Zarenreich zuschlug. Die Folgen hatte wieder einmal die Bevölkerung zu tragen: Hungersnöte, weil die Äcker nicht bestellt werden konnten, Notschlachtungen, weil kein Viehfutter vorhanden war, Seuchen, an denen viele Menschen auch außerhalb der eigentlichen Kriegshandlungen starben, Beschlagnahmungen durch das Militär, die die Not noch größer werden ließen. Die Armut war so groß, daß nicht wenige Menschen gezwungen waren, auf den Straßen ihr tägliches Brot zu erbetteln. Als Folge des Krieges mit Rußland wurde 1810 der Bezirk Norrbotten von Västerbotten abgespalten, um eine effektivere Verwaltung zu ermöglichen.

Der Anbruch des »Eisenzeitalters«
Im 18. Jh. hatten mehrere Besitzer versucht, die lappländischen Erzvorkommen auszubeuten, unter ihnen *Abraham Steinholtz* und *Jonas Meldercreutz*. Sie gründeten gemeinsam das Unternehmen *Melderstein*, um das Gällivare-Erz abzubauen. Um die verschiedenen Bergbauunternehmen bauten sie andere Wirtschaftszweige auf: Ziegeleien, Werften, Steinbrüche, Brennereien und anderes, außerdem Manufakturen, in denen das Eisen zu Ankern, Gewehren, Hufeisen usw. verarbeitet wurde. Mit ihrem Tod hinterließen sowohl Steinholtz als auch Meldercreutz riesige Schuldenberge. 1799 kaufte *Baron Samuel Gustav Hermelin* die Reste der Bergwerke und die entsprechenden Schürfrechte auf. Hermelin hatte eine große Erbschaft gemacht und steckte voller weitreichender Pläne. Er wollte nicht nur Bergwerke, Schmelzöfen und Manufakturen auf- und ausbauen, sondern darüber hinaus auch eine eigene Landwirtschaft zur Versorgung der in seinen Unternehmen Arbeitenden einrichten. Er investierte kräftig, hatte zunächst auch einige Erfolge, aber ziemlich bald war auch er mit seinem Geld am Ende. 1812 ging sein Imperium in Konkurs. Der wesentlichste Grund war wiederum in der Abgeschiedenheit der Anlagen und den fehlenden Transportmöglichkeiten zu suchen. Die Sami mit ihren Renen und die Bauern mit ihren Pferden konnten einfach nicht die Mengen transportieren, die notwendig gewesen wären, um die Unternehmen in die schwarzen Zahlen zu bringen.
Als 1864 nach den Einschränkungen des Merkantilismus die volle Handelsfreiheit eingeführt wurde, drängten englische Unternehmer zu den lappländischen Erzbergen. Sie gründeten *The Gellivare Company Ltd.*, und als ersten Schritt faßten sie die Lösung des Transportproblems ins Auge. Um eine Verbindung der Gällivare-Bergwerke mit der Küste zu schaffen, planten sie, eine 80 km lange Eisenbahnstrecke zum Lule-Fluß und einen Kanal an den Stromschnellen des Flusses vorbei zu bauen. Nach nur drei Jahren – etwa ein Drittel des beabsichtigten Kanals und ein Bruchteil der Eisenbahnstrecke waren fertiggestellt – war

Alter Hochofen in Masugnsbyn

auch dieser Versuch, das Transportproblem zu lösen, gescheitert, und das Unternehmen ging in Konkurs.

Aber schon 1869 übernahm *The New Gellivare Company Ltd.* die Besitztümer. Sie war allerdings mehr an der Ausnutzung des zum Besitz gehörigen Waldes als am Erzabbau interessiert. Erst als das phosphorreiche Gällivare-Erz durch die Erfindung des Thomas-Prozesses von neuem interessant wurde (durch Zufügen von Kalk entstand als Nebenprodukt zum Stahl das sogenannte Thomasphosphat, ein Düngemittel), begann die Gesellschaft ernsthaft, sich um das Transportproblem zu kümmern. Sie beantragte die Konzession für den Eisenbahnbau von der Küste zum Bergbaugebiet. Ihr Antrag wurde aber abgelehnt. Außerdem hatte in der Zwischenzeit ein Schwede die meisten Schürfrechte erworben – was die englische Gesellschaft gar nicht bemerkt hatte, da sie sich kaum um den Bergbau gekümmert hatte. 1891 wurde das – nun schwedische – Unternehmen *Aktiebolag Gellivare Malmfält (ABGM)* gegründet. Lange schon waren auch die Erzlager in Kirunavaara und Luossavaara bekannt. Aus langanhaltenden Streitigkeiten um Schürfrechte ging schließlich 1890 das Unternehmen *Luossavaara-Kirunavaara Aktiebolag (LKAB)* hervor. Zwei Jahre später wurde die Aktienmehrheit an der LKAB von der ABGM aufgekauft.

Nachdem 1882 eine schwedische Gesellschaft den Zuschlag erhalten hatte, eine Eisenbahn zwischen dem Bergbaugebiet Gällivare und Luleå, der Hafenstadt am Bottnischen Meerbusen, zu bauen, war es endlich am 12. März 1888 soweit:

der erste Erzzug aus Gällivare erreichte Luleå. Dieselbe Gesellschaft hatte auch die Konzession für die Eisenbahn nach Westen, zum eisfreien norwegischen Hafen Narvik am Ofotenfjord erhalten. Die Arbeiten wurden aber zunächst aufgeschoben, weil die mittelschwedischen Gruben, die einen möglicherweise übermächtigen Konkurrenten entstehen sahen, im Reichstag über eine starke Lobby verfügten. So dauerte es bis 1898, ehe der Reichstag einen positiven Beschluß für die Ofoten-Bahn faßte. Im gleichen Jahr noch begannen von den beiden Endpunkten aus die Arbeiten an der Strecke Gällivare–Kiruna–Narvik. Aus dem ganzen Land kamen Eisenbahnarbeiter, sogenannte *rallare*, nach Lappland. Oft handelte es sich bei ihnen um Eisenbahner oder Grubenarbeiter aus den mittelschwedischen Grubenorten, die auf die schwarze Liste gesetzt worden waren. Sie verstanden sich auf Organisationsarbeit und gründeten die ersten gewerkschaftlichen und politischen Verbände in Norrbotten. Ihre Lebensbedingungen waren erbärmlich: der Lohn sicherte kaum das Existenzminimum, weil er mit den schwindelerregenden Preisen nicht Schritt halten konnte. Die Wohnverhältnisse der Arbeiter spotteten jeder Beschreibung: Die Hütten waren aus übereinander genagelten Stämmen roh gezimmert. Sie waren gerade mannshoch, ohne Fenster, das Dach aus Brettern, durch deren Zwischenräume es regnete. Die Hütten hatten keinen Fußboden, ein Steinwall markierte die Feuerstelle, ein Loch im Dach diente als Rauchabzug. Bei Regenwetter glich die Hütte eher einem Schweinestall als einer menschlichen Behausung. Die Arbeiter lebten zu fünfzehnt oder mehr in einem weniger als 30 m² großen Raum. Wollten sie etwas frische Luft haben, mußte die Hüttentür weit offenstehen, auch wenn es draußen bitterkalt war.

In der zweiten Hälfte des 19. Jh. kam die Industrialisierung in Schweden allgemein voran. Damit verbunden war ein starker Bevölkerungszuwachs trotz vieler Mißernten und folgender Hungersnöte. Viele Familien hatten eine große Zahl von Kindern, oft bis zu fünfzehn. In Lappland fand außerdem ein starker Zuzug von Arbeitern aus Süd- und Mittelschweden statt. Besondere Notjahre aufgrund von Mißernten führten immer wieder zu Auswanderungswellen, vor allem nach Norwegen und in die USA.

Nach der Grenzziehung 1809 im nordöstlichen Tornedal begann dort ein Sprachenstreit. Von schwedischer Seite aus wurden Versuche unternommen, die nur oder vor allem finnischsprachigen Einwohner zu schwedisieren, aus Angst vor einer Einnahme des Gebietes durch das russische Zarenreich (zu dem Finnland bis 1919 gehörte). Der Streit wurde erst 1958 endgültig beigelegt.

Im 19. Jh. entstanden drei Volksbewegungen: eine Erweckungs-, eine Abstinenz- und die Arbeiterbewegung. Der Pfarrer *Lars Levi Laestadius* (1800–1861) arbeitete in Karesuando und Pajala. Die von ihm eingeleitete Erweckungsbewegung wandte sich an das Gefühl der Menschen als deren wichtigsten Antrieb (s. S. 72f.). Der Laestadianismus wirkte gleichzeitig – vor allem im Tornedal – als Abstinenzbewegung. Die Bewegung spaltete sich nach dem Tod von Laestadius' Nachfolger *Raatamaa* 1901 in zwei Richtungen, die bis heute bestehen: eine mehr liberale Ausprägung, die ihr Zentrum in Lannavaara hat, und eine mehr gesetzliche Ausprägung, die vor allem rund um Gällivare stark vertreten ist. Die Laestadianer haben aber nie eine eigene Kirche gegründet, sondern sind bis heute eine Bewegung innerhalb der schwedischen Staatskirche.

Die Abstinenzbewegung erlangte großen Einfluß vor allem im Erzgebiet Gällivare/Kiruna und – durch den Laestadianismus – im Tornedal. Der Alkoholismus hatte sich zu einem großen gesellschaftlichen Problem entwickelt. Zum Beispiel wurden Arbeiter für besondere Leistungen häufig mit Branntwein belohnt. Wie groß der Einfluß der Abstinenzbewegung hier war, zeigte sich etwa noch 1922, als eine Volksbefragung in Norrbotten eine über sechzigprozentige Zustimmung zum Alkoholverbot ergab.

Mit der Industrialisierung kamen viele Arbeiter aus Süd- und Mittelschweden nach Norden. Oft waren sie erfahren in politischen Auseinandersetzungen. So entstanden Arbeitervereine in den Zentren der Industrialisierung, den Gruben im Landesinneren und den Sägewerken an der Küste.

In der zweiten Hälfte des 19. Jh. expandierte die Holzwirtschaft. 1858 wurde das erste Dampfkraftsägewerk eingerichtet. Schnell wuchs die Zahl solcher effektiven Sägewerke. was in großem Umfang eine Verwüstung von Waldgebieten zur Folge hatte. Deshalb beschloß der Reichstag 1874 eine Abholzbegrenzung. Der Staat gab für seine Wälder Abholzgenehmigungen zu geringen Preisen, verlangte aber als Gegenleistung, daß die Holzunternehmen die Flüsse für die Flößerei ausbauten. Neben den Holzprodukten wurden hier im Norden vor allem Teer und Pottasche – die man zur Glasherstellung benötigte – hergestellt.

Richtig in Schwung kam die Industrialisierung in den letzten Jahrzehnten vor der Jahrhundertwende. Zur Versorgung der anwachsenden Bevölkerung versuchte man, die landwirtschaftliche Nutzfläche auszudehnen. Der Staat vergab Kolonate und Katengrundstücke an mittellose Familien. Sie sollten versuchen, Moor trockenzulegen und Wald zu roden, um Äcker zu schaffen. Nach einigen Jahrzehnten wurde der Versuch als gescheitert angesehen und auf den schon geschaffenen Flächen meist einfach Wald angepflanzt.

Nach 1867 war auch der Winter 1901/02 wieder eine besonders schwere Notzeit. Eine durch die kalte Witterung ausgefallene Ernte hatte eine große Hungersnot zur Folge und machte eine soziale Fürsorge notwendig. Das geschah durch unterschiedliche Maßnahmen: Nach Presseberichten im ganzen Land über die Not im Norden wurden viele »Care-Pakete« dorthin geschickt. In den Gemeinden wurden Komitees gebildet, die die Verteilung von Kleidung, Essen und Geld übernahmen. Die Not zeigte teilweise sehr üble soziale Auswüchse: So fanden in den besonders armen lappländischen Gemeinden bisweilen Menschenauktionen statt, bei denen arme und hilflose Menschen meistbietend als billige Arbeitskräfte angeboten wurden. Speziell für Kinder aus notleidenden Familien wurden die sogenannten Arbeitshäuser eingerichtet. Dort bekamen sie Essen, Kleidung und Unterricht. In veränderten Ausprägungen gab es solche Arbeitshäuser bis 1954.

Zu Beginn des 20. Jh. nahmen Agitation und Organisationsarbeit der gewerkschaftlichen Bewegung zu. 1909 verschärfte sich der Konflikt zwischen Arbeitern und Arbeitgebern. Als die Löhne immer mehr gedrückt wurden, begannen in den Gruben und Sägewerken Streiks, die mehrere Monate dauerten. Eines der Streikzentren war Kiruna, von wo aus nach dem praktisch gescheiterten Streik eine Auswanderungswelle nach Brasilien erfolgte. Daß dies aber keine glückliche Lösung war, zeigte die spätere Rückkehr all jener Ausgewanderten, die die tropischen Krankheiten dort überhaupt überlebt hatten.

Schon in früheren Zeiten war die Wasserkraft in Lappland ausgenutzt worden, um Mühlen und mechanische Sägewerke zu betreiben. Nach der Erfindung der Dampfmaschine wurden an der Küste große Sägewerke errichtet. Erst als die technischen Möglichkeiten gegeben waren, den erzeugten Strom über größere Entfernungen zu transportieren, lohnten sich Wasserkraftwerke im Landesinneren. 1911 wurde das Sikfors-Kraftwerk im Pite-Fluß fertig, 1914 das Porjus-Kraftwerk im Storlule-Fluß. Neben Eisenbahn und Industrie zogen ganz allmählich auch einzelne Bauern Nutzen aus der Elektrizität, weil Arbeiten wie Holzsägen u. ä. dadurch leichter und schneller gemacht waren.

Zwischen den Weltkriegen
Als 1914 der Krieg in Mitteleuropa ausbrach, erklärten Schweden und Norwegen ihre Neutralität, was von den kriegführenden Mächten auch akzeptiert wurde. Aber die ökonomischen Folgen des Krieges erreichten auch Schweden. Die Lebensmittelversorgung war denkbar schlecht, und als Folge der vielen Mangelerscheinungen trat die »spanische Krankheit« auf, vermutlich eine Virusinfektion, durch die viele Menschen starben. Die schlimme Notlage führte teilweise zu Aufständen der betroffenen Bevölkerung, so etwa 1917 zum »Seskarö-Aufruhr«, als die Sägewerksarbeiter durchsetzten, daß sie das vorhandene Brot kaufen konnten, obwohl sie keine Lebensmittelkarten dafür hatten. Nach Auseinandersetzungen mit dem Militär wurde der Aufruhr dadurch beendet, daß eine neue Lebensmittellieferung nach Seskarö (eine Insel im Bottnischen Meerbusen vor Haparanda) kam.
Die Arbeiterbewegung spaltete sich 1917, nach der russischen Revolution, in »Linke« mit starken antimilitaristischen Tendenzen und »Rechte« – ein schwerer Rückschlag für die Sozialdemokraten in Norrbotten. Die meisten Gruppen gingen zu den »Linken« über, wie auch die einst sozialdemokratische Zeitung *Norrskensflamman.* Vier Jahre später spalteten sich die Linkssozialisten erneut, und es wurde eine kommunistische Partei gegründet. Man sprach allgemein vom »roten Norrbotten« – eine Tendenz, die bis heute Bestand hat.
In den 30er Jahren (nach dem Ministerpräsident *Per Albin Hansson* »Per-Albin-Epoche« genannt) wurden besonders die Kleinbauern gefördert, die nicht von ihrem Hof leben konnten, sondern sich zusätzlich als Saisonarbeiter verdingen mußten, bei Wald-, Flöß- und Wegarbeiten. Die staatlichen Investitionen gingen vor allem in den Bau von kleinen Familienhäusern. Für viele, die während der wirtschaftlichen Krise der 20er Jahre arbeitslos geworden waren, ging es in dieser Zeit wieder ein wenig aufwärts.
Die norrländische Sägewerksindustrie war so kapitalschwach, daß sie den Interessen der meist ausländischen Aufkäufer ausgeliefert war. Konkurse und wechselnde Besitzverhältnisse waren die Folge. Die Waldbesitzer waren in der Regel kleine Bauern, denen weiterreichende ökonomische Kenntnisse fehlten. Von den großen Aufkäufern wurden sie oft so schlimm übervorteilt, daß viele gezwungen waren, ihren Besitz weit unter Wert zu verkaufen, nur um ihre Schuldenlast verringern zu können. Da an der Sägewerksindustrie viele Arbeitsplätze hingen, griff die Regierung hier bereits in den 20er Jahren stützend ein. 1941 wurde das staatliche Sägewerksunternehmen *Aktiebolaget Statens Skogsindustrier (ASSI)* gegründet.

In den 30er Jahren fanden zunächst viele soziale Reformen statt, bis aufgrund der internationalen Spannungen die Kriegsgefahr so groß wurde, daß alle Kräfte zu ihrer Bekämpfung konzentriert werden mußten. Schweden versuchte im Zweiten Weltkrieg seine Neutralität zwar aufrechtzuerhalten, gab aber doch dem deutschen Druck nach und erlaubte z. B. 1941 einen deutschen Truppentransport von Norwegen nach Finnland über schwedisches Territorium.

1944 kam der große Flüchtlingsstrom – ca. 50.000 Menschen mit fast 30.000 Kühen und Pferden – aus dem finnischen Lappland nach Norrbotten, evakuiert vor den deutschen Truppen, die aus Finnland nach Norwegen abzogen und hinter sich alles verbrannten und verwüsteten.

Bereits in den 20er Jahren war eine negative Einstellung gegenüber Kommunisten weit verbreitet, und es gab entsprechende antikommunistische Kampagnen. Der Hitler-Stalin-Pakt 1939 und die absolute Gefolgschaft der schwedischen Kommunisten auf der sowjetischen Linie führten dazu, daß die Kommunisten während des Krieges von vielen Schweden als »nationales Sicherheitsrisiko« angesehen wurden. Besonders die Militärs in Norrbotten taten sich im Antikommunismus hervor. Sie führten Listen und richteten Arbeitslager für Kommunisten und andere »unzuverlässige Elemente« ein. Das Verteidigungsministerium hatte diese Lager zunächst befürwortet, weil man davon ausging, daß »nur« kommunistische Agitatoren innerhalb der Armee betroffen seien. Als das Ausmaß der Bespitzelungen und Verfolgungen deutlich wurde, veranlaßte das Ministerium die Auflösung der Lager, was natürlich Spannungen zwischen Militärs und Politikern zur Folge hatte. Ein Höhepunkt der Kommunistenhetze war das Attentat auf die kommunistische Zeitung *Norrskensflamman* in Luleå 1940, das fünf Menschenleben kostete. Mehrere Militärs waren an dem Attentat beteiligt. Nach dem deutschen Überfall auf die Sowjetunion und dem sowjetischen Sieg bei Stalingrad hörte die fast manische Kommunistenhetze auf.

Politik und Wirtschaft seit Kriegsende

Die Rolle Lapplands in der schwedischen Wirtschaftspolitik

Nach 1945 begannen verschiedene sozialdemokratische Regierungen in Schweden, ihr soziales Reformprogramm in die Tat umzusetzen. Krankenhauswesen und Gefängnisse, Schulen und Sozialwesen wurden nach und nach reformiert. In den 60er Jahren wurde eine umfassende Kommunalreform durchgeführt.

Die politische Situation Lapplands bzw. der entsprechenden Verwaltungsbezirke Västerbotten und Norrbotten wird bis heute von zwei wesentlichen Faktoren geprägt: zum einen enthält die schwedische Innenpolitik in bezug auf Norrland viele Komponenten einer Kolonialpolitik, so daß in der politischen Diskussion von den 60er Jahren an immer wieder Vergleiche zwischen Lappland bzw. ganz Nordschweden und den Entwicklungsländern angestellt wurden. Gleichzeitig läßt sich für Västerbotten und Norrbotten in den letzten Jahrzehnten eine durchgehend starke Unterstützung der Wähler für den »sozialistischen Block« (Sozialdemokraten und Kommunisten) feststellen.

Alle größeren wirtschaftlichen Unternehmungen in den nördlichen Landesteilen sind im Grunde nach immer demselben Muster abgelaufen: die notwendigen Investitionsgelder kamen aus Südschweden oder aus dem Ausland. Mit Hilfe der örtlichen Arbeitskräfte wurden die Naturreserven des Landes (u. a. Bodenschätze, Wald und Wasserkraft) ausgebeutet und zur Weiterverarbeitung in den Süden exportiert. Die Gewinne flossen in dieselbe Richtung. Als Beispiel sei erwähnt, daß 1970 der staatliche Bergbau-Konzern LKAB, dessen Gruben in Malmberget und Kiruna – also in Lappland – liegen, der größte Steuerzahler Stockholms war. (Inzwischen hat der Konzern seine Hauptverwaltung nach Luleå verlegt.) Es gelang der schwedischen Regierung nicht, während der Zeit des großen Wirtschaftswachstum – die etwa bis Mitte der 70er Jahre dauerte – das Wirtschaftsgefälle zwischen Süd- und Nordschweden zugunsten des Nordens auszugleichen. Die starke Abhängigkeit von den Rohstofflieferungen macht die Wirtschaft anfällig für Konjunkturschwankungen, da Kompensationen aus anderen Branchen nur in geringem Ausmaß vorhanden sind.

Eine weitere Schwierigkeit besteht darin, daß das dünnbesiedelte Lappland (weniger als ein Mensch pro Quadratkilometer!) relativ strukturschwach ist. Schon früh überlegten die Politiker in Stockholm, wie die abgelegenen Landesteile stärker an das übrige Land angebunden und so »entwickelt« werden könnten. Allmählich wurde daraus eine besondere »Regionalpolitik«: Die schwedische Regierung beschloß bei ihren Etatberatungen in manchen Jahren ein besonderes »Norrbottenpaket«. Das bedeutete, daß aufgrund neuer Strukturuntersuchungen oder aus anderen Anlässen eine große Summe Geld locker gemacht wurde, um die Kommunikationseinrichtungen in Norrland zu verbessern, um umfangreiche Neuinvestitionen in den großen staatlichen Unternehmen dort vornehmen zu können und um kleine und mittlere Unternehmen durch zum Teil steuerfreie Investitionsbeihilfen und besondere Standortprämien zu unterstützen.

Anlaß für ein solches »Paket« war etwa, daß ein geplantes Großunternehmen nicht in die Tat umgesetzt werden konnte. So wurde 1973 mit riesigen Erwartungen – es sollten 2.300 Arbeitsplätze geschaffen werden – das Projekt *Stålverk 80* in Luleå gestartet. Nach Ölkrise und Entwicklungen des Weltmarktes in eine andere Richtung war 1979 endgültig klar, daß es diese Arbeitsplätze nicht geben würde. Als Trostpflaster wurde in den Etat 1979/80 eine viele Millionen Kronen umfassende Summe für ein »Norrbottenpaket« aufgenommen, das in der oben geschilderten Weise an verschiedene Projekte in den dortigen Bezirken verteilt wurde. Das letzte »Paket« (1,3 Milliarden Kronen) wurde im März 1988 verkündet, als Untersuchungen einen starken Umsatzrückgang bei den norrländischen Großunternehmen deutlich gemacht hatten.

Ein weiteres Instrument in der Regionalpolitik ist die schwedische Arbeitsmarktpolitik, die von Anfang an auf Vollbeschäftigung ausgerichtet war und anderen Ländern, auch der Bundesrepublik, als Vorbild diente. Niedrige Arbeitslosenzahlen wurden durch unterschiedliche Maßnahmen erreicht, etwa durch Frühpensionierungen, durch Unterstützung für Weiterbildung und Umschulung oder durch Gelder für sogenannte »Bereitschaftsarbeiten«, mit denen

Projekte von öffentlichem Interesse unterstützt wurden. Daneben verfolgte die Arbeitsmarktbehörde *(Arbetsmarknadsstyrelsen; AMS)* eine Politik, nach der die Menschen in den weniger industrialisierten Gebieten – was auf Lappland mit Ausnahme des Erzgebietes in hohem Maße zutrifft – in die Industriezentren Südschwedens umziehen sollten. In den 60er Jahren begann so die Aufbruchswelle in den Süden. Sie führte zu der ironischen Umdeutung der Anfangsbuchstaben AMS:»Alla måste söderut!« (Alle müssen nach Süden ziehen!). Die Arbeitsplatzsituation ist hier im Norden, und ganz besonders im strukturschwachen Inland, die wichtigste Frage. Die Arbeitslosigkeit etwa in Norrbotten ist zweieinhalb mal so hoch wie im übrigen Schweden. Dementsprechend wird jeder neu geschaffene Arbeitsplatz von den lokalen Zeitungen ausführlich gewürdigt.

Vor ungefähr zehn Jahren kam aus Wirtschaftskreisen der Vorschlag, daß alle Bewohner aus dem Inland an die Küste ziehen sollten. Die Hauptwirtschaftszweige des Inlandes – Bergbau, Wald- und Energiewirtschaft – sollten voll rationalisiert und im »off-shore«-Verfahren betrieben werden, d. h. wie bei einer Ölbohrplattform sollen die Arbeiter für eine gewisse Zeit zur Arbeit ins Inland fahren, um in regelmäßigen Intervallen wieder zu ihren Familien in die (dann Groß-)Städte an der bottnischen Küste zurückzukehren.

Ähnlich zynisch war ein Vorschlag, den vor wenigen Jahren ein Direktor der Staatlichen Eisenbahn gemacht hat. Er schlug vor, allen Personenverkehr nördlich von Sundsvall – also in halb Schweden – wegen fehlender Wirtschaftlichkeit einzustellen. Nicht betroffen von dem Vorschlag war selbstverständlich der Güterverkehr, mit dessen Hilfe die Ressourcen aus dem Norden abtransportiert werden ...

Parteien

Die Wahlergebnisse für die beiden nördlichsten Verwaltungsbezirke Västerbotten und Norrbotten weisen eine klare Mehrheit der Sozialdemokraten bzw. des »sozialistischen Blocks« (Sozialdemokraten und Kommunisten) auf. Diese Situation ist in der letzten 50 Jahren im wesentlichen gleich geblieben, was dem Norden die Bezeichnung »rot« eingebracht hat. Selbst konservative Abgeordnete aus dem Norden genießen den Ruf, »linker« als ihre Parteikollegen im Süden zu sein.

Bei der letzten Reichstagswahl 1988 war der Unterschied zwischen Norrbotten und Västerbotten allerdings nicht unerheblich: Während Sozialdemokraten und Kommunisten zusammen in Norrbotten etwa 70 % der Stimmen erhielten, waren es in Västerbotten für diese beiden Parteien »nur« 55 %. Die Kommunisten erreichten in Västerbotten dasselbe Ergebnis wie im Landesdurchschnitt (5,9 %), während es in Norrbotten mit 10,4 % annähernd doppelt so hoch war. In dieses Bild paßt auch die Tatsache, daß die konservativen Gruppierungen der liberalen Volkspartei und der landwirtschaftlich orientierten Zentrumspartei in Västerbotten den Landesdurchschnitt erreichten bzw. übertrafen, während sie in Norrbotten ein Drittel weniger Stimmen bekamen. Die Liberalen haben in Västerbotten eine starke Tradition, so daß es die Sozialdemokraten hier schwerer hatten, Fuß zu fassen, als im übrigen Land. Eine religiös-freikirchliche Tradition in Västerbotten ist der Grund dafür, daß die christliche Partei hier einen fast doppelt so hohen Wähleranteil wie in ganz Schweden für sich gewonnen hat (5,2 % gegenüber 3,0 %).

Bei der Wahl 1988 hat die Umweltpartei »De Gröna« in Schweden den Sprung in den Reichstag geschafft. Ihre Ergebnisse in Västerbotten und vor allem in Norrbotten blieben aber ein ganzes Stück hinter dem Landesresultat zurück. Dies hat überhaupt nichts mit mangelndem Interesse der Bewohner dieser Gegend an der Umweltpolitik zu tun, sondern ist einmal mehr Ausdruck für eine starke Gebundenheit der Wähler des Nordens an die sozialdemokratische bzw. kommunistische Partei.

Umweltinitiativen

Das Umweltbewußtsein der hier lebenden Menchen findet seinen Ausdruck in verschiedenen Aktionen, Bewegungen und Zusammenschlüssen, die seit den 70er Jahren auf lokaler und regionaler Ebene zu einzelnen Umweltfragen entstanden sind.

1974 schlossen sich die »Flußretter« zu einer Organisation zusammen *(Älvräddarnas Samorganisation)*, um den Ausbau weiterer Flüsse im Norden zu verhindern. Ganz unterschiedlich arbeitende Gruppen, aktivere und passivere, solche mit lokal begrenzten oder auch umfassenderen Zielen, trafen sich unter einem Dach. Wichtig war dabei nicht so sehr die Organisation selbst, sondern der damit verbundene Erfahrungsaustausch und die breitere Medienwirkung. Die Aktion hatte Erfolg, der Ausbau der Flüsse konnte bis auf weiteres gestoppt werden.

Der unausgebaute Vindelälv

Die Gemeinde *Jokkmokk* ist in besonderer Weise vom Ausbau der Wasserkraft betroffen: der Luleälv wird innerhalb der Gemeinde nicht weniger als zehnmal gestaut, jedes Mal verbunden mit größeren Eingriffen in die Natur. Als der staatliche Energiekonzern Vattenfall 1976 einen weiteren Quellfluß des Luleälvs innerhalb der Gemeindegrenzen, den Sitojokk, ausbauen wollte, regten sich in Jokkmokk Proteste. Es wurden Unterschriften gesammelt, und zum ersten Mal überhaupt arbeiteten rentierzüchtende Sami und der örtliche Naturschutzverein zusammen, damit dieses Projekt verhindert werden konnte. Die Proteste hatten Erfolg, das Vorhaben wurde aus der Vattenfall-Planung herausgenommen.

Ein weiterer Konflikt, der unter anderem in Jokkmokk ausgetragen wurde, war die Frage der Waldbesprühungen. Dabei ging es um Gift, das ein Absterben der für die Waldwirtschaft weniger wertvollen Laubbäume verursachte. Dieses Gift wurde zunächst von Waldarbeitern direkt versprüht, später dann von Flugzeugen bzw. Hubschraubern aus. Viele der beteiligten Waldarbeiter starben später an Krebs. Die Waldwirtschaftsunternehmen leugnen allerdings bis heute den Zusammenhang zwischen dem Gifteinsatz und den Krebserkrankungen. 1977 wurden in Jokkmokk die ersten Proteste gegen die Besprühungen laut. Im Jahr darauf wurde eine große Zahl von Unterschriften gegen Besprühungen im Gebiet von Jokkmokks Trinkwasserreservoir gesammelt. Organisiert wurde die Unterschriftensammlung von einer »Umweltgruppe Jokkmokk«, einem lockeren Zusammenschluß aller Menschen, denen die Verhinderung der Giftbesprühungen besonders am Herzen lag. Im Frühjahr 1979 gab es Gespräche zwischen Forstunternehmen, der Umweltgruppe und anderen Betroffenen. Im Sommer desselben Jahres bekam die Umweltgruppe durch Zufall heraus, daß erneut ein bestimmtes Gebiet besprüht werden sollte. Sie entschloß sich, das Gebiet zu besetzen, um so ein Besprühen zu verhindern. Aufgrund der großen Publizität dieser und ähnlicher parallel laufender Aktionen im Tornedal und in Dalarna wurde 1982 ein generelles Sprühverbot durchgesetzt – allerdings konnten die einzelnen Kommunen für ihren Bereich in Einzelfällen Dispens erteilen. Die Gruppe in Jokkmokk ließ nicht locker. Nach einer weiteren Unterschriftensammlung, bei der zwei Drittel der Bevölkerung gegen die Besprühungen unterschrieben, beschloß das Jokkmokker Gemeindeparlament im Frühjahr 1985 ein generelles Verbot für Besprühungen in der Gemeinde.

Als weiteres Beispiel für eine lappländische Bürgerinitiative sei der Zusammenschluß »Rettungs-Aktion gebirgsnaher Wald« *(Fjällnära Urskogars Räddnings-Aktion; FURA)* genannt. Die 1984 gegründete Gruppe will die Festlegung einer Grenze erreichen, oberhalb derer kein Wald geschlagen werden darf. Grund dafür ist die Tatsache, daß der gebirgsnahe Wald unter günstigen klimatischen Verhältnissen gewachsen und teilweise mehrere hundert Jahre alt ist (s. S. 18f.). Fachleute gehen davon aus, daß der Fjällwald unter heutigen Klimaverhältnissen nicht mehr nachwachsen kann, FURA will auch die Anlage von Wegen in diesem Gebiet verhindern, um es vor weiterer schädlicher Beanspruchung zu schützen. Die Aktionsgruppe versteht sich nicht als Konkurrenz zum etablierten schwedischen Naturschutzverein *(Svenska Naturskyddsföreningen; SNF)*, sondern will als informelle Gruppe konzentriert für dieses, aus der Sicht von Naturschützern besonders wichtige Ziel kämpfen.

Strukturen der lappländischen Wirtschaft

Die ältesten in Lappland verbreiteten Wirtschaftsformen sind Jagd und Fischfang der Sami. Im Mittelalter spielte der Pelzhandel in gewissem Umfang eine Rolle, und die Rentierzucht kam auf. Erst gegen Ende des 19. Jh. begann in den nördlichen Landesteilen die Industrialisierung. Heute sind es neben dem kleinen Wirtschaftszweig Renzucht vor allem die großen Staatskonzerne in den Bereichen Bergbau, Wald und Wasserkraft, die die wirtschaftlichen Aktivitäten bestimmen. Dazu kommen kleinere und mittlere Betriebe der metallverarbeitenden Industrie, kleine Betriebe für elektronische Produkte und die Touristikbranche. Von allen Beschäftigten arbeiten ca. 40 % im öffentlichen Dienst und rund 20 % in der Produktion, inklusive Bergbau. Die restlichen 40 % verteilen sich im wesentlichen auf Dienstleistungsunternehmen, Bauwirtschaft, Forstwirtschaft, Handel und Tourismus.

Die Weiterverarbeitung der im Land gewonnenen Energie und der Rohstoffe erfolgte immer schon zum größten Teil im südlichen Schweden. Die Rohstofflieferung ist seit jeher die Aufgabe dieser Randregion im Norden. Kritiker wie die Schriftstellerin *Sara Lidman* aus Västerbotten sprechen davon, daß der Norden als letzten Rohstoff sogar seine Menschen exportieren muß.

Forstwirtschaft

Den Durchbruch als ertragreicher Wirtschaftszweig schaffte die Holzindustrie gegen Ende des vorigen Jahrhunderts, als einerseits die Sägewerke aufgrund der Mechanisierung größere Mengen Holz bearbeiten konnten und andererseits Länder wie Frankreich und England ihre Einfuhrverbote für Holzwaren abgeschafft hatten. Die Forstwirtschaft ist in Schweden traditionell einer der wirtschaftlichen Grundpfeiler; mehr als 57 % des schwedischen Bodens sind Waldgebiet. Früher lieferte der Wald die notwendigen Rohstoffe für den Bergbau und die Eisenhüttenindustrie, heute für den Haus- und Möbelbau und insbesondere für die Papierherstellung.

Der Staat besitzt im Bezirk Norrbotten etwa die Hälfte und in Västerbotten gut ein Drittel des Waldes. Die Verwaltung und wirtschaftliche Nutzung des Waldareals wird von *Domänverket*, der schwedischen Staatsforstverwaltung, betrieben. Privatbesitzern, Kommunen und der Kirche gehören in den beiden nördlichsten Verwaltungsbezirken rund 40 % des Waldes, die großen Holzkonzerne besitzen in Västerbotten rund 25 % und in Norrbotten etwa 10 % des Waldes. Von den großen Unternehmen sind hier im Norden vor allem *Svenska Cellulosa Aktiebolaget (SCA)* und *Mo & Domsjö (MoDo)* tätig. Die Staatsbesitzungen gehen zurück auf die Politik des Königs Gustav Wasa, der die nördlichen Landesteile annektierte und seinen wirtschaftspolitischen Zielen unterordnete. So ist es nicht verwunderlich, daß Domänverket der größte Grundbesitzer des Landes ist. Die Forstwirtschaftsunternehmen sind häufig mit ähnlich zwielichtigen Methoden zu ihrem heutigen Waldbesitz gekommen, nämlich durch Diebstahl, durch zweifelhafte Verträge, bei denen meistens Alkohol im Spiel war, oder einfach dadurch, daß kleine Waldeigner zu Gläubigern der Großunternehmen wurden und aus dieser Abhängigkeit letztlich keinen anderen Ausweg sahen., als ihren Besitz zu Spottpreisen abzutreten. Im Schwedischen gibt es dafür bis heute den Ausdruck »Baggbölerei«, nach einem Sägewerk in dem Ort Baggböle in Västerbotten, das sich im vorigen Jahrhundert besonders dadurch hervortat, in fremdem Wald Holz zu schlagen. Das Unternehmen ging in den heutigen SCA-Konzern ein.

Ehe in den 50er Jahren die Motorsäge Verbreitung fand, mußten die Holzfäller mit Handsägen, und zwar mit einer Art riesigem Fuchsschwanz, arbeiten. Waldarbeit war früher eine reine Saisonarbeit, und die Waldarbeiter waren noch auf einen oder mehrere andere Broterwerbe angewiesen, z. B. als Kleinbauern oder Flößer. Erst in den 60er Jahren wurde die Mehrzahl der Waldarbeiter ganzjährig fest angestellt. Waldarbeit ist bis heute ein harter Job, vor allem im Winter. So hatten beispielsweise die Holzfäller im Winter 1987/88 in einigen Gebieten Schwierigkeiten mit den Abgasen der Motorsäge, weil sie wegen großer Schneemassen tief unten in einer Schneegrube am Fuß der Bäume arbeiten mußten.

Die Holzfäller-Gruppen arbeiteten früher im Akkord, ehe sie in den 70er Jahren mit einem Streik die generelle Einführung des Monatslohns durchsetzen konnten. Nicht wenige Waldarbeiter, die in den 50er und 60er Jahren Gift zur Abtötung der Laubbäume gespritzt hatten, sind 15 bis 20 Jahre später an Krebs gestorben, obwohl ihnen versichert worden war, das Gift sei für Menschen ungefährlich (s. S. 48). *Jutis,* ein Dorf in der Gemeinde Arjeplog, in dem fast alle Männer im Wald beschäftigt gewesen waren, erhielt so den Beinamen »Dorf der Witwen«.

Die Rationalisierungen der letzten Jahrzehnte haben dazu geführt, daß ein Waldarbeiter statistisch gesehen heute an einem Tag soviel Holz schlägt wie vor 30 Jahren in einer ganzen Woche. Die Einführung großer Prozessoren – Maschinen, die die Bäume aus der Erde reißen und transportgerecht bearbeiten – hat riesige Kahlschläge hervorgerufen, die nicht in jedem Fall einfach wieder aufzuforsten sind. Die damit verbundene Naturzerstörung hat zu Konflikten zwischen Forstwirtschaft auf der einen und Rentierzüchtern und Naturschützern auf der anderen Seite geführt. Allerdings scheint den Waldwirtschaftsunternehmen in den letzten Jahren zunehmend klar zu werden, daß ihnen sorgfältige Waldpflege bessere Erträge für die Zukunft verspricht.

Die Rohstoffnachfrage der Papierindustrie steigt weltweit ständig an. In Schweden gehen 70 % des hier hergestellten Papiers und sogar 90 % der hier produzierten Zellulosemasse in den Export. International wird die Holzindustrie vor allem durch Produkte vom amerikanischen Kontinent bedrängt, wo durch günstigeres Klima die Bäume einfach schneller nachwachsen.

Bergbau

Schon im 17. Jh. begann in Lappland der Erzabbau, als die Silbergruben in den Gemeinden *Arjeplog* (Nasafjäll) und *Jokkmokk* (Kedkevare und Alkavare) die schwedischen Staatsfinanzen stärken sollten. Lappland ist reich an Bodenschätzen; bis heute wurden etwa 80 verschiedene Erz- und Mineralienarten entdeckt, darunter neben Silber und Gold auch Kupfer, Zink, Blei, Wolfram, Nickel, Quarz und Feldspat. Es sind auch größere Uranlager vorhanden, aber bis jetzt verbietet die schwedische Gesetzgebung ihren Abbau.

Das Eisenerz spielt heute die dominierende Rolle. Die großen Vorkommen liegen im Gebiet der Städte *Kiruna* und *Gällivare/Malmberget*. Die Erzlager waren zwar bereits im 17. Jh. bekannt, wurden aber erst rund 200 Jahre später genauer untersucht. Der Abbau begann erst, als mit der Erfindung des Thomasprozesses eine Möglichkeit vorhanden war, das phosphatreiche Erz aus den Bergen *Luossavaara* (»Lachsberg«) und *Kirunavaara* (»Schneehuhnberg«) weiterzuverarbeiten. Nach dem Bau der »Erzbahn« – 1888 wurde die Strecke von Malmberget zum bottnischen Hafen Luleå und 1903 der Streckenteil über Kiruna zum atlantischen Hafen Narvik eröffnet – begann die Ausbeutung des Eisenerzes im größeren Stil.

1890 wurde das Unternehmen *Luossavaara-Kirunavaara Aktiebolaget (LKAB)* gegründet, das nach verschiedenen Besitzerwechseln und Umstrukturierungen 1957 endgültig zu einem schwedischen Staatskonzern wurde. Heute ist LKAB der größte Eisenerzanbieter in Europa mit eigenen Vertriebsgesellschaften in Brüssel, Essen, London und Singapur. 85 % der Erzproduktion gehen in den Export. Das Erz stammt aus Kiruna, wo das größte unterirdische Erzbergwerk der Welt liegt, aus Svappavaara südlich von Kiruna, wo nach wie vor im Tagebau gefördert wird, und aus Malmberget, wo gerade eine neue Hauptfördersohle vorbereitet wird, die zu Beginn der 90er Jahre in Betrieb genommen werden soll. Das Fördergut wird nicht im Rohzustand verfrachtet, sondern nach verschiedenen Sortier- und Anreicherungsprozessen als Stückerz, Feinerz oder als Pellets. Letztere werden in konzerneigenen Pelletieranlagen an den drei genannten Grubenstandorten hergestellt.

Mit solchen technischen Produktentwicklungen und der flexiblen Umstellung des Erzangebotes auf die Nachfrage hat LKAB – Hand in Hand mit Einstellungsstopps und massiven Rationalisierungen – die schwere ökonomische Krise der 70er Jahre aufgefangen. Ab 1976 hatte der Konzern große Verluste, die hauptsächlich mit dem wachsenden Weltmarktanteil billigerer Produkte aus Brasilien und Australien zusammenhingen. Seit 1983 weisen die LKAB-Zahlen wieder nach oben, 1988 wurden auch wieder neue Arbeitskräfte eingestellt. Zur Zeit kommen aus Kiruna jährlich rund 20 Mio. Tonnen Eisenerz und aus Malmberget noch einmal etwa die Hälfte dazu.

Neben LKAB ist der *Boliden*-Konzern aus Västerbotten noch gut im Geschäft. Er betreibt in Lappland unter anderem Schwedens größte Kupfergrube in Aitik bei Gällivare und Europas größte Bleigrube in Laisvall südlich von Arjeplog. Eine große Kupfergrube, die Viscaria-Grube in Kiruna, hat LKAB zu Beginn der 80er Jahre an den finnischen Outokumpu-Konzern verkauft.

Wasserkraft

Die schwedische Stromversorgung wird zur Zeit etwa zur Hälfte durch Kernenergie bestritten, 5 % kommen aus Wärme- und 45 % aus Wasserkraftwerken. An den lappländischen Flüssen befinden sich 29 Kraftwerke, die zusammen 35 % der schwedischen Wasserkraft erzeugen. Allein die Produktionsleistung des Luleälv mit seinen 15 Kraftwerken entspricht mehr als einem Viertel der gesamten Stromerzeugung aus Wasserkraft. Die Folgen bleiben Lappland-Reisenden allerdings kaum verborgen: riesige Stauseen anstelle gewundener Flußläufe, Staudämme anstelle von Stromschnellen und Wasserfällen, öde und erodierte Strände bei Niedrigwasser (im *Tjaktajaure* etwa beträgt der Niveauunterschied zwischen Hoch- und Niedrigwasser 34 m!), breite Schneisen im Wald für die Hochspannungsleitungen, von denen die längste über mehr als 1.000 km nach Süden führt. Außerdem gibt es im Rahmen des nordischen Gemeinschaftsstromnetzes Verbindungsleitungen nach Norwegen und Finnland. Nahezu alle Kraftstationen und die dazugehörigen Service-Einrichtungen gehören zum staatlichen Energiekonzern *Vattenfall*. Das älteste Kraftwerk in Lappland befindet sich in *Porjus* (heute Museum). Es wurde 1914 fertiggestellt, hauptsächlich um Strom für die lappländischen Erzgruben und für die Erzbahn Luleå–Narvik zu liefern. Seit 1945 wurde das Netz von Wasserkraftwerken ständig ausgebaut. Mit der Bautätigkeit war die Einrichtung vieler Arbeitsplätze verbunden, so daß manche Ortschaften regelrecht aus den Nähten platzten. Jokkmokk etwa, das heute rund 7.000 Einwohner hat, hatte in den 70er Jahren, auf dem Gipfel des Kraftwerk-Baubooms, etwa 11.000 Einwohner. Nachdem 1988 die Bauphase am Luleälv mit der königlichen Einweihung eines Gedenksteins – im Volksmund »Grabstein« getauft – offiziell beendet worden war, verschwanden die meisten Arbeitsplätze wieder. Was übrig bleibt für eine Kommune wie Jokkmokk, auf deren Gemeindegebiet sich nicht weniger als zehn Kraftwerke befinden, sind Vattenfall-Gelder für verschiedene Projekte in der Gemeinde, bei denen einige Arbeitsplätze geschaffen werden. Etwa gleichzeitig mit der Beendigung der Bautätigkeit hat der Staatskonzern seine Abgaben für die Nutzung des kommunalen Grund und Bodens in Höhe von rund 3 Mio. Kro-

Eines der 15 Kraftwerke im Luleälv

nen jährlich eingestellt. So ist in den letzten Jahren aus den Reihen der lokalen Politiker der Vorschlag gekommen, die Gemeinde Jokkmokk solle zwei profitable Kraftwerke in eigener Regie übernehmen, um die Gewinne direkt dort anwenden zu können, wo sie produziert werden. Heute werden die Kraftwerke von wenigen Zentralen aus ferngesteuert, darüber hinaus sind lediglich kleine Arbeitsgruppen für die Überwachung und für Reparaturen notwendig. Nach der Volksabstimmung von 1980, wonach alle schwedischen Kernkraftwerke bis spätestens 2010 stillgelegt werden müssen, hat Vattenfall seine Investitionen für Forschung und Entwicklung in den Bereichen »Neue Energietechnik« und »Neue Energiequellen« vergrößert. Auch die Forderungen nach einem Ausbau der »ungenutzten« Norrland-Ströme wurden wieder verstärkt laut. Dabei ist es in Schweden nicht anders als in der Bundesrepublik auch: Die zukünftigen Verbrauchszahlen für Strom, von denen die Energieunternehmen bei ihren Planungen ausgehen, liegen weit über den realen Zahlen.

Lappland-Besuchern begegnet Vattenfall in den Sommermonaten vor allem durch seine Kraftwerksführungen, womit der Konzern sein Image aufzubessern versucht. Besondere touristische Spektakel sind die sogenannten »Fall-Tage«, wenn an manchen Kraftwerken für wenige Stunden die Illusion früherer Wasserfälle geweckt werden soll, indem eine Luke im Kraftwerksdamm geöffnet wird.

Lappländische Wasserkraftwerke (in Klammern Leistung in MW)

Torneälv:	unausgebaut;
Kalixälv:	unausgebaut;
Luleälv:	Ritsem (315), Vietas (325), Porjus (530), Harsprånget (940), Ligga (325), Messaure (470), Letsi (450), Porsi (175), Seitevare (220), Parki (20), Randi (90), Akkats (145);
Piteälv:	in Lappland unausgebaut;
Skellefteälv:	Rebnis (62), Sädva (31), Bastusel (110) , Grytfors (31);
Vindelälv:	unausgebaut;
Umeälv:	Gejmån (65), Ajaure (85), Gardikfors (60), Juktan (335), Umluspen (95), Stensele (50), Grundfors (90), Rusfors (45), Betsele (24), Hällfors (21), Tuggen (105);
Ångermanälv:	Stalon (110), Stenkullafors (56), Åsele (26).

Perspektiven

Das Bild der nördlichen Landesteile ist seit jeher ein doppeltes: Neben der geschilderten kolonialen Betrachtungsweise steht eine hoffnungsvolle Auffassung von Norrland als dem »Zukunftsland«, dessen reiche und relativ intakte Natur und dünne Besiedlung Freiräume eröffnet, in denen heute auch modernste Technologie angesiedelt und entwickelt werden kann. So bemüht sich Kiruna ganz stark um ein Image als »Zukunftsstadt«. In Zusammenhang mit dem Raumfahrtunternehmen in Esrange, von wo aus unter internationaler Beteili-

gung Satelliten ins Weltall befördert werden, sind dort eine Firma für Satellitenfotos und ein Institut für Weltraumphysik entstanden, außerdem einige kleine Betriebe für elektronische Geräte.
Als eine andere ausbaufähige Wirtschaftsbranche wird der Tourismus angesehen. Untersuchungen machen deutlich, daß noch ungenutzte Möglichkeiten in den Bereichen Werbung und spezielle Marktanpassung brachliegen. Die einzelnen Kommunen in Lappland planen Urlaubsprojekte, die mehr Touristen zum längeren Verweilen innerhalb der Gemeindegrenzen veranlassen sollen. Eine weitere Überlegung ist, wie man der bisher dominierenden kurzen Sommersaison eine Winter- bzw. Frühjahrssaison zur Seite stellen kann. Daß die Tourismus-Branche expandiert, machen etwa die Übernachtungszahlen für den Regierungsbezirk Norrbotten deutlich: Hier verzeichnete man 1986 mit 1.664.000 Übernachtungen eine Steigerung von fast 50 % gegenüber 1978. Die nichtskandinavischen Ausländer machten dabei 1986 genauso wie 1978 rund 8 % aus. Hier hat die Werbung also noch eine größere Aufgabe vor sich.

Die Sami in Schweden

Aus dem kulturpolitischen Programm der Sami (1971)

»Wir sind Sami und wollen Sami sein, ohne deswegen als mehr oder weniger als andere Völker auf der Welt zu gelten.
Wir sind ein Volk mit eigenem Wohngebiet, einer eigenen Sprache und einer eigenen Kultur- und Gesellschaftsstruktur.
Wir haben im Laufe der Geschichte unser Auskommen gefunden und gelebt in Sameland, und wir besitzen eine Kultur, die wir entfalten und weiterleben wollen.«

Die Vorstellungen der Touristen, die aus Süd- oder Mitteleuropa – oder auch aus Süd- oder Mittelschweden – nach Lappland kommen, sind oft geprägt von älteren Reiseberichten, in denen die Sami als nomadisierendes Volk in farbenprächtigen Trachten inmitten ihrer Rentierherden beschrieben wurden. Wer daraus konkrete Erwartungen für seinen Urlaub ableitet, muß zwangsläufig Enttäuschungen erleben, weil die Realität heute anders aussieht. Sami sind Bürger des skandinavischen Staates, in dem sie leben, sie haben unterschiedliche Berufe, und sie tragen ihre Trachten nur zu besonderen Anlässen. Die rentierzüchtenden Sami arbeiten in einem modernen Wirtschaftszweig, der nur noch wenige Berührungspunkte zu der Rentierzucht früherer Zeiten aufweist, die oft als ziemlich abenteuerliches Zusammenleben von Menschen und Tieren in einer alle Kräfte fordernden Natur dargestellt wurde.

Samisches Kind in Karesuando-Tracht

Das Volk, das in der deutschsprachigen Literatur meistens als »Lappen« bezeichnet wird, nennt sich in seiner eigenen Sprache *sápmi* (nordsamisch). Die Bezeichnung »Lappe« wurde oft als abwertend empfunden. Im Schwedischen wird inzwischen in offiziellem Zusammenhang nur noch die Bezeichnung »same« angewandt. Als entsprechende deutsche Variante benutzen wir nach einem Vorschlag des Schwedischen Instituts »Sami« (Einzahl und Mehrzahl). Die Wohngebiete der Sami erstrecken sich über den gesamten nordeuropäischen Raum, von der sowjetischen Kola-Halbinsel über die nördlichen Landesteile von Finnland, Norwegen und Schweden bis hinunter ins nördliche Dalarna in Mittelschweden. Die Zahl der Sami wird auf 58.000 geschätzt, davon 35.000 in Norwegen, 17.000 in Schweden, 4.000 in Finnland und 2.000 in der Sowjetunion. Man geht davon aus, daß etwa zwei Drittel aller Sami noch samisch sprechen. Es gibt heutzutage auch etwa 1.500 Sami in Stockholm, wohingegen es in ganz Schweden keine Kommune mehr gibt, in der die Sami in der Mehrheit sind – wie zum Beispiel im norwegischen Kautokeino oder im finnischen Utsjoki.

Verschiedene Gruppen

In der Literatur steht in den meisten Fällen die Gruppe der Bergsami im Vordergrund, also die schwedischen, nomadisierenden Sami. Die machen aber nur einen kleinen Teil der gesamten samischen Bevölkerung aus. Es lassen sich

verschiedene Gruppen unterscheiden, die sich je auf ihre Weise den unterschiedlichen Ökosystemen angepaßt haben.

Entlang der norwegischen Küste gibt es die Gruppe der *Seesami*, die seit Ur-
zeiten von der Nahrung leben, die ihnen das Meer anbietet: Fische, Wale, Rob-
ben. Sie lebten fast ständig an der Küste, nur gelegentlich zogen sie zu längeren
Jagdausflügen ins Inland. Ebenfalls in Norwegen beheimatet ist die Gruppe der
Finnmarkssami, die im Frühjahr mit ihren Rentierherden zur Eismeerküste
ziehen und im Herbst entsprechend ins Inland zurückkehren. Diese Gruppe der
Sami ist heutzutage oft Gegenstand von Reportagen; ihre farbenprächtigen
Trachten mit der berühmten »Vier-Winde-Mütze« lassen sich gut ausnutzen, um
den exotischen Charakter des Lebens im Norden zu betonen.

Die schwedischen *Bergsami* bilden die Gruppe, die den meisten Menschen zuerst einfällt, wenn sie an Sami denken. Früher hatten sie ihre Rentierherden im

56

Winter im Waldland, im Sommer in den Bergen und zogen im Frühjahr und im Herbst mit den Herden. Heute aber lebt diese Sami-Gruppe, integriert in die schwedische Gesellschaft, an festen Wohnorten, und nur die Rentierbesitzer selbst ziehen mit den Herden und bedienen sich dabei moderner technischer Hilfsmittel. *Waldsami* gibt es auf schwedischem und finnischem Gebiet. Die Waldsami neigen bereits traditionell zu einem eher festen Wohnsitz. Sie zogen mit den Herden rund um ihre Wohnorte. Neben der Rentierzucht lebten sie hauptsächlich vom Fischfang.

Während alle bisher genannten Gruppen durch Kontakte mit nordischer und westskandinavischer Kultur geprägt sind, bestimmen bei den *Skolt-* und *Kolasami* russische und noch östlichere Kulturen die Einflüsse von außen. Bereits früh wurden sie von der orthodoxen Kirche missioniert. Sie lebten lange ausschließlich von Jagd- und Fischerträgen und begannen erst in der zweiten Hälfte des 19. Jh. mit der Rentierzucht. Aufgrund des Zweiten Weltkrieges und der folgenden finnisch-russischen Grenzziehung zog ein Teil der Skoltsami aus seiner gewohnten Umgebung in westlichere Gebiete um. Die Sami in der Sowjetunion sind heute in Renzucht-Kolchosen organisiert.

Herkunft

Bis heute ist es der Wissenschaft nicht gelungen, den Ursprung der Sami eindeutig zu klären. Im Verlauf der letzten 100 Jahre tauchten immer wieder unterschiedliche Hypothesen auf. Johan Turi gibt in seiner »Erzählung von dem Leben der Lappen« eine ganz einfache Erklärung:»Man hat nicht gehört, daß die Lappen irgendwoher gekommen sein sollen. Der Lappe ist überall in Lappland Einwohner gewesen [...] Und damals waren da nirgendwo Ansässige; die Lappen wußten nicht, daß es andere Menschen gab als sie.« (Turi, S. 5). Nach neuen Forschungsergebnissen von Archäologen, Sprachwissenschaftlern, Genetikern und Kulturanthropologen stellte die schwedische Forscherin Phebe Fjellström 1985 eine Theorie auf, die in besonderer Weise auf einen gewissen Dualismus, der in der samischen Kultur festzustellen ist, Bezug nimmt. Ihre These lautet, daß das Volk der Sami aus zwei unterschiedlichen Volksgruppen zusammengewachsen ist. Die eine, »westliche«, wohnte ursprünglich an der norwegischen Küste und kam auf ihren Tausende von Jahren alten Jagdfahrten über den skandinavischen Gebirgszug in das heutige schwedische Lappland, um dort Elche zu jagen. Dieses Volk hatte eine heute unbekannte Sprache, das sogenannte »Protolappisch«. Die andere Volksgruppe kam etwa 2000 v. Chr. irgendwoher »von Osten« und wanderte über das Torne-Tal in die Inlandgebiete der heutigen Bezirke Norr- und Västerbotten ein, wo sie sich mit der westlichen Gruppe vermischte. Die östliche Gruppe hatte eine »frühurfinnisch-ugrische« Sprache. Mit dem Zusammenschmelzen dieser beiden Volksgruppen tritt das Volk der Sami in die Geschichte ein.

In einer alten samischen Sage wird erzählt, daß das Volk unterwegs war zu einem Land, wo sie in Frieden leben konnten. Sie wurden von kriegerischen Stämmen überfallen, gefangengenommen, zu Sklaven gemacht und gezwungen, ihre eigene Sprache nicht zu sprechen. Wurde jemand erwischt, der samisch sprach, dann wurde ihm die Zunge abgeschnitten. So mußten alle die Sprache des Unterdrückervolkes lernen. Dann bekam eine Samifrau ein Kind vom Sonnengott, den Sonnensohn. Er war blond und hellhäutig im Unterschied zu den dunkleren Sami. Als der Sonnensohn erwachsen war, zwang er das Unterdrückervolk, die Sami freizulassen. Er führte sie, und sein Vater – die Sonne – wies den Weg. Der Sonnensohn führte sein Volk weit nach Norden in unbewohntes Land, bis er eines Tages sagte:»Hier ist Euer Land. Hier sollt Ihr und Eure Kinder wohnen und Euer Leben weiterführen!«

Frühe Hinweise

Der römische Geschichtsschreiber Tacitus berichtete 98 n. Chr. in seiner»Germania« von einem wilden Volk im Norden, den»Fenni«. Heute geht man davon aus, daß er über die Sami schrieb, aber etwas weitergab, das er nur vom Hörensagen her kannte. Seine wichtigste Erkenntnis war, daß die Fenni von der Jagd lebten und daß ihre Frauen mitjagten. Im Werk des Byzantiners Prokopius von 555 n. Chr. über den Gotischen Krieg finden die Sami als Jägervolk der»Skritfinnen« Erwähnung. Die Silbe»Skrit« weist auf den Ski als Fortbewegungsmittel dieses Volkes hin. Auch Prokopius stützte sich auf Geschichten, die zu seiner Zeit weitererzählt wurden.

Einer, der gute Kenntnisse der samischen Verhältnisse aus eigener Anschauung hatte, war der Norweger Ottar. Er schrieb 893 n. Chr. einen Bericht für den englischen König Alfred über seine Erkundungen entlang der norwegischen Küste bis zur innersten Bucht im Weißen Meer. Ottar war Großbauer aus der Gegend von Tromsö, der mit den Sami Handel trieb und von ihnen Steuern einnahm. Die Sami entrichteten Steuern in Form von Fellen, Federn, Walknochen und Schiffstauen, die aus Walroß- oder Robbenhaut gemacht waren. Ottar berichtete weiter, daß er eine Herde zahmer Rentiere besaß, die offensichtlich von Sami gehütet wurden. Außerdem hatte er einige Lockrene für die Wildrenjagd. Auch die isländische Egilssaga erwähnt Handel und Steuereintreibungen bei den Sami. Es waren vor allem unterschiedliche Felle, die in immer größerem Ausmaß im gesamten Europa begehrt wurden: Eichhörnchen-, Marder-, Hermelin-, Biber-, Bären-, Otter- und auch Rentierfelle. Im Gegenzug handelte es sich bei den Waren, die nach Norden verschifft wurden, in erster Linie um Tuch, Wein, Weizen und verschiedene Metallgegenstände, vor allem Schmuck.

Noch um 1300 galt in Schweden das Land nördlich von Umeå als unbewohnt, teils weil der zugefrorene Bottnische Meerbusen die Hälfte des Jahres überhaupt keinen Schiffverkehr zuließ, teils weil im Sommer die Sami nicht an der Küste lebten und das weglose Land Fahrten ins Landesinnere als allzu beschwerlich erscheinen ließ. An der norwegischen Küste waren die Verhältnisse durch den Golfstrom günstiger, so daß man wohl sagen kann, daß die intensiveren Kulturkontakte der Sami bis zum Mittelalter in Nordnorwegen erfolgten. Im 13. Jh. begann die katholische Kirche, in der Finnmark zu missionieren und Handel zu treiben, und zwar von Trondheim aus.

Kolonisierung

Von schwedischer Seite aus begann die Kolonisierung des Landes im Norden durch die Birkarler im 14. und 15. Jh. Ihre wirtschaftlichen Verhältnisse waren mit denen Ottars im 9. Jh. vergleichbar. Sie ließen sich als Großbauern an der

Küste rund um den Bottnischen Meerbusen nieder. Sie trieben Handel mit den Sami und ließen sich von ihnen Steuern bezahlen, wozu sie von der schwedischen Regierung die Privilegien bekommen hatten.

Um den immer umfangreicheren Handel besser zu organisieren, teilten die Birkarler unter sich das Land in einzelne »Lappmarken« auf, die sich an den großen Flußläufen entlang erstreckten: Kemi-, Torne-, Lule-, Pite-Lappmark, später dann noch Ume-, Lycksele- und Åsele-Lappmark. Die Siedlungen der Birkarler an den Flußmündungen waren der Beginn der heutigen Küstenstädte. Die Birkarler waren reich und betrieben auch einen intensiven Handel mit ausländischen Kaufleuten: Da waren »Weißrussen, Lappen, Bjarmer, Bottninger, Finnen, Schweden, Tavaster und Hälsinger [...] etliche von Norwegen« – so schrieb Olaus Magnus über den Markt in Torneå, den er 1519 besucht hatte, in seiner 1555 erschienenen »Geschichte der nordischen Völker«.

Zu Gustav Wasas Regierungszeit vergrößerte sich der Einfluß des Staates in den Lappmarken zusehends. Der König nahm den Birkarlern ihre Privilegien und setzte Lappenvögte ein. 1553 wurde zum erstenmal die individuelle Besteuerung einzelner Sami erwähnt. Sie wurden *skattelappar* genannt, ihr Wohngebiet wurde zum *lappskatteland* (schwedisch *skatt* = Steuer). Die Vögte mußten Rechenschaftsberichte über die eingenommenen Steuern erstellen. Außerdem kauften sie Pelze für den König auf und trugen die Verantwortung für die Rentiere der Krone, die in der Obhut von Sami waren. Gustav Wasa formulierte

Samisches Kirchendorf Fatmomakke

seinen Anspruch 1542 so, daß das Land »Gott, uns, der schwedischen Krone und sonst niemandem« gehört. Sein jüngster Sohn Karl IX. führte bei seiner Thronbesteigung 1603 unter anderem den Titel »König der Lappen im Nordland«. Diese Politik, die die möglichen Rechte der Sami an dem von ihnen bewohnten Land kommentarlos überging, hat ihre Auswirkungen bis in die aktuelle schwedische Situation hinein.

Zu Beginn des 17. Jh. intensivierte die schwedische Zentralregierung ihre Bemühungen, durch geeignet erscheinende Maßnahmen das Land im Norden voll in ihren Herrschaftsbereich zu integrieren. Im Landesinneren wurden eine Reihe von zentralen Markt- und Kirchplätzen errichtet. Aufgrund der Silberfunde 1634 im Nasafjäll (Gemeinde Arjeplog) und 1657 am Kedkevare bei Kvikkjokk (Gemeinde Jokkmokk) wurde das Interesse der Krone am lappländischen Inland noch größer. Für die Erz-, Proviant- und Materialtransporte von und zu den abgelegenen Gruben brauchte man die Sami mit ihren Rentieren. Für diese Dienste wurde ihnen zwar Bezahlung und Steuerbefreiung versprochen, aber den Sami war ihre Freiheit lieber. Deshalb wurden viele Sami zwangsrekrutiert. Solche ausbeuterischen Kolonialverhältnisse waren gleichsam eine Illustration zu dem Reichskanzler Axel Oxenstierna zugeschriebenen Ausspruch: »In Norrland haben wir innerhalb unserer Grenzen ein Indien, wenn wir es nur zu nutzen verstehen!«

Aus strategischen Gründen war die Regierung daran interessiert, Lappland in größerem Umfang besiedeln zu lassen. In diesem Zusammenhang kam es 1673 und 1695 zum ersten und zweiten *Lappmarksplakat*. Darin wurden einerseits den Siedlern Versprechungen gemacht, andererseits wurde der Versuch unternommen, das Verhältnis zwischen Sami und Siedlern entsprechend den Erwartungen der Krone zu reglementieren. Während man davon ausging, daß sich die unterschiedlichen Wirtschaftsformen der beiden Bevölkerungsgruppen ergänzten, zeigte sich in der Praxis doch, daß zwischen ihnen in einigen Bereichen – vornehmlich bei Jagd und Fischfang – Konkurrenz bestand. Hierdurch wurde Schaden für die Rentierzucht befürchtet, deshalb fanden sich in den »Plakaten« auch Einschränkungen für die Siedler.

Lappmarksreglement

Im *Lappmarksreglement* von 1749 erfolgte schließlich eine endgültige Festlegung der Rechte und Pflichten der Siedler, wobei zum Ausdruck kam, daß sich die Sami mit ihren Interessen im wesentlichen behauptet hatten. Gleichzeitig legte das Reglement die »Lappmarksgrenze« an der Ostseite der Lappmarken fest, um so Sami und Inlandssiedler gleichermaßen vor Jagd- und Fischzügen der Küstenbauern zu schützen. Diese Grenze bildet heute die östliche Begrenzung der Landschaft »Lappland«.

1751 wurde nach langen Verhandlungen der Grenzvertrag zwischen den beiden Reichen Schweden–Finnland und Dänemark–Norwegen unterschrieben. Er enthielt zwei Anhänge, von denen sich der eine ausführlich mit der Situation der nomadisierenden Sami in den beiden Reichen befaßt. In dieser »Magna Charta« der Sami wird ihnen das Recht zugesichert, nach alter Gewohnheit im Frühjahr und Herbst mit ihren Herden die Grenze zu überschreiten und »Land und

Strand« für sich und ihre Tiere auszunutzen. Sie sollten von der ansässigen Bevölkerung freundlich aufgenommen und beschützt werden, selbst in Kriegszeiten. Andererseits sollen sich auch die Sami selbst jeder feindlichen Haltung im fremden Land enthalten. Außerdem wurde festgelegt, daß kein Sami länger an mehr als ein Land Steuern zahlen sollte. In manchen Gegenden hatten die Sami früher sogar an drei Reiche – Rußland war das dritte – Steuerabgaben geleistet.

1886 und 1873 wurde in den Verwaltungsbezirken Norr- und Västerbotten eine sogenannte »Anbaugrenze« (odlingsgräns) zwischen den Berg- und Waldgegenden in den Lappmarken festgelegt. Unterhalb dieser Grenze – die rund 50 km östlich des Gebirges verläuft – durften die Sami sich mit ihren Rentierherden nur in den Wintermonaten Oktober bis April aufhalten. Oberhalb der Grenze hatten nur die Sami Jagd- und Fischrechte. Nähere Bestimmungen erfolgten in den Rentierweidegesetzen von 1886 und 1898. Die odlingsgräns wurde durch Schneisen im Wald sichtbar gemacht. Sie besteht im Prinzip bis heute fort. Touristen können sie allerdings nur noch dort wahrnehmen, wo entsprechende Schilder aufgestellt worden sind, wie etwa an der Straße Gällivare–Kiruna oder im Muddus-Nationalpark.

Zwangsumsiedlungen

Die verschiedenen Grenzziehungen – 1751 Schweden–Norwegen, 1809 Schweden–Finnland, 1826 Norwegen–Rußland und 1852 Norwegen–Finnland – beschränkten in starkem Maße die Möglichkeiten der rentierzüchtenden Sami, mit ihren Herden von der Winterweide zur Sommerweide und zurück zu ziehen. Die Sami hatten die nationalen Grenzen immer weitgehend ignoriert und sich mehr »taktisch« eine jeweils passende Nationalität zugelegt. Als aber sogar »Renpolizisten« an den Grenzen eingesetzt wurden, um die unerwünschten »ausländischen« Rene zu fangen und zu verkaufen, wurde der Druck auf die Sami immer stärker. Die Grenzziehungen riefen eine Kettenreaktion hervor, bei der immer mehr rentierzüchtende Sami von nördlicheren in südlichere Weidegebiete umziehen mußten.

1919 schlossen Norwegen und Schweden einen Renweidevertrag (renbeteskonvention). Darin wurde festgeschrieben, daß die Zahl der Rentiere, die von schwedischer Seite aus in Norwegen (im Bezirk Tromsö) weiden durften, beträchtlich vermindert werden sollte. Um auf schwedischer Seite einen Ausgleich zu schaffen, gingen die Behörden davon aus, daß eine entsprechende Anzahl von Sami »freiwillig« in südlichere Bezirke umziehen würde, was natürlich zu Problemen mit den dortigen Rentierzüchtern führte. Um der »Freiwilligkeit« nachzuhelfen, beschloß der schwedische Reichstag 1925 sogar ein Gesetz, das eine zwangsweise Umsiedlung möglich machte.

Aufgrund dieser Zwangsumsiedlungen gibt es heute Sami aus dem Karesuando-Gebiet bis südlich nach Härjedalen. Als Reisender kann man bei festlichen Gelegenheiten bemerken, daß unterschiedliche Trachten vorkommen: die, die von den örtlichen Sami sowie die, die von denen aus Karesuando getragen werden, die auch weiterhin an ihrer traditionellen Kultur festhalten. Dabei können natürlich Spannungen nicht ausbleiben.

Grundlagen der Rentierzucht

Das Rentier hatte für die Sami schon immer eine zentrale Bedeutung, sowohl als Jagd- als auch als Zuchttier, und nicht zuletzt auch als Symbol für kulturelle Identität. Aus der alten Jäger- und Sammlerversorgung entwickelte sich allmählich die Rentierzucht, zunächst als eine Wirtschaftsform unter anderen, dann als die beherrschende.

Im großen und ganzen lassen sich zwei Arten der Rentierzucht unterscheiden: Berg- und Waldrenzucht. Beide Rentierarten haben den jahreszeitlichen Wechsel zwischen Grasfutter im Sommer und Flechten als Winterfutter. Für die Waldrene liegen die verschiedenen Weidegebiete relativ dicht zusammen, so daß sie in einem begrenzten Gebiet umherziehen. Die Bergrene dagegen legen weite Strecken zurück, um von der Nadelwaldregion, wo sie sich im Winter aufhalten, zum Kahlgebirge, ihrer Sommerweide, zu kommen. Im Frühjahr und Herbst halten sie sich in der Birkenwaldregion auf, wo sich sowohl die Brunst- als auch die Kalbungsplätze befinden. Die längeren Wanderungen – in manchen Gegenden bis zu 300 km – führen dazu, daß Bergrenzucht nur als Vollzeitarbeit betrieben werden kann, während Waldrenzüchter oft noch einen kleinen Hof zusätzlich bewirtschaften.

Anders als in Norwegen und Finnland haben in Schweden nur Sami das Recht zur Rentierzucht, und zwar nur solche, in deren Familien die Tradition der Rentierzucht als Vollzeitarbeit ungebrochen ist bzw. höchstens zwei Generatio-

Sarvslakt – Rentierscheidung im Herbst

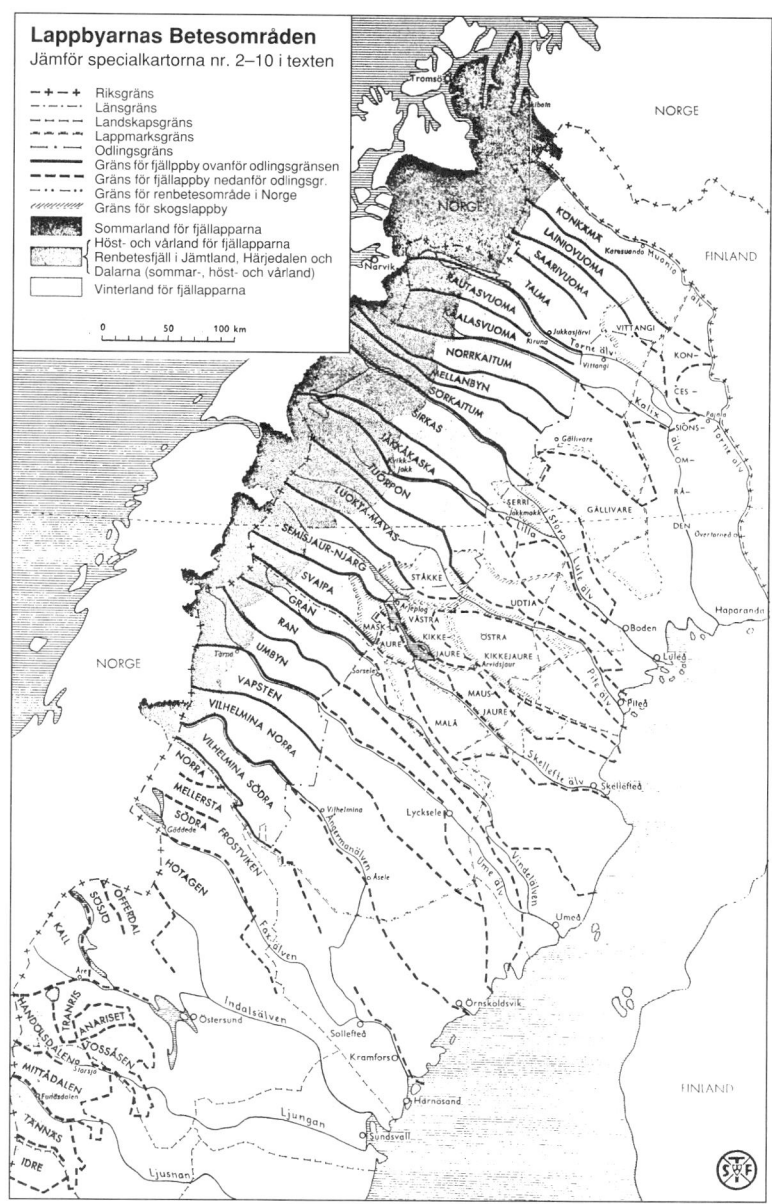

Lappbyarnas Betesområden
Jämför specialkartorna nr. 2–10 i texten

- – + – + Riksgräns
- – · – · Länsgräns
- – – – – Landskapsgräns
- ▬ ▬ ▬ Lappmarksgräns
- – · – Odlingsgräns
- Gräns för fjällppby ovanför odlingsgränsen
- – – – – Gräns för fjällappby nedanför odlingsgr.
- ·· – ·· – Gräns för renbetesområde i Norge
- //////// Gräns för skogslappby

Sommarland för fjällapparna
Höst- och vårland för fjällapparna
Renbetesfjäll i Jämtland, Härjedalen och
Dalarna (sommar-, höst- och vårland)
Vinterland för fjällapparna

0   50   100 km

Die schwedischen »Samedörfer« (aus: E. Manker, De svenska fjällapparna, 1947)

63

nen unterbrochen war. Eine Ausnahme stellen diejenigen dar, die eine(n) Rentierzüchter(in) heiraten – sie erwerben damit auch das Recht zur Rentierzucht. Dieses Recht ist im einzelnen im Rentierzuchtgesetz von 1971 geregelt, das Vorschriften zur Ausübung, Organisation und Ausbreitung der Renzucht enthält. Das vorgesehene Gebiet ist in Bezirke eingeteilt, die unter Berücksichtigung geographischer und traditioneller Begrenzungen jeweils eine Organisationseinheit zur Rentierzucht darstellen. Sie tragen die Bezeichnung *sameby* (»Samedorf«). In Schweden gibt es insgesamt 51 solcher *samebyar,* davon 31 in Lappland. Etwa 2.500 Personen – das entspricht 17 % der samischen Bevölkerung – sind mit Rentierzucht beschäftigt bzw. von ihr abhängig. Diese Zahl war vor 100 Jahren doppelt so hoch, und geht die Entwicklung so weiter, wird die Zahl bis zum Jahr 2000 noch einmal halbiert sein. Die Zahl der Rentiere in Schweden ist seit den 70er Jahren kontinuierlich gestiegen, sie wird heute auf ungefähr 290.000 Tiere geschätzt.

In der Renzucht gibt es auch Unterschiede hinsichtlich der Zahmheit der Rentiere. Man unterscheidet intensive und extensive Rentierzucht. Erstere war früher sehr verbreitet; kleine Herden ziemlich zahmer Tiere wurden intensiv genutzt (Milch!) und auch intensiv gehütet. Die extensive Variante war früher besonders bei den Sami der norwegischen Finnmark verbreitet und hat sich im Zuge der Zwangsumsiedlungen nach Süden ausgedehnt. Hier werden größere Herden zu gewissen Zeiten in hohem Maße sich selbst überlassen. Die Tiere sind nicht zahm, das Melken entfällt damit. Ziel der Rentierzucht ist die Produktion von Schlachttieren. Heute wird fast ausschließlich extensive Rentierzucht betrieben.

Moderne Rentierzucht

In der Literatur existiert immer noch das romantische Bild von der Rentierzüchterfamilie, die keinen festen Wohnsitz hat und die auf Skiern und Schlitten, mit Sack und Pack der Herde folgt. Dieses Bild entsprach der Wirklichkeit teilweise noch bis in die erste Hälfte der 50er Jahre hinein. Dann kamen Wohlfahrtsgesellschaft und Schneeskooter.

Die Rationalisierung innerhalb der Renzucht führt zu einer steigenden Anwendung moderner Technik. Neben dem unentbehrlichen Schneeskooter, dem selbstverständlichen Auto mit Anhänger zum Transport von Renen und dem notwendigen Boot mit Außenbordmotor für den Fischfang finden in immer größerem Umfang auch Geländemotorräder Anwendung beim Zusammentreiben der Rentierherden. Hubschrauber und Wasserflugzeug werden für Transporte eingesetzt, dort, wo es möglich ist, auch Lastwagen. Der Kontakt untereinander und mit der Außenwelt kann mit Hilfe von Walkie-Talkies und Funktelefonen gehalten werden.

Im Gebiet der verschiedenen Samedörfer sind umfangreiche Investitionen getätigt worden, um Brücken, Renfangzäune, Renwächterhütten, spezielle Weideanlangen, Schlachtanlagen u. ä. bauen zu können. Alle Rentierzüchterfamilien haben heute einen festen Wohnsitz in einem der größeren Orte oder in dessen Nähe. Je nach Gebiet besitzen sie daneben noch eine oder mehrere Kurzzeit-Wohnstätten im Gebirge bzw. im Übergangsgebiet zwischen Sommer- und Winterweideland. Bei der Rentierzucht handelt es sich inzwischen um möglichst

oben: Torfkote
unten: Innenraum einer Torfkote

wirtschaftlich arbeitende Unternehmen, die staatliche Unterstützung bekommen, u. a. für die hohen Investitionen und auch in Form von Schlachtprämien. Der Umsatz der schwedischen Renzuchtwirtschaft betrug 1985 rund 40 Mio. schwedische Kronen (ca. 11,5 Mio. DM). Hinzuzurechnen ist noch einmal ein Zehntel dieses Betrages, nämlich der Umsatz der traditionellen Nebenerwerbszweige Jagd, Fischfang und Kunsthandwerk.

Einen Sami nach der Zahl seiner Rentiere zu fragen gilt als indiskret; es verbietet sich also, eine solche Frage zu stellen. Eine vierköpfige Familie benötigt aber etwa 350 Rentiere, um sich in vollem Umfang von der Rentierzucht zu ernähren. Die Ausdehnung der jeweiligen Nebenerwerbe hat die entsprechende Auswirkung auf diese »Richtzahl«.

Sprache
Samisch gehört zur Gruppe der finnisch-ugrischen Sprachen, die zusammen mit Samojedisch die uralische Sprachenfamilie bilden. Samisch steht dem Finnischen nahe, enthält aber auch Elemente, die dort nicht vorkommen, in weiter entfernten Sprachen wie Samojedisch oder Ostjakisch aber zu finden sind. Neben einigen besonderen Worten ist vor allem der Dualis, die Zweizahl, ein Beispiel dafür. Die samische Sprache ist reich an Ausdrücken insbesondere auf den Gebieten der Rentierzucht, der Verwandtschaftsbezeichnungen und der

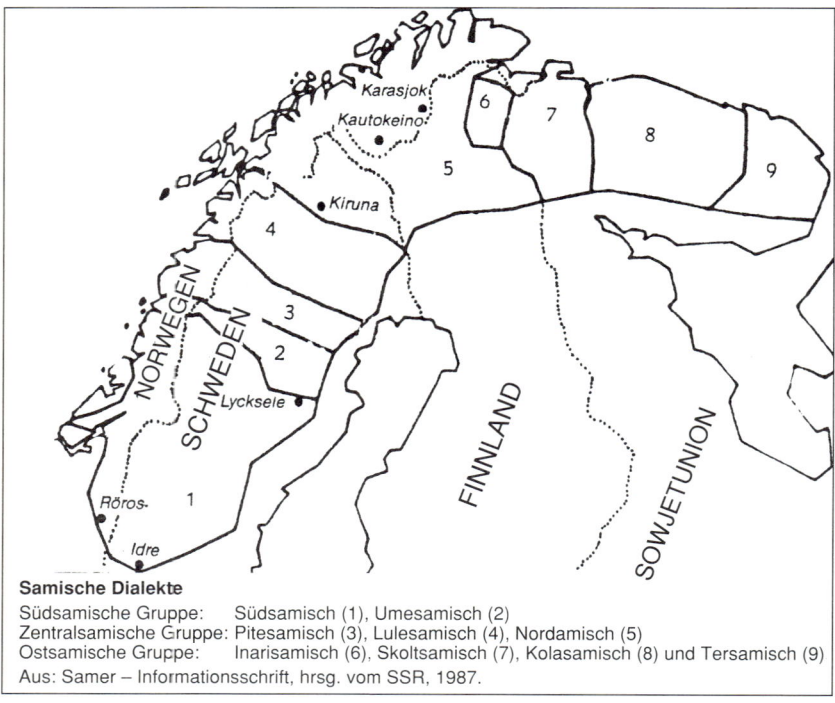

Samische Dialekte
Südsamische Gruppe: Südsamisch (1), Umesamisch (2)
Zentralsamische Gruppe: Pitesamisch (3), Lulesamisch (4), Nordamisch (5)
Ostsamische Gruppe: Inarisamisch (6), Skoltsamisch (7), Kolasamisch (8) und Tersamisch (9)
Aus: Samer – Informationsschrift, hrsg. vom SSR, 1987.

Beschreibung von Natur- und Wetterverhältnissen. So gibt es z. B. mehr als 100 Ausdrücke im Zusammenhang mit Schnee, die jeweils unterschiedliche Verhältnisse genau bezeichnen.

Die Bezeichnung »samische Sprache« ist eigentlich irreführend, denn genaugenommen handelt es sich um mehrere Sprachen. Dies verwundert nicht weiter, wenn man sich vor Augen führt, daß sich das samische Wohngebiet auf einer Länge von etwa 1.500 km bei einer Breite von 300 bis 400 km erstreckt. Es gibt ungefähr 50 verschiedene Dialekte, die man in neun Hauptdialekte und drei verschiedene Dialektfamilien einteilen kann (vgl. Graphik). Dabei ist in der Regel der Unterschied zum benachbarten Dialekt nicht besonders groß, wohingegen z. B. ein schwedischer Süd-Sami und ein finnischer Skolt-Sami eine andere Sprache zu Hilfe nehmen müssen, um sich zu verständigen.

Es hat bis 1979 gedauert, ehe eine Einigung über eine gemeinsame Rechtschreibung in allen drei nordischen Ländern zustande kam. In der Praxis kommt aber die alte Schreibweise noch vor, und auch früher erschienene Bücher müssen erst in jahrelanger Arbeit der neuen Rechtschreibung angepaßt werden. In einem Samisch-Kurs haben die Verfasser erlebt, was sonst für Sprachkurse unüblich und geradezu verboten ist: es wurde diskutiert, wie es wohl »richtiger« ist ...

Literatur

Die Sami verfügen über eine alte Erzähltradition mit Sagen, Jagdgeschichten und mythischen Erzählungen. Vor allem aber haben sie die *Jojks*, spezielle samische Gesänge, in denen ohne instrumentale Begleitung von kleinen Begebenheiten, von Menschen und Natur, von Erfahrungen der Alten, von Göttern und Geistern gesungen wird.

Die Literatur hat bei den Sami eine untergeordnete Rolle gespielt. Das erste Buch auf samisch, ein Lesebuch, kam 1619 heraus. In den folgenden Jahrhunderten waren es meist Bücher mit kirchlichem Inhalt, die in die verschiedenen samischen Dialekte übersetzt wurden.

Aus der Vielzahl der Beschreibungen über Lappland und die Sami sollen einige »klassische« erwähnt werden: 1673 kam in Frankfurt das Werk »Lapponia« in lateinischer Sprache heraus. Der Verfasser war ein aus dem Elsaß stammender Professor in Uppsala, *Johannes Schefferus*. Er war nicht selbst in Lappland gewesen, sondern gründete seine Schilderungen auf Studien alter Quellen und im Museum befindlicher samischer Gebrauchsgegenstände. Außerdem gab er Berichte von geistlichen und weltlichen Würdenträgern über das Leben der Sami wieder. Schefferus' Buch weckte große Aufmerksamkeit im gesamten Europa und wurde bald ins Englische, Französische, Holländische und Deutsche übersetzt.

1732 begab sich der Naturforscher *Carl von Linné* auf seine »Lappländische Reise«. Sein Reisetagebuch unter diesem Titel erschien aber erst 1811 in England, denn seine Zeitgenossen hatten kein besonderes Interesse daran gezeigt. Linnés Beschreibungen – vor allem der Natur – geben einen bis heute interessanten Eindruck von Lappland wieder.

Der Stockholmer Wissenschaftler *Gustav von Düben* gab 1873 seine ethnographischen Studien »Über Lappland und die Lappen« (»Om Lappland och lapparne«) heraus, in denen er seine Erfahrungen von zwei Lapplandreisen mit seinen vorangegangenen Literaturstudien kombinierte. Das Ergebnis ist eine systematische und sehr detailreiche Schilderung des samischen Alltags im 19. Jh.

Als erstes literarisches Werk eines Sami kann man das 1910 erschienene Buch von *Johan Turi,* die »Erzählung von dem Leben der Lappen«, bezeichnen. Weitere Standardwerke sind *Anta Piraks* »Ein Nomade und sein Leben« (1937), *Nils Nilsson Skums* »Same Sita – das Lappendorf« (1938) oder *Andreas Labbas* »Anta« (1969) – um nur einige zu nennen.

Im Jahre 1974 kam eine Gedichtsammlung von *Paulus Utsi* mit dem doppeldeutigen Titel »Giela giela« (etwa: »Verstrickungs-Sprache«) heraus. Das Einleitungsgedicht lautet auf deutsch ungefähr so:

Flüstere gegen den Felsen
Im Verborgenen hört jemand zu
Empfang das Wort
Führe es weiter
und erfülle es

Der größte Teil der veröffentlichten Literatur ist im nordsamischen Dialekt geschrieben, der von ca. 75 % der Sami gesprochen wird. Erst 1979, als Folge des gewachsenen kulturellen Selbstbewußtseins der Sami, wurde der samische Schriftstellerverband gegründet.

Religion

Kultur und Religion der Sami stehen in engem Zusammenhang mit der alten zirkumpolaren Jäger- und Fischerkultur. Während sich in ökonomischem und sozialem Zusammenhang später die nomadische Hirtenkultur durchgesetzt hat, weist die vorchristliche samische Religion erstaunlicherweise überwiegend Elemente auf, die aus der alten Jägerkultur stammen. Unser Wissen darüber verdanken wir in erster Linie den Missionarsberichten des 17. und 18. Jh., weiterhin archäologischen Funden sowie der Interpretation der Trommelfellzeichnungen auf den wenigen erhaltenen samischen Schamanentrommeln. Es ist klar, daß die späten Quellschriften mit christlicher Tendenz abgefaßt wurden und auch nicht zwischen ursprünglich samischen und durch die nordische Mythologie hinzugekommenen Elementen unterscheiden.

Der alte Glaube der Sami umfaßt eine Vielzahl von Schutzgeistern, Naturherrschern, saisonalen und lokalen Gottheiten. Viele Funktionen hängen mit der Fruchtbarkeit zusammen, sind also ausgerichtet auf das Überleben unter den gegebenen ökologischen Bedingungen. Die wichtigsten Gottheiten sind *Väraldenolmai* (»Weltenmann«): Schöpfergottheit, Lebensspender, großer Geist, zuständig für Nachkommenschaft und Renglück; *Beive* (die Sonne): zuständig für alles Wachstum; *Aske* (der Mond): zuständig für die Fruchtbarkeit der Erde, der Menschen und Tiere; *Tiermes* (»Gewitterer«): neben Väraldenolmai als höchstes Wesen verehrt, beschützt den *noaiden* auf seinen Seelenreisen; *Bieggolmai* (»Windmann«): besitzt Macht über Wetter und Wind; *Leibolmai* (»Erlenmann«): König des Waldes, Jagdgottheit, Herr der Tiere, besonders mit dem Bären verbunden; *Maderakka* (Muttergöttin) und ihre drei Töchter *Sarakka, Uksakka* und *Juksakka*: zuständig für die Frauen, helfen bei der Geburt, Schutzgeister der Zeltkoten.

Der Mensch besteht aus den zwei Komponenten Körper und Seele, wobei zwischen zwei Seelen unterschieden wird: der »freien« Seele und der »Lebens«-Seele. Letztere ist an den Körper gebunden, erstere kann den Menschen unter bestimmten Umständen – etwa im Schlaf oder bei Krankheit – verlassen. Ähnliche Vorstellungen finden sich auch in anderen schriftlosen Religionen. Nach dem Leben geht der Sami ins Totenreich. Einige wenige – vor allem Schamanen – können in die Schar der glücklichen Schutzgeister aufgenommen werden, wenn sie zu diesen ein besonders gutes Verhältnis haben. Der Wohnsitz dieser Geister ist das *Saivoaimo* (»Seeheim«), das sich unter manchen Seen befindet, die einen doppelten Boden haben. Die meisten Toten jedoch kommen in ein düsteres Land, ins *jabmeaimo* (»Totenheim«). Für die an der Pest Gestorbenen gab es noch eine furchtbare Möglichkeit, das *rutaimo*, das Reich, in dem der rätselhafte Gott *ruto* herrschte. Er wird auf Darstellungen als auf einem Pferd reitend abgebildet.

Charakteristische Fellzeichnung einer südsamischen Schamanentrommel. In der Mitte das traditionelle Sonnenzeichen, mit Figuren der Gewittergottheit (oben) und Windgottheit. Das Rentier stellt ein Opfertier dar.
Drumherum viele verschiedene Darstellungen aus dem Alltagsleben, Rentiere in unterschiedlichem Zusammenhang, Samedorf, Jäger mit Bogen usw.
Rechts der »Weltenmann«, links die drei Akka-Gottheiten, unten der Todesbote ruto zu Pferd.
Die Kenntnis mancher Zeichen war dem noaiden allein vorbehalten.
(Nach Ernst Manker, Nåidkonst. Trolltrummans bildvärld, 1965; Beispiel 39.)

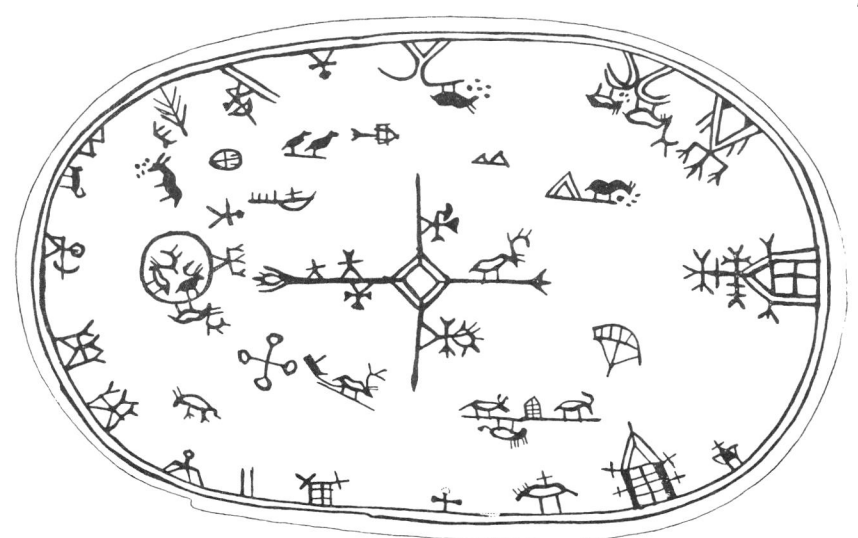

Eine zentrale Rolle bei der Vermittlung zwischen den Menschen und der Welt der Geister spielte der *noaide*, der samische Schamane. Seine Aufgaben reichten von der Übermittlung göttlicher Botschaften und der Durchführung von Opferhandlungen über Vorausschau der Zukunft und Krankheitsbekämpfung bis zur Auseinandersetzung mit den Gottheiten über Krankheit und Tod einzelner Menschen (s. S. 71). Das wichtigste Instrument des *noaiden* war die Trommel, auf deren Fell mit Erlensaft bestimmte Zeichen aufgemalt wurden (s. Abb.). Diese Trommel diente sowohl als Mittel, um den Schamanen in Trance zu versetzen, so daß er seine Seelenreise antreten konnte, als auch als Instrument, mit Hilfe eines »Zeigers« die Zukunft voraussagen zu können. Als eine weitere Stimulierung zur Trance konnte auch das Jojken, das Singen samischer Gesänge dienen.

Das Ansehen des Schamanen in der Gemeinschaft war groß. Johan Turi berichtet: »Da war ein noaide, den auch ich gesehen habe [...] er war allerdings ein starker noaide [...] er war so, daß er kranke Leute kurierte [...] er war so, daß er die Diebe dazu bringen konnte, das Diebesgut zurückzugeben [...] Und er bannte Geister aus den Leuten. Auch habe ich nicht gehört, daß er irgendeinem Böses getan oder irgendeinem einen Geist zugesandt haben soll, selbst wenn er wohl gekonnt hätte, wenn er wollte« (Turi, S. 175). Viele besondere Stellen in der Natur wurden von den Sami als *seiten* (oder *seidas*) angesehen, als Plätze, an denen sich in besonderer Weise Götter und Geister zeigten. Solche Plätze waren oft auf heiligen Bergen, an Wasserfällen oder bei besonders geformten Felsen. Auch Seen wurden als heilig angesehen. An solchen Plätzen wurden auch Opfer dargebracht, meist in Form von Horn oder anderen Teilen eines Tieres. Eine alte Form des Opfers war auch, den *seite*-Stein mit dem Fett oder Blut eines Opfertieres einzustreichen.

Sage von einem noaiden

Als die Frau des *noaiden* gestorben war, reiste er ins Totenreich. Lange hatte er sie vor dem Tod beschützen können, aber einmal, als er nicht zu Hause war, nutzte der Tod die Gelegenheit und holte die Frau. Der *noaide* legte den Leichnam seiner Frau draußen vor der Kote auf einen Schlitten, band ihn fest und sagte zu seinen Mitbewohnern: Wenn die Sonne so und so steht, sollt ihr hinausgehen, die Riemen losbinden am Schlitten und die Felle zurückschlagen, so daß die Frau ganz frei liegt. Vergeßt das nicht! Achtet auf die Schatten!

Dann nahm der *noaide* seine Trommel, und nach einer Weile »schlief« er. Da war er auf dem Weg ins Totenreich. Man hörte das Geräusch von Renen, die den Berg herunter kamen und um die Kote herumliefen. Da sagten die Alten: Jetzt hat der *noaide* seine fünfzehn Hilfsgeister gerufen, damit sie ihm im Totenreich beistehen.

Es wird erzählt, daß der *noaide*, als er ins Totenreich kam, an einen großen Wohnplatz gelangte. Er ließ die Hilfsgeister zurück und ermahnte sie, die Rentiere in Bereitschaft zu halten, so daß sie augenblicklich losfahren könnten, damit der Tod sie nicht einhole. Dann lief der *noaide* auf die große Zeltkote zu. Riesige Hunde stürmten ihm entgegen, aber er war darauf vorbereitet und hatte große Fleischstücke dabei, die er den Hunden vorwarf. Der *noaide* rannte schnell zur Kote und hob das Zelttuch an. Dort drin bereiteten sie die Hochzeit vor zwischen dem Tod und der Frau des *noaiden*. Der *noaide* packte seine Frau am Schopf und versuchte sie aus der Kote zu ziehen, aber sie saß fest wie ein Berg. Da kam der Tod herangerast und zog die Frau zurück, so daß der *noaide* gezwungen war, sie loszulassen.

Als er dann nach Hause zurückkam und aufwachte, fragte er seine Leute: Habt ihr getan, wie ich euch gesagt habe und die Riemen am Schlitten losgemacht? Nein, das hatten sie ganz vergessen! Deshalb hatte der *noaide* seine Frau nicht durch die Zeltöffnung bekommen, sondern mußte sie auf ewig dem Tod überlassen.

Missionierung

Die mittelalterliche Missionspraxis bestand im wesentlichen aus Missionspredigt und Taufe, danach folgte dann Kirchenbau und Einsetzung von Pfarrern. Unter den nomadisierenden Sami war dieses System nur schwer durchzusetzen. So blieb es bei einzelnen Missionsversuchen. Bis in die zweite Hälfte des 17. Jh. hinein sah die Praxis wohl so aus, daß ein- oder zweimal im Winter ein Pfarrer von der Küste ins Inland zu einem Marktplatz reiste und dort – meist mit Hilfe eines Dolmetschers – Gottesdienste abhielt und kirchliche Amtshandlungen vornahm.

Wie bei anderen nichtmonotheistischen Religionen war auch die Haltung der Sami gegenüber anderen Glaubensvorstellungen tolerant. Erst eine Bedrohung ihrer eigenen religiösen Vorstellungen führte zu einer abweisenden Haltung gegenüber dem Christentum. Die christlichen Prediger sahen den »heidnischen« Glauben besonders manifestiert in den *seiten* sowie im *noaiden* und seinem Werkzeug, der Schamanentrommel. Von der zweiten Hälfte des 17. Jh. an wurden viele *seiten* zerstört und Trommeln verbrannt. Wurde jemand wiederholt mit solchem »Teufelszeug« erwischt, drohte ihm selbst der Scheiterhaufen. Solches Auftreten rief Widerstand hervor, wie der folgende Bericht zeigt: Als der Pfarrer Petrus Noreus in Silbojokk (nahe dem Nasafjäll, Pite-Lappmark) im Herbst 1688 die Trommel des Sami Erik Eskilsson weggenommen hatte, wurde er auf dem Heimweg überfallen. Erik und seine Freunde holten sich mit Gewalt die beschlagnahmte Trommel zurück.

Viele Trommeln wurden auch versteckt, und Opferplätze wurden – wenn es irgendwie möglich war – unzugänglich gemacht. Noch im 18. Jh. und manches Mal wohl bis in unser Jahrhundert hinein, gab es unter den Sami heimliche Anhänger des alten Glaubens.

Um die Missionierung voranzutreiben, wurde 1739 die *Direktionen över lappmarkens ecklesiastikverk* gegründet. Ihre Aufgabe war es, die kirchliche Arbeit unter den Sami neu zu organisieren und zu überwachen. Man arbeitete nach der Methode, den alten Glauben durch verstärktes, möglichst umfassendes Wissen über das Christentum zu eliminieren. Zu diesem Zweck wurde eine umfassende Katechetentätigkeit eingerichtet, die in den folgenden Jahrhunderten fortgeführt und ausgebaut wurde.

Die laestadianische Erweckungsbewegung

Lars Levi Laestadius wurde im Jahr 1800 in Jäkkvik in der Gemeinde Arjeplog geboren. Nach dem Studium in Uppsala wurde er 1825 zum Pfarrer ordiniert. In seinem ersten Dienstjahr arbeitete er als Missionar in seiner Heimatgemeinde Arjeplog. Er hatte die Aufsicht über die in der Gemeinde arbeitenden Katecheten, außerdem reiste er selbst herum und besuchte die Sami, um sie im Christentum zu unterweisen. Von 1826 bis 1849 war Laestadius Pfarrer der Gemeinde Karesuando im nördlichen Lappland, danach wirkte er bis zu seinem Tod 1861 in Pajala im Torne-Tal.

Von Beginn an kämpfte Laestadius gegen Alkoholmißbrauch, besonders unter den Sami. Er sprach samisch und war auch mit den Lebensverhältnissen der Sami bestens vertraut. In Karesuando predigte er oft auf nordsamisch, und es war ihm wichtig, diesen Dialekt als Schrift- und Kirchensprache zu stärken. 1843/44 befand sich Laestadius zu weiterführenden Studien in der Bischofsstadt Härnösand. Nach dem dort abgelegten Pastoralexamen wurde er mit der Visitation der lappländischen Gemeinden beauftragt. Auf dieser Reise traf er 1844 in Åsele die Samefrau *Maria Clemensdotter*, die ihm mit ihrem tiefen Glauben und dem Erzählen von ihrer Bekehrung neue Kräfte gab, mit seiner Bußpredigt weiterzumachen. Diese Begegnung wurde später als die Geburtsstunde der laestadianischen Erweckung angesehen, aber sie stellte eigentlich nur einen Schritt in der Entwicklung von Laestadius dar.

Zurück in Karesuando wurde sein Predigtstil noch dramatischer und seine Bildersprache noch deutlicher. So predigte er für seine meist samischen Zuhörer vom »Branntwein-Stallo«, der die Sami unterdrücke – in Anknüpfung an die

Das Wirken Laestadius', Altarbild in Jukkasjärvi

alten Sagen von den »Stallo-Riesen«, derer sich die Sami immer wieder mit List erwehren mußten. Ein anders von Laestadius benutztes Bild von den »himmlischen Eltern« wurde mit den Muttergottheiten der alten samischen Religion in Verbindung gebracht. Auch bei einer speziellen Ausdrucksform des Laestadianismus, der *liikutuksia* (ekstatische Bewegung), sehen Religionsforscher einen Ursprung in der schamanistischen Ekstase der samischen Religion.

Ab 1845 begann sich die laestadianische Erweckungsbewegung von Karesuando aus weiterzuverbreiten. Laestadius' eigene Deutung des Christentums mit starkem Bezug auf seine samische Umgebung, seine eigenen Erfahrungen und seine Direktheit im Umgang mit den Sami haben dazu geführt, daß der Laestadianismus die »Religion der Sami« geworden ist. Bis heute findet diese Bewegung großen Zuspruch unter den Sami in der Gegend von Jokkmokk aus nach Norden.

Schulwesen

Bis weit in unser Jahrhundert hinein war das Schulwesen untrennbar mit der Missionierung verbunden. Schon 1632 wurde in Lycksele die erste Schule eröffnet; allerdings war sie hauptsächlich dazu gedacht, zukünftigen Pfarrern eine schulische Vorbildung zu geben. Allgemeinen Schulunterricht für die Sami gibt es seit 1740, und zwar in zwei verschiedenen Schulformen: neben jeder Kirche wurde eine feste Internatsschule eingerichtet, außerdem gab es umherziehende

Katechetschulen, in denen einige Wochen im Jahr Unterricht am jeweiligen Wohnort der nomadisierenden Sami erteilt wurde. Träger der Schulen waren nicht nur Staat und Kirche, sondern auch verschiedene Missionsgesellschaften. Die Lehrinhalte waren dementsprechend bis ins 18. Jh. hinein fast ausschließlich Texte aus dem Katechismus. Lese- und Schreibkenntnisse wurden beim »Aufgebotsverhör« überprüft, das Voraussetzung für die Trauung war. Kenntnisse dazu konnten die Sami in einer »Schriftschule« genannten Einrichtung erwerben, zu der sie eine Zeitlang den Pfarrer aufsuchen mußten. Das Interesse der Sami an solchem Unterricht war ziemlich gering, nicht zuletzt, weil der Unterricht wenig praktischen Nutzen hatte. Außerdem befürchteten sie, daß sich ihre Kinder während des schulischen Internatsaufenthaltes zu sehr an das Leben der Seßhaften gewöhnten. Johan Turi urteilt: »Fünfjahresschulen sind gut für arme Lappen, da die Kinder zu der Zeit in der Schule sind, wenn sie noch nicht so weit sind, daß sie für ihren Unterhalt arbeiten können. Und es ist auch dies, daß sie schreiben und lesen und rechnen lernen und dann nicht überall von Kaufleuten und Bauern betrogen werden [...] Aber es verdirbt auch die Kinder der Lappen [...] sie lernen viel Unnützes [...] und sind während der Lernzeit fort von den Lappen, und dann lernen sie nur Bauernleben, und Lappenleben lernen sie nicht ...« (Turi, S. 26).

Zu Beginn dieses Jahrhunderts herrschte bei der Schulorganisation für die Sami eine verwirrende Vielfalt – neben den beschriebenen gab es noch verschiedene Kursformen, manchmal gingen samische Kinder auch zusammen mit Siedlerkindern in die Volksschule, die 1842 in Schweden eingeführt wurde. 1913 wurde eine Schulreform durchgeführt, bei der man der Nomadenschule für die Kinder der Sami den Vorrang gab. Erst 1962 kam es zu einer umfassenden Schulreform für die Sami. Sie geschah auf der Grundlage einer vorangegangenen Untersuchung, die festgehalten hatte: »Was den Schulunterricht der Sami anbetrifft, so muß festgestellt werden, daß sie das Recht auf einen Unterricht haben, der in jeder Hinsicht gleichwertig ist, aber nicht identisch sein muß mit dem, der der Majoritätsbevölkerung zuteil wird. In ihrer Eigenschaft als Minoritätsvolk haben sie gewisse besondere Unterrichtsbedürfnisse, an denen die Gesellschaft nicht vorbeisehen kann. Sie haben das Recht, durch die Schule eine Orientierung in bezug auf die Entwicklung ihrer Kultur und deren Situation in der Gegenwart zu erhalten, eine Orientierung, die nicht nur allein auf die Vermittlung von Wissen ausgerichtet ist, sondern auch Respekt und Pietät weckt gegenüber dem Erbe der Vorfahren sowie ein Gefühl der Zusammengehörigkeit mit dem eigenen Volk« (Staatliche öffentliche Untersuchung 1960, zitiert nach E. Kasten, Kulturwandel bei den Samen, Berlin 1983, S. 126).

Lehre und Forschung

Heute gibt es in Schweden sechs sogenannte Sameschulen. Das sind Grundschulen, in denen Samischunterricht erteilt wird und in denen die samische Kultur einen inhaltlichen Schwerpunkt darstellt. Samischunterricht gibt es in einigen Orten auch an weiterführenden Schulen.

Die samische Heimvolkshochschule in Jokkmokk wurde in kirchlicher Trägerschaft gegründet. Sie wurde 1942 eingerichtet, um jungen Sami Aus- und Weiterbildungsmöglichkeiten zu geben. Seit 1968 steht diese Bildungsstätte allen

Interessierten offen, nachdem dort vorher nur Sami studieren konnten. Die Schule bietet neben einem allgemeinen Zweig (»zweiter Bildungsweg«) in drei verschiedenen Profilen eine Ökologielinie, eine Renwirtschaftslinie und eine samische Handwerkslinie an. Seit 1972 wird die Schule von einer Stiftung getragen, in der die schwedischen Same-Organisationen und die Kommune Jokkmokk vertreten sind.

Samisch kann man an den Universitäten von Uppsala und Umeå studieren. In Umeå gibt es seit 1974 auch einen Lehrstuhl für samische Sprache und Kultur. Das Nordische Sameinstitut in Kautokeino/Norwegen wurde 1973 eingerichtet, um für den samischen Bereich wissenschaftliche Informationen zu sammeln und weiterzugeben. Es befaßt sich mit Wirtschafts-, Umwelt- und Rechtsaufgaben, außerdem werden dort auch sprachliche und allgemein kulturelle Fragen bearbeitet.

Medien

In den 50er Jahren begann der schwedische Rundfunk mit einem speziellen Programm für Sami. Heute gibt es feste regelmäßige Sendezeiten für Nachrichten- und Magazinsendungen in samischer Sprache, zum Teil auch in unterschiedlichen örtlichen Dialekten. Seit wenigen Jahren gibt es auch eine samische Fernsehredaktion, die vor allem Magazin- und Kindersendungen produziert. *Samefolket* ist eine Monatszeitschrift, die sich (überwiegend auf schwedisch) mit verschiedenen, für die Sami wichtigen Themen beschäftigt. Die Zeitschrift erscheint bereits seit 1917 und wird getragen von den schwedischen Same-Organisationen.

Kunst

Die Zeichnungen auf den Schamanentrommeln sind von unbekannten Künstlern angefertigt worden, ebenso die Ausschmückungen auf alten Gebrauchsgegenständen. Die ersten namentlich bekannten samischen Künstler sind *Johan Turi* und *Nils Nilsson Skum*, die mit ihren Zeichnungen von Rentierzucht und Nomadendasein in der ersten Hälfte unseres Jahrhunderts samisches Leben in der Welt bekannt gemacht haben. Neben diesen »Klassikern« gibt es heute eine ganze Reihe samischer Künstler, die mit Erfolg ihr samisches Erbe und ihre Kunst zusammenbringen. Namen wie der des Malers und Kunsthandwerkers *Lars Pirak* aus Jokkmokk und des Dichters, Sängers und Graphikers *Nils-Aslak Valkeapää* aus der Finnmark sollen als Beispiele ausreichen, um die große Breite samischen Kunstschaffens in der Gegenwart zu bezeichnen.

Seit den 70er Jahren gibt es im schwedischen Lappland eine professionell arbeitende Theatergruppe, *Dálvadis*. Sie arbeitet sowohl mit Mitteln des Ausdrucks- und Bewegungstheaters als auch mit Musik und besonders mit joiks. Ihre Stücke sind stark geprägt von samischer Geschichte und Mythologie.

Die Musik der Sami

Die samische Musik klingt für mitteleuropäische Ohren sehr ungewohnt und ist mit keiner uns umgebenden Volksmusik vergleichbar. Sie ist pentatonisch, d. h. auf fünf Tönen aufgebaut und nicht für Instrumente vorgesehen. Die einzelnen Lieder, *jojk* oder in südlicheren Gegenden *vuolé* genannt, beschreiben Situationen, Gefühle, Berge, Landschaften, einzelne Menschen, Sagengestalten, eigentlich alles, was einem während des Aufenthaltes im Freien bei der Rentieren oder auf der Jagd oder allein zu Hause begegnen kann. Das Glücksgefühl, ein bestimmtes Tagesziel nach einer angenehmen Wanderung erreicht zu haben und das Nordlicht blitzen oder die Sonne untergehen zu sehen, kann einen neuen *jojk* hervorbringen. *Vuolé*, die Musik der Sami in Arjeplog und südlicher, klingen etwas anders als die nordsamischen *jojks*, sie sind sozusagen ein Dialekt in der Musik. Mit der Überlieferung der samischen Lieder wird auch ihre Entstehungsgeschichte miterzählt, d. h. wer hat wann und warum diesen *jojk* erfunden – eine Methode, um Klarheit über die Geschichte des eigenen Volkes zu erhalten.

Deano-Máiia (traditioneller Personenjojk)
1. Deano-Máiia leai jo, go lole loile lolen, go lole loile lolen, go lole loila lu.
2. Guovdageaínus leai jo, go lole ...
3. Guovdageaínus vulggi, go lole ...
4. Mánggas vulge mannai, go lole ...
5. Ji oktát su gal ožžon, go lole ...
6. Deano-Máiia leai jo, go lole ...
7. Golbma gieldda fávru, go lole ...

Deano-Máiia
1. Sie hieß Tana- Maria, go lole ...
2. Und war von Kautokeino, go lole ...
3. Ging weg von Kautokeino, go lole ...
4. Viele folgten ihr, go lole ...
5. Jedoch keiner bekam sie, go lole ...
6. Sie hieß Tana-Maria, go lole ...
7. Die Schönste von drei Gemeinden, go lole ...

Organisationen

Der erste Same-Verein in Schweden wurde 1904 in Vilhelmina gegründet. Er hatte das Ziel, für eine Verbesserung der Stellung der Sami im öffentlichen Leben zu arbeiten.

1918 wurde auf dem ersten landesweiten Treffen der Sami eine umfassende Organisation ins Leben gerufen, *Lapparnas Centralförbund*. Sie wurde aber nach fünf Jahren wieder aufgelöst, weil es nicht gelang, eine tragfähige gemeinsame Grundlage zu schaffen. Es wurden aber auch weiterhin lokale Same-Vereine gegründet. Eine feste Organisation auf nationaler Ebene wurde 1950 ins Leben gerufen, *Svenska Samernas Riksförbund* (Reichsverband der schwedischen Sami; SSR). In ihm können Same-Vereine und *samebyar* Mitglied werden. Der SSR ist der Verband der rentierzüchtenden Sami.

Unter Mitwirkung des damaligen Bischofs von Norrbotten wurde bereits 1944 ein landesweiter Kulturverein der Sami gegründet, der heute *Riksorganisation Same Ätnam* (Reichsorganisation Sameland; RSÄ) heißt. Die RSÄ ist ursprünglich der Verein der kulturschaffenden Sami, hat sich im Gegenüber zum SSR aber zur Vertretung aller Gruppen nicht-renzüchtender Sami entwickelt.

Seit einigen Jahren existiert noch ein dritter Verband, *Landsförbund Svenska Samer* (Landesverband schwedischer Sami; LSS). Er ist der Versuch, durch eine Neugründung alle Sami unter das Dach einer Organisation zu bringen. Man kann aber den Versuch als gescheitert betrachten.

In der letzten Zeit mehren sich die Anstrengungen der Sami, ein »Sameting« zu schaffen, ein Organ, das in Fragen mitbestimmen kann, die die samische Kultur und die samische Wirtschaft berühren. Im Grunde geht es dabei darum, die rechtliche Position der Sami als Urbevölkerung und Minorität in Schweden zu verbessern. Aus ähnlichen Überlegungen heraus wurde auch der *Nordische Samerat* geschaffen, in dem die samischen Organisationen aus den drei skandinavischen Ländern zusammenarbeiten. Durch diesen Rat sind die Sami auch im *World Council of Indigenous People* (Weltrat der Urbevölkerungen) vertreten.

Konflikte

Das Volk der Sami ist durchaus nicht homogen. Unterschiedliche Voraussetzungen, Positionen und Erwartungen führen zu Spannungen, manchmal auch zu Auseinandersetzungen. Da sind zum einen die Verbände, die die nicht selten entgegengesetzten Interessen von Rentierzüchtern und anderen Sami vertreten. Außerdem gibt es Traditionsunterschiede zwischen zwangsumgesiedelten und alteingesessenen Sami, die zu Spannungen führen können.

Ein grundlegender Konflikt auf einer anderen Ebene ist der Streit um das Recht an Land und Wasser, also um die Frage, ob die Sami Eigentümer des seit Jahrhunderten von ihnen genutzten Landes sind oder die Krone, der schwedische Staat. Nach 15 Jahren Auseinandersetzung endete ein beispielloser Rechtsstreit in dieser Frage 1981 vor dem Obersten Gericht Schwedens mit einem Urteil, das weitgehend zugunsten des Staates ausfiel.

Im Bereich der Rentierzucht entstehen immer dann Konflikte, wenn der wirtschaftliche Erfolg irgendwie bedroht ist. Das kann durch die Forstwirtschaft geschehen, wenn etwa alter, flechtenreicher Wald abgeholzt und so das Winterfutter der Rentiere vernichtet wird. Auseinandersetzungen gibt es auch dann, wenn durch Wasserregulierungen und Kraftwerksbau Weidegebiete unter Wasser gesetzt werden und traditionelle Wohnorte aufgegeben werden müssen. Ständiger Konfliktstoff ist auch die Frage, inwieweit die Bedürfnisse des wachsenden Tourismus mit Straßen- und Anlagenausbau negative Folgen für die Renzucht haben.

Die unter Naturschutz stehenden großen Raubtiere – Vielfraß, Luchs, Bär und Adler – schlagen viele Renkälber. Der Staat zahlt Ersatz. Auseinandersetzungen gibt es um die richtigen Zahlen, da man auf Schätzungen angewiesen ist. Ähnliche Probleme gibt es auch bei den Ersatzzahlungen, die Autoversicherungen und Eisenbahngesellschaft für die im Verkehr getöteten Rentiere zahlen. Im Verhältnis zwischen Sami und Schweden kommt es immer wieder mal zu gegenseitigen Beschuldigungen und sogar zu tätlichen Auseinandersetzungen. Manche Schweden sehen nicht ein, weshalb Renzüchter Schadenersatzzahlungen und Subventionen erhalten und weshalb Sami Sonderrechte haben. Damit sind vor allem die Jagd- und Fischrechte gemeint, die oberhalb der »Anbaugrenze« fast ausschließlich Sami vorbehalten sind, was viel Konfliktstoff enthält.

Tschernobyl-Folgen

Nach dem radioaktiven Niederschlag über Mittelschweden als Folge des Reaktorunfalls in der Sowjetunion sprachen viele Meldungen von einer großen Katastrophe, die die Rentierzucht und damit die gesamte samische Kultur betroffen habe. Tatsächlich mußten als Folge zu hoher Cäsium-137-Werte viele Rentiere vernichtet bzw. auf Pelztierfarmen verfüttert werden. In der Schlachtsaison 1986/87 waren es über 73.000 Tiere, ein Jahr später immer noch über 27.000 Tiere. Der schwedische Staat hat großzügige Ausfallzahlungen geleistet. In den beiden Jahren zusammen waren es ca. 200 Mio. Kronen (rund 59 Mio. DM).

Beim Rentierfleisch wurde eine umfassende Kontrolle auf Radioaktivität vorgenommen. Vielleicht ist es nicht übertrieben, Rentierfleisch als das am besten kontrollierte Lebensmittel in Schweden zu bezeichnen. Das Rentierfleisch zog nach der Reaktorkatastrophe derart die Aufmerksamkeit der Behörden auf sich, daß andere Lebensmittel – wie in der Bundesrepublik etwa die Milch – gar nicht erst in die öffentliche Diskussion kamen. Als ein Jahr später der Grenzwert für Rentierfleisch, Pilze, Wild und einige andere Lebensmittel von 300 auf 1.500 Becquerel/kg heraufgesetzt wurde, geschah dies mit der Begründung, daß der Durchschnittsschwede nur eine geringe Menge dieser Lebensmittel pro Jahr zu sich nehme. Gleichzeitig wurden damit aber auch die Schadenersatzzahlungen des Staates für hochradioaktives Fleisch gesenkt.

Bei den Messungen konnte auch festgestellt werden, daß teilweise Fleisch aus der Zeit vor Tschernobyl den Grenzwert erheblich überschritt. Der Grund dafür liegt in den oberirdischen Atombombenversuchen, die in den 50er und 60er Jahren in der Sowjetunion durchgeführt worden waren: Radioaktive Teilchen aus den entsprechenden Niederschlägen haben sich in hohem Maße in den Flechten eingelagert, die während des Winters die Hauptnahrung der Rentiere bilden. Auch die Folgen von Tschernobyl werden noch lange nachzuweisen sein. Die vorausgesagte Katastrophe für die Rentierwirtschaft ist allerdings ausgeblieben. In Lappland essen die Menschen wie eh und je Rentierfleisch, die Rentierzucht geht weiter – wenn auch in den am meisten betroffenen Gebieten nach wie vor viele der geschlachteten Rentiere nicht in den Handel kommen, weil sie den Grenzwert übersteigen. Der schwedische Staat hat in Zusammenarbeit mit dem Reichsverband der schwedischen Sami über 4 Mio. Kronen (ca. 1,2 Mio. DM) aufgewandt, um eine Werbekampagne zu finanzieren, die unter dem Motto »ren igen« (doppeldeutig: »wieder Ren« und »wieder sauber«) das Rentierfleisch bei Großhändlern und Vertretern der Restaurantbranche wieder salonfähig machen soll.

Karte des Schwedischen Strahlenschutzinstitutes

Dargestellt ist die radioaktive Belastung des Bodens mit Cäsium-137, gemessen vom Flugzeug aus am 19. 9. 1986. Im südlichen Lappland sind einige Renzuchtgebiete stark betroffen, ebenso im nördlichen Jämtland.

Cäsium-137 Bodenbelastung
Kilobecquerel pro Quadratmeter (kBq/m²)

mehr als 70
40–70
10–40
3–10
weniger als 3

Die meisten Sami waren vor dem Tschernobyl-Reaktorunglück positiv gegenüber der Kernkraft eingestellt gewesen, da sie die negativen Folgen des Wasser-
kraft-Ausbaus am eigenen Leib zu spüren bekommen hatten, während die
Kernkraft als saubere und menschenfreundliche Alternative gepriesen wurde.
Nachdem in Tschernobyl passiert war, was nach Aussage der Experten nicht
passieren konnte, hat sich das Meinungsbild radikal verändert.

Sami oder Schwede?

Die Sami leben als ethnische Minorität in den nordischen Staaten. Sie sind
Bürger dieser Staaten, haben von Kindesbeinen an die entsprechende Sprache
gelernt und nutzen alle Möglichkeiten des modernen Wohlfahrtsstaates. Ohne
Zweifel hat in den letzten drei bis vier Jahrzehnten ein Kulturwandel stattge-
funden, der für den einzelnen Sami in manchen Situationen die Frage aufwirft,
wie er seine persönliche Identität definieren soll, ob als Sami oder als Schwede.
Auf der anderen Seite hat gerade dieser Kulturwandel und der damit verbundene Zug zur Assimilation dazu geführt, daß das samische Selbstbewußtsein in
verstärktem Maße erwacht ist. Die Forderungen nach größeren Mitbestim-
mungsmöglichkeiten in allen die Sami betreffenden Angelegenheiten sind lau-
ter geworden. Das Bewußtsein für die eigenen Sprach- und Kulturtraditionen
hat sich vergrößert. Auch zukünftig sind die samische und die schwedische Seite
gefordert, den sachlichen Dialog auszubauen und befriedigende Lösungen zu
finden, die den Sami als schwedischen Bürgern ihre eigene kulturelle Identität
lassen.

Amateurismus – Kulturpolitik im Norden

Fehlender Traditionalismus in den meisten Kunstrichtungen führte in Norrbotten bereits in den 50er Jahren zur Umsetzung einer neuen Kulturpolitik, die
in Südschweden wie in Mitteleuropa erst in den 60er Jahren die Gemüter erhitz-
te. »Setzt Kulturpädagogen in Schulen und Jugendfreizeitheimen ein, dann
habt ihr in ein bis zwei Jahrzehnten ein kulturelles Bewußtsein entwickelt, das
auch die Forderung nach Kunstkultur und eigener Kunst hervorbringt«, war die
Botschaft des damaligen neuen Kulturkonsulenten. Die Entwicklung des Ama-
teurismus in Theater, Schriftstellerei, Malerei, Musik und angrenzenden Kul-
turzweigen wurde politisch gefördert. Die erste Stufe war die Gründung von
eigenen Schulen und Hochschulen für Kulturpädagogen. So entstanden die
Kunstschule in Sunderby, die Musikschule in Framnäs, die Musikhochschule in
Piteå, die Schule für Medienjournalismus in Kalix und die Technische Hoch-
schule in Luleå mit humanistischem Zweig zur Ausbildung von Designern. Ein
Teil der hier ausgebildeten Kulturschaffenden entwickelte sich zur Künstler-
elite Schwedens, ein anderer Teil wurde die Basis der kulturellen Animation des
Landes. Das ursprüngliche Ziel scheint tatsächlich erreicht zu werden.

Lappland, also das norr- und västerbottnische Inland wurde und wird von dieser Entwicklung allerdings nur teilweise und mit Verzögerung erreicht. Als jugendlicher Lappländer auf ein Musikgymnasium gehen zu wollen, heißt immer, einige hundert Kilometer von zu Hause wegzuziehen.

Aus der Amateurtheaterbewegung hervorgegangen sind u. a. das heutige Norrbottens-Theater in Luleå und in etwas kleinerem Maßstab die Theatergruppe, die jeden Sommer auf der Insel Seskarö Stücke aus der Geschichte der einfachen Bevölkerung inszenierten und zeigten. Als Amateure begonnen haben auch verschiedene Musikgruppen, die Unterstützung für das Sammeln von altem Liedgut und dessen Veröffentlichung bekommen konnten. Der *Skrivarförlag* (Schriftstellerverlag) gab unbekannten Schreibern die Möglichkeit, Bücher zu veröffentlichen.

Sprache und Literatur sind wichtige kulturhistorische Faktoren in Nordschweden. Das Bewußtsein der Notwendigkeit, sich durch Sprache verständlich zu machen und Wissen weiterzugeben, ist ein traditionelles Kulturerbe in einem mehrsprachigen Landesteil (Samisch, Finnisch und Schwedisch treffen hier zusammen).

Literatur und Bibliotheken

Aufgrund des Zusammentreffens verschiedener Sprach- und Kulturgruppen und der Missionstätigkeit der Kirche beherrschte schon im 16., 17. und 18. Jh. ein großer Teil der Bewohner Lapplands zwei Sprachen: die Muttersprache (Samisch oder Finnisch) und die verordnete Reichssprache Schwedisch. Die Kirche förderte nachdrücklich die Alphabetisierung ihrer Mitglieder, denn die Abstände zwischen den Dörfern und Ödmarkshöfen waren so groß, daß die Pfarrer das Selbststudium der Bibel zwischen ihren Besuchen anregten. Sicher waren es nur Bibel und Gebetbücher, die als Übungslektüre vorhanden waren, aber mit dem aufkommenden Laestadianismus (s. S. 72f.) begann das Verständnis dessen, was gelesen wurde, zuzunehmen. Laestadius (1800–1861) hatte eigene Vorstellungen, wie die Bibel auszulegen sei und was sie über Armut und Reichtum sagt. Er forderte also seine Anhänger auf, gründlich nachzulesen.

Im 17. und 18. Jh. kamen fremde Reisende und Expeditionen ins Land, und die Einheimischen wurden mit dem Phänomen »wissenschaftliche Neugier« konfrontiert. Da gab es also tatsächlich Leute, die viele Monate Reiseweg entfernt wohnten und wissen wollten, wie die Menschen hier oben im Norden lebten. Interviews und Aufzeichnungen ihrer ganz normalen Lebensumstände wurden als Bücher gedruckt. Das Selbstwertgefühl und das Nachdenken über Kultur und Identität nahmen zu.

Mit der Industrialisierung um die Wende zum 20. Jh. kamen Arbeiter nach Norden, die Orte wurden größer. Wie überall in Europa nahm die Politisierung der Arbeiterschaft zu, Partei, Gewerkschaft, Arbeiter-, Abstinenz- und Erwekkungsbewegungen versuchten ihre Vorstellungen und Ziele zu verbreiten und Hintergrundinformationen zu beschaffen. Kleine Betriebs- und Vereinsbibliotheken wurden gegründet, Lesekreise eingerichtet. Das Buch war dabei die Kunstform, mit der die meisten Leute zuerst in Kontakt kamen. Als am Anfang diese Jahrhunderts die Bibliotheken von den Gemeinden übernommen wurden, konnten sie sich auf eine Lesetradition in der Bevölkerung stützen, an deren

Entstehung besonders die Arbeiter- und Abstinenzbewegung beteiligt gewesen waren. Bis heute nimmt die Arbeiterliteratur einen wichtigen Platz in der schriftstellerischen Produktion Lapplands ein. Einen anderen großen Teil bilden historische Schilderungen, die die Entwicklung dieses Landesteils oft im Gegenüber zum »Rest der Welt« darstellen. Eine neuere Tendenz bilden Naturbeschreibungen mit fast religiösen Zügen. Paradiesische Vorstellungen, eingebettet in Naturerlebnisse, stellen die trotz Industrie und Umweltzerstörung immer noch vorhandene spezielle Verbundenheit der Menschen in Lappland mit ihrer Natur dar. Mit dem ansteigenden samischen Selbstbewußtsein seit den 60er Jahren gab es eine ganze Reihe Sami, die auf schwedisch veröffentlichten. Dieser Boom dauerte etwa zehn Jahre an. Danach erschienen samische Bücher hauptsächlich in Norwegen und fast nur noch auf samisch.

Von den bekanntesten norr- und västerbottnischen Schriftstellern sind u. a. folgende Titel in deutscher Übersetzung erschienen: *Eyvind Johnson* (Literaturnobelpreisträger): »Hier hast du dein Leben« (1951), »Zeit der Unruhe« (1960); *Sara Lidman* (sehr kritische und politisch aktive Schriftstellerin): »Im Land der gelben Brombeeren« (1959), »Das Teertal« (1967); *Björn Erik Höijer* (stammt aus Malmberget und hat u. a. über das Leben in der Grubenstadt geschrieben): »Die Lawine« (1964); *Ann-Madeleine Gelotte* (hat ihre Wurzeln in der Gemeinde Arjeplog und schildert sehr anschaulich in einem Bilderbuch das Leben der Siedler um die Jahrhundertwende): »Ida Maria aus Lappland« (1981); *Bernhard Nordh* (sehr populärer Schriftsteller, dessen Romane alle in den südlappländischen Fjällen spielen, der aber oft schwülstig und in Anklängen rassistisch schreibt): »Schatten über Marshalde« (1947), »Die Liebenden von Gulbrandstal« (1954); *Lars Andersson* (einer der wichtigsten schwedischen Gegenwartsschriftsteller, der sich während seiner Assistenzarztzeit in Jokkmokk bei einem Hausbesuch in der Einöde zu diesem Krimi hat inspirieren lassen): »Schneelicht« (1981).

Museen

Die Entstehung von Museen in Väster- und Norrbotten ist stets auf die Initiative von Einzelpersonen oder Heimatvereinen zurückzuführen. Für ganz Schweden typisch sind die *hembygdsområden*, Ansammlungen von alten Häusern, Katen, Schuppen, Ställen, manchmal ganzen Höfen im landschaftstypischen Baustil. Nicht selten werden dort auch Gebrauchsgegenstände, Möbel und Werkzeuge gesammelt. Für Touristen ist besonders angenehm, daß die meisten dieser kleinen Freilichtmuseen in der Sommersaison Kaffee und Kuchen verkaufen. Auf diese Weise vergrößern die Heimatvereine ihr ansonsten schmales Budget, um Sammlung und Forschung weitertreiben zu können. Einige Vereine haben, angefangen mit einfacher Ahnenforschung, ganze Geschichtsbücher über ihren Ort oder ihre Region herausgegeben. Västerbottens län verwahrt diese Ergebnisse zusammen mit Material über alte Betriebe in einem Volksbewegungsarchiv, das den Museen in *Skellefteå* und *Umeå* angeschlossen ist. Das Landesmuseum in Umeå ist darüber hinaus durch seine museumspädagogische Entwicklung bekannt geworden. Hier wurden neue Wege gesucht, Ausstellungsgegenstände zu präsentieren. Das Landesmuseum in *Luleå* hat sich auf die Darstellung der landschaftstypischen Berufe im Laufe der Geschichte spezialisiert. Auch hier gibt es ein Volksbewegungsarchiv.

Im Sommer 1989 wurde in *Jokkmokk* das *Ájtte* – Schwedisches Fjäll- und Samemuseum – eingeweiht. Es ist ein Spezialmuseum für Natur und Kultur des gesamten schwedischen Fjällgebietes und Zentralmuseum für die samische Kultur in Schweden, außerdem dient es als Informationszentrum für Fjälltourismus. Das »Ájtte« befindet sich noch im Aufbau. Es ist »ökologisch« ausgerichtet, d. h. das Zusammenspiel von Mensch und Natur soll im Mittelpunkt stehen. Neben einer Basisausstellung über naturgeographische Fakten der lappländischen Bergwelt, über die samische Kultur und über das Leben der Siedler werden unterschiedliche Wanderausstellungen gezeigt. Aktivitäten außerhalb des Museums sollen Interessierten die Möglichkeit geben, ihre Erkenntnisse in der Wirklichkeit zu überprüfen. Im Laufe der Zeit wird sich herausstellen, ob dieses anspruchsvolle Konzept gelingen kann. In der ersten Saison des neuen Museums übertraf der Besucherstrom jedenfalls alle Erwartungen.

Ein besonders wertvolles Ergebnis einer privaten Sammelinitiative wird in *Arjeplog* gezeigt: der Arzt Einar Wahlquist hat in den Jahren seines Dienstes in Lappland eine der wertvollsten Sammlungen von Silberschmuck und -gegenständen angelegt. Das Silbermuseum in Arjeplog ist in dem Haus der ehemaligen Nomadenschule untergebracht und zeigt u. a. eine sehr umfassende Sammlung samischen Trachtenschmucks.

Musik

Es gibt mittlerweile zahlreiche Bestandsaufnahmen und Sammlungen schwedischer Volksmusik. Während der nationalromantischen Periode in der zweiten Hälfte des 19. Jh. wurde das Volkstum an den Universitäten Südschwedens populär. Die Lieder und Melodien der armen Bevölkerung wurden selektiert und herausgeputzt und häufig nach kunstmusikalischen Regeln für größere Orchester und Chöre arrangiert. Das, was einmal Volksmusik gewesen war, wurde nun eine zurechtgeschliffene, exotische Musik für die Besitzenden. Als man im 19. und zu Beginn des 20. Jh. Volksmusik sammelte und aufzeichnete, kam eine große Sammlung in Buchform heraus: »Svenska Låtar«, ein Werk mit Weisen von Skåne bis Ångermanland. Nordschweden wurde vergessen, ob bewußt oder unbewußt.

Die Volksmusik Nordschwedens hat zum Teil eine vom übrigen Land verschiedene Entwicklung durchlaufen. Vor allem norrbottnische Musik wurde stark von Finnland und Rußland, den östlichen Nachbarn beeinflußt. Beispiele dafür sind die *Kväden* und die *Vindeliska*. Kväden sind Wechselgesänge zwischen Einzelnen und einer Gruppe, die es außer in Nordskandinavien noch in Finnland und auf den Färöern gibt. Wahrscheinlich sind sie durch Seefahrer verbreitet worden. Vindeliska ist ein Tanz aus dem Kalixtal, der genauso als Czárdas in Ungarn vorkommt. Er wanderte über Estland und Finnland ein. Die Immigration von Kareliern und russischen Kaufleuten im 17. Jh. vor allem ins Tornedal hat sowohl die Musik als auch Sprache und Gebräuche sehr stark beeinflußt. Nach der schwedischen Grenzziehung ist bis heute eine altertümliche Sprache und Kultur im finnischsprachigen Teil Nordschwedens erhalten geblieben. Die Abtrennung von der eigenen Kultur führte zu einer stärkeren Bewahrung, weniger zu einer Weiterentwicklung.

Nach dem Entstehen des Laestadianismus (s. S. 72f.) in der ersten Hälfte des 19. Jh. waren Musik und Tanz seinen Anhängern als Ausschweifung verboten. Die Tanzmusik verschwand in den betroffenen Gebieten fast völlig, während Gesang und sogar mittelalterliche Lieder bewahrt wurden.

Im übrigen Norrland gab es als Verbreiter von Musik die sogenannten Schillingsdrucke. Sie waren, ähnlich wie unsere Moritatengesänge, Lieder über eine Begebenheit oder ein Ereignis, die gedruckt und von fahrenden Händlern und Musikanten verkauft wurden. Mit den Wanderarbeitern, den *rallarna*, gewann auch die Tanzmusik wieder an Bedeutung. War ein Instrument, eine Zieharmonika oder eine Geige vorhanden, war es gut, ansonsten begnügte man sich mit der eigenen Stimme, um in Stimmung zu kommen. Das Repertoire reichte von *rallar*-Liedern über erzählende oder historische Lieder, Scherz-, Liebes- und Wiegenlieder bis zu Arbeitsliedern und Arbeiter- und Kampfliedern. Alles das gehörte zur Volksmusik, auch wenn diese im Rahmen von Glättungen in Gruppen eingeteilt wurde, die von »gammeldans« (Volkstanz) bis »Propagandasong« reichen.

Heute gibt es Musikguppen, die die alten traditionsreichen Melodien wieder aufnehmen und mit neuer Instrumentierung oder aktuellen Texten weiterentwickeln und verändern. Genannt seien hier stellvertretend drei Gruppen, die wir besonders schätzen: Die Gruppe *Norrlåtar* hat sich besonders in der Musikforschung und -pädagogik hervorgetan. Sie macht mit einer gelungenen Mischung aus modernen elektronischen und traditionellen akustischen Instrumenten neue Arrangements zu alter Musik und kann einen fetzigen Schottis schon mal so richtig losrocken lassen. *J. P. Nyström's* ist eine Gruppe, die nur mit traditionellen Instrumenten spielt und als bisherigen Höhepunkt ihrer Laufbahn die Zusammenarbeit mit dem Stockholmer Cullberg-Ballett zu verzeichnen hat. Für das Ballettarrangement »På Norrbotten« haben J. F. Nyström's die Musik geschrieben. *Euskefeurat* kommt aus dem Piteälv-Tal an der Grenze zwischen Norr- und Västerbotten. Die Musiker dieser Gruppe versuchen, in ihren lokalpatriotisch angehauchten Liedern dem Lebensgefühl eines echten Norrlännings Ausdruck zu geben. Sie singen traurige Lieder von den Waldarbeiterwitwen, deren Männer nach der Arbeit mit Pflanzenvernichtungsmitteln an Krebs gestorben sind, genauso wie bissige Lieder von den norrländischen Männern, die, statt sich um Freundinnen oder Familie zu kümmern, nur ihre Skooter hätscheln sowie lustige Lieder von den pfiffigen Leuten in ihrer Gegend, die alle Larsson heißen und dem (tatsächlich vorhandenen) Optimismuskonsulenten der Landesregierung in Luleå einen echten norrbottnischen Pessimismuskonsulenten entgegensetzen – ganz ihrem dunklen und kargen Dasein entsprechend.

Die Musik der Sami nimmt hier eine Sonderstellung ein (siehe auch S. 76).

Straßenverbindungen in Skandinavien (Übersicht)

Tourismus und Reisen in Lappland

In Werbebroschüren für Lappland tauchen immer wieder schlagwortartige Beschreibungen auf: Die Landschaft wird als »unverbraucht«, als »grenzenlos weit« und als »letzte Wildnis Europas« bezeichnet; das schwedische Fjäll erhält in Anlehnung an den großen Bruder Himalaja den Titel »Dach Europas«; die Mitternachtssonne lockt ins »Land der hellen Nächte«; Flora und Fauna befinden sich »im Urzustand«; und Lappland ist »exotisch« als »Land der Lappen und Rentiere«. Die Urlaubsreisen in diese Gegend sind »Erlebnisurlaub«, bedeuten »Herausforderung« und »Abenteuer«, können auch ganz schnell zur »Expedition« werden, mit allen Möglichkeiten »bis zum echten Überlebenstraining«. Der Reisende braucht »Pioniergeist« und erlebt »Wildnisromantik«.

Viele der früheren Reisenden, die aus Abenteuerlust oder in dienstlichem Auftrag in Lappland waren, hatten sicher Motivationen, die in eine ähnliche Richtung gingen: Neugier auf das Unbekannte, Forscherinteresse an Natur und Menschen, staatliche und kirchliche Prüfung der strategischen Verhältnisse im hohen Norden.

Schriftsteller und Abenteurer, Diplomaten, politische und religiöse Missionare, Wissenschaftler und Künstler, sie alle trugen zu dem »exotischen« Bild von Lappland bei, das in der übrigen Welt vorherrschend war. Gleichzeitig wurde aber auch durch die »exotischen« Reisenden die Isolation der Ortsbevölkerung durchbrochen, und unterschiedliche Kulturen kollidierten, nicht zuletzt auch deshalb, weil sich die fremden Reisenden den Einheimischen überlegen fühlten und sie entweder als primitiv und unzivilisiert oder romantisierend als Naturmenschen einstuften.

Einer der ersten großen Reisenden im Norden war 1518/19 der päpstliche Gesandte *Olaus Magnus*. Die Reisebeschreibungen fanden später Eingang in seine »Geschichte des nordischen Volkes« (1555). Außerdem gab er 1539 eine europäische Landkarte heraus, die ein ziemlich genaues Bild der tatsächlichen geographischen Verhältnisse wiedergab. Im 16. und 17. Jh. besuchten auch einige schwedische Könige Lappland.

Die lange Reihe der ausländischen Touristen führt der französische Dramatiker *Jean François Regnard* an, der 1681 mit zwei Freunden eine Reise von Torneå bis zum Torneträsk machte. Weitere Franzosen folgten, so zum Beispiel *Aubery de la Montraye*, der in den Tälern des Lule- und Torneflusses reiste. Seine Aufzeichnungen erschienen 1724. Er beschäftigte sich viel mit der samischen Mythologie und dem religiösem Leben: »Ich fragte sie, welchen Glauben sie hätten. – Den der Schweden, antwortete der eine. Aber, sagte ich, glaubt ihr, daß der der beste ist? – Muß er ja wohl sein, denn die Schweden, Norweger und Russen haben den gleichen [....]. Ich fragte sie, ob ihre Pfarrer ihnen nicht erklärt hätten, was es mit dieser Religion auf sich habe [...]. – Doch, wir gehen im Winter in die Kirche, lassen unsere Kinder taufen, gehen zum Abendmahl und bezahlen dem Pfarrer die Abgaben, die diese Religion von uns verlangt [...], außerdem bezahlen wir für Begräbnisse, wenn einer in der Nähe der Kirche stirbt. – Ich fragte, wie sie mit denen verfahren, die fernab vom Kirchenort sterben. – Wir begraben sie selbst, ohne Pfarrer, und da bezahlen wir natürlich auch keine Abgabe.« Ein französisch-schwedisches Unternehmen war 1736 die Gradmessungsexpedition. Deren Daten halfen zu beweisen, daß die Erde nicht völlig rund, sondern an den Polen abgeflacht ist. Wissenschaftlichen Charakter hatte auch die Reise *Carl von Linnés*, der von Luleå aus im Luleälv-Tal und über das Gebirge bis zur norwegischen Küste reiste. Seine Reisebeschreibung ist auch in deutscher Sprache erschienen (s. S. 197). Um die Wende zum 19. Jh. bereisten einige Franzosen – unter ihnen auch der französische Thronfolger *Ludwig Philip von Orléans* unter dem Decknamen Müller – und der Italiener *Acerbi* Lappland. Im Gefolge der englischen Gesellschaften, die die lappländischen Bodenschätze ausbeuten wollten, kamen im 19. Jh. auch einige Engländer hierher. Alle Reisenden hatten gemeinsam, daß sie vermögend waren und so nicht nur über genügend Zeit verfügten, die langen und beschwerlichen Reisen durchzustehen, sondern auch vor Ort alle benötigten Träger, Führer, Saumpferde und andere Ausrüstung mieten bzw. beschaffen konnten.

In den 80er Jahren hat auch die Zahl der Lappland-Touristen ständig zugenommen. Eine besonders große Steigerung war 1985 zu spüren, nachdem der »Nordkalottenweg« von Kiruna nach Narvik fertiggestellt worden war. Unter den nichtskandinavischen Touristen nehmen die Deutschen im Zahlenvergleich einen vorderen Rang ein.

Lapporten am Nordkalottenweg

Lappland bietet den Reisenden Wald und Gebirge, Flüsse und Seen. Das Land lädt zu Wander- und Paddeltouren, zu Autoexkursionen und Fahrradunternehmungen ein. Für alle möglichen Gruppen von Reisenden sind in den letzten Jahren Service-Einrichtungen gebaut worden, von luxuriösen Konferenzanlagen bis zu Campingplätzen und Hüttendörfern mit einfachem Standard. Lappland hält für viele unterschiedliche Interessen ein touristisches Angebot bereit: Durchreisende auf dem Weg zum Nordkap können verweilen und vielleicht an einen historischen Ort der Geschichte dieses Gebietes gelangen; Angelfreunde finden hier Ruhe und Abgeschiedenheit an einem fischreichen Gewässer; Fjällwanderer treffen auf beeindruckende Natur, und mitteleuropäische Großstadtmenschen können hier das Abenteuer einer Stromschnellenfahrt oder einer Goldwaschexkursion erleben. Fast nebenbei bietet Lappland auch noch Einblicke in mehrere Kulturen: samische, finnische und schwedische Kultur weisen jeweils eine besondere Prägung und eine spezielle Mischung auf. Für Autofahrer gibt es eigens eingerichtete Touristenwege, die ihm eine Vielzahl von Sehenswürdigkeiten bequem erschließen. Den Nicht-Autofahrern bieten Eisenbahn-, Bus- und Flugverkehr während der Sommersaison gute Verbindungen und eine Reihe von Spezialarrangements.

Haupttreisesaison ist nach wie vor der Sommer, von etwa Mitte Juni bis Mitte August. Nur wenige ausländische Touristen haben bisher den Zauber des lappländischen Schnee-Frühlings entdeckt, der mit seinen langen Tagen zur Benutzung anderer Fortbewegunsmittel, wie Skiern, Hundeschlitten und Schneeskootern, lockt. Wer außerhalb der Haupttreisezeit nach Lappland kommen kann, hat außerdem die Möglichkeit, die hier lebenden Menschen in ihrem Alltag zu treffen. Dabei erleichtert es den Kontakt natürlich, wenn man die Landessprache ein wenig kennt.

Alle, die diese Landschaft besuchen, sollten sich Zeit lassen, sollten sich einstellen auf das weniger hektische Leben in den nördlichen Breiten. Das gilt besonders auch für die Menschen, die die Vorzüge sogenannter Nebensaisonzeiten nutzen, denn dann muß man sich genau wie die Einheimischen auf eingeschränkten Service, wie verminderten Bus- und Bahnverkehr und kürzere Öffnungszeiten, einstellen. Bestimmte Ferienanlagen sind ab Anfang September geschlossen. Dann beginnt die Elchjagd ...

Der Touristenverein (STF)

Gegen Ende des 19. Jh. wuchs das allgemeine touristische Interesse an Lappland. Das lag nicht nur an den Schilderungen der berühmten Reisenden, sondern vor allem an der voranschreitenden Erschließung der Region im Zusammenhang mit den lappländischen Erzvorkommen. Die Erzbahn war 1888 von Luleå nach Gällivare, 1903 bis nach Narvik fertig. So wurden Voraussetzungen geschaffen, die den Fjälltourismus anwachsen ließen. Außerdem wurde in Schweden zu dieser Zeit auch das Interesse am eigenen Land und seiner Natur größer, wobei das lappländische Fjäll von besonderer Bedeutung war.

Diese Entwicklung führte 1885 zur Gründung des *Schwedischen Touristenvereins (STF)*. Seine Arbeit bestand zum einen darin, auf verschiedene Weise den Reisenden ihre Unternehmungen zu erleichtern, und zum anderen, größere Kenntnisse über das Lapplandsfjäll zu verbreiten. Touristische Einrichtungen wurden zuerst im Gebiet des Stora Sjöfallet (Großer Seefall) ausgebaut, wo der STF bereits 1890 eine Hütte errichtete und Ruderboote an den verschiedenen zu passierenden Seen bereitstellte. Als 1911 die Inlandsbahn von Gällivare aus den Großen Luleälv erreichte und der STF daraufhin einen Motorbootsverkehr einrichtete, wurde das Reisen in dieser Gegend abermals wesentlich erleichtert.

Die Eisenbahnen spielten bei der touristischen Erschließung des Lapplandsfjälls eine große Rolle. Neben Stora Sjöfallet war Abisko der zweite Ausgangspunkt für den Weg in die Fjällwelt. Zwischen 1902 und 1920 errichtete der STF mehrere Hütten und Torfkoten im Gebiet Abisko/Kebnekaise. In den 20er Jahren begann auch der Ausbau und die Bezeichnung des berühmten *Kungsleden* (Königspfad), der in den 40er Jahren bereits eine Länge von 383 km zwischen Abisko und Jäkkvik in der Gemeinde Arjeplog erreichte. Heute endet er nach 470 km in Hemavan in der Gemeinde Storuman. Der STF vergrößerte auch ständig die Übernachtungskapazität. Ende der 30er Jahre hatte er etwa 10.000 Übernachtungen pro Jahr in allen seinen Anlagen, 1950 etwa 25.000 und Mitte der 70er Jahre etwa 50.000. Danach nahm die Zahl wieder etwas ab, weil immer mehr Leute im eigenen Zelt schliefen.

Heute hat der STF rund 300.000 Mitglieder. Der Jahresbeitrag beträgt 175 Kronen (1990) und bietet dem Mitglied neben einem Jahrbuch und sechs Nummern der Touristenzeitschrift (auf schwedisch) Rabatt bei Übernachtungen in STF-Anlagen und bei Fahrten mit den STF-Booten. Den gleichen Rabatt bekommen auch Mitglieder des Deutschen Jugendherbergsverbandes.

Schon immer war die Zugänglichkeit des Fjälls der Hauptmaßstab für den Tourismus. In den letzten 30 Jahren sind Straßen in die Fjällwelt hineingebaut worden, die es den Touristen ermöglichen, mit dem Bus oder eigenem Wagen leicht dorthin zu gelangen. Wasserflugzeuge und Helikopter sind weitere mögliche Verkehrsmittel. Die Kehrseite dieser Erschließung, die oft mit dem Ausbau der Wasserkraft oder der Ausdehnung der Waldwirtschaft zusammenhängt, ist eine gewisse Beeinträchtigung der Attraktivität des lappländischen Fjälls.

Essen und Trinken

Viele Autotouristen haben bei ihrer Einreise nach Schweden den Kofferraum voller Konserven und Dauerwurst. Das ist zum einen verboten (Fleischwaren dürfen nicht eingeführt werden) und nimmt zum anderen die Möglichkeit, landestypische Gerichte kennenzulernen. Allerdings sind die Preise für Lebensmittel trotz staatlich vorgeschriebener Preisstopps fast immer höher als in der Bundesrepublik. Die Mehrwertsteuer beträgt in Schweden 25 % (in der BRD für Lebensmittel 7 %).

Denjenigen, die nicht selbst kochen und einmal richtige landestypische Delikatessen kosten möchten, seien die Restaurants in Dorotea, Åsele und Borgafjäll empfohlen, deren Chefköche sich zusammengetan haben, um immer wieder neue Köstlichkeiten zu entdecken. Ein Menüvorschlag: Fladenbrot gefüllt mit Maränenrogen, Elchgeschnetzeltes mit Preiselbeeren und Mandelkartoffeln und als Dessert Multebeerensorbet. Lecker! Im übrigen bieten fast alle Hotelrestaurants in der Sommersaison zwischen 11 und 14 Uhr ein Tagesgericht *(dagens rätt)* für 45–60 Kronen an. Es besteht in der Regel aus einer Salatvorspeise, einem einfachen Hauptgericht, manchmal Nachtisch und Kaffee.

Kaffee ist ein Nationalgetränk. Schwarz, gekocht (nicht gefiltert) und mit viel Zucker wird er zu jeder Tages- und Nachtzeit getrunken. »Kaffe med bröd« ist Kaffee und verschiedene kleine Kuchen, »kaffe med påtår« bedeutet, daß man einmal Kaffee bezahlt und sich dann nachnimmt, soviel man will. »Kaffe-ost« ist eine weitere nordische Spezialität. Sogenannter Kaffeekäse, ein ungesalzener, etwas zäher »Käse« aus Kuh- oder echt aus Ziegenmilch wird in kleine Stückchen geschnitten und in süßen schwarzen Kaffee gelegt. Nach und nach fischt man dann die Stückchen heraus und schlürft den Kaffee dazu. Alkoholische Getränke außer *lättöl* (Leichtbier) gibt es nur in Restaurants mit besonderer Genehmigung *(alla rättigheter)* und in den staatlichen Verkaufsstellen *systembolaget.*

Typisch lappländische Gerichte gibt es natürlich viele und in jedem Flußtal dafür ein anderes Rezept. Drei überall anerkannte Mahlzeiten sind: *suovas, palt* und *surströmming.*

Suovas ist samisch und heißt Geräuchertes, es ist also gesalzenes und kaltgeräuchertes Fleisch vom Rentier (oder Elch), das man in dünne Scheiben schneidet und kurz brät oder über dem Feuer grillt. Im Frühling wird *suovas* ins Freie gehängt und wird so zu Trockenfleisch – eine empfehlenswerte Wandernahrung.

Palt ist ein mehr oder weniger harter Kloß aus rohen und gekochten Kartoffeln, Mehl und Haferflocken, gefüllt mit Speck oder anderem Fleisch. Dazu ißt man Butter und Preiselbeerkompott und trinkt viel Milch. Eine besonders interessante Variante ist der »Blutkloß« *blodpalt*, der mit süßer Sirupsoße gegessen wird.

Viel diskutiert, heiß geliebt und zutiefst verabscheut wird *surströmming*, gesalzener und gegorener Ostseehering. Er wird in Büchsen verkauft, die manchmal aussehen, als würden sie jeden Augenblick platzen, so stark kann die Gärgasentwicklung sein. Es empfiehlt sich auf jeden Fall, die Büchse im Freien zu öffnen und den Inhalt abzuspülen, denn der Geruch kann ziemlich widerlich erscheinen. Der Geschmack ist allerdings eine Probe wert. Mit viel *tunnbröd,* gekochten Kartoffeln, Zwiebeln und Schnittlauch schmeckt *surströmming* eben wie salziger, säuerlicher Hering.

Für Mitteleuropäer vielleicht eher begehrenswert sind der frische Lachs und seine Verwandten Forelle und Saibling, die jeder selbst hier fangen kann. Im vorigen Jahrhundert haben die Mägde und Knechte eines Gasthauses im Piteälvtal dafür gestreikt, daß sie einmal in der Woche bitteschön etwas anderes essen möchten als immer diesen Lachs ...

Brot wird zu jeder Mahlzeit gegessen. Die Auswahl reicht von Knäckebrot über hartes oder weiches *tunnbröd* (Dünnbrot) bis zu weichem Fladenbrot, bei den Sami auch *glödkaka* genannt, weil es auf einem heißen Stein in der Glut *(glöd)* gebacken wird. Sauerteigbrot oder große Laibe gibt es erst wieder in Richtung finnische Grenze. Aus altem Brot wird ein typisches Waldarbeiteressen hergestellt: *kissela* heißt es in Nordlappland, *finka* in Südlappland und irgendwo dazwischen nennt man es *blöta*, Eingeweichtes.

Aus einem lappländischen Kochbuch haben wir folgendes Rezept: Man hängt reichlich benutztes Schuhheu oder feuchte, ungewaschene Stiefelsocken vor einen offenen Kamin, läßt das Feuer runterbrennen und öffnet das Fenster einen Spalt für den richtig guten Zug. Nebenan hat man ein paar Pferde untergestellt, das ist wichtig für die Atmosphäre. Ein paar Stöckchen auf das Feuer, die Kaminklappe zu und die Petroleumlampe an, das würzt den intensiven Geruch. Jetzt zieht man sich ein altes, feuchtes Hemd an, kniet sich vor das rauchende Feuer und zerläßt Speck in einer Pfanne, bröckelt trockenes Roggenbrot rein

Stilleben mit frischem Saibling

und läßt es kurz mitbraten. Zum Schluß wird Wasser, Brühe oder Milch aufgegossen und gekocht, bis alles schön weich ist. Am besten fischt man das Essen jetzt mit einem Messer direkt aus der Pfanne, stochert sich danach in den Zähnen, rülpst ausführlich, schmeißt sich auf den Boden und schläft laut schnarchend ein. Wer dann völlig steifgefroren und zerschlagen aufwacht, hat *kissela* echt genossen!
Nicht vergessen, die Pferde wieder rauszulassen!

Provianttips für Wanderer, Paddler und Radfahrer
Am leichtesten ist die Frage des Proviants wahrscheinlich für Radfahrer zu lösen; sie haben ein Gefährt, mit dem sie fast jeden Tag einen Laden erreichen können. Eine Notration oder etwas mehr mitzunehmen empfiehlt sich ebenso wie für Wanderer. Paddler erreichen bei Mehrtagestouren vielleicht nicht täglich Einkaufsmöglichkeiten, aber dafür müssen sie nicht so sehr aufs Gewicht achten, obwohl sich auch hier nicht Büchsen für zehn Tage und mehr empfehlen. Eine genaue Erkundigung über die Orte an der geplanten Paddelstrecke ist vor Fahrtantritt auf jeden Fall nötig. Nicht immer ist das, was in der Karte als Ort verzeichnet ist, mehr als ein Platz im Gelände mit einigen vielleicht nur noch als Ferienhäuser genutzten Höfen. Für alle gilt: Wasser muß man nicht mitschleppen, eine Tütensuppe ist also einer Büchsensuppe vorzuziehen.
Besonders Wanderer brauchen sehr viel Phantasie, um ihre Ferien nicht zu einem Gaumenfiasko werden zu lassen. Die angebotene Trockennahrung, nur mit Wasser aufzufüllen – fertig, gilt nicht allen Menschen als akzeptables Essen. Dazu ist sie sehr teuer. Wer aber weder auf Geld noch auf empfindliche Geschmacksnerven Rücksicht nehmen muß, für den ist ein in den Nahrungsbestandteilen vollwertiges gefriergetrocknetes Gericht eine leichte und sehr einfache Möglichkeit.
Allen anderen raten wir, entweder Lieblingsgemüse selbst zu trocknen oder sich aus fertig gekauften Trockengemüsen Eintöpfe, Ratatouilles oder Beilagen selbst zusammenzustellen. Wer es suppig liebt, kann z. B. eine Tütensuppe als Grundlage nehmen und mit getrockneten oder gerösteten Zwiebeln, getrockneten Tomaten und zum Andicken etwas Kartoffelbrei-Pulver auffüllen. Ein bißchen Oregano und Knoblauchpulver und ein Lieblingsgewürz runden die Sache dann ab. Empfehlenswert ist es, schon mittags das Trockengemüse oder Trockenfleisch in einem fest verschließbaren kleinen Plastikbehälter einzuweichen, wenn man es abends essen will. Die Kochzeit verringert sich dann erheblich – weniger Spiritus muß mit.
Puffer, Küchlein o. ä. aus einer Mehl-Milchpulver-Eipulvermischung, wahlweise mit Zucker oder Marmelade oder mit einer eingebackenen Scheibe Salami, sind ausgesprochen lecker und werden nach einigen Versuchen auch gelingen. Wer kein Risiko eingehen will, sollte es zu Hause ausprobieren.
Ein Problem auf mehrtägigen Sommertouren ist das Brot. Normales Scheibenbrot oder Laibe zerbröseln nach spätestens zwei Tagen oder schimmeln nach drei. Etwas haltbarer ist das Fladenbrot, das man überall kaufen kann. Echtes Expeditionsbrot ist natürlich Knäckebrot, es schimmelt nicht und ist leicht. Aber wer wird davon schon satt? Wir haben herausgefunden, daß es für Touren, die länger als 4–5 Tage dauern, am besten ist, Mehl mitzunehmen (schon zu

Hause in Portionen abgefüllt und mit Salz und etwas Backpulver vermischt) und alle zwei Tage Brot in kleinen Fladen in der Pfanne zu backen. Für's Kauen und den Geschmack und für den Notfall haben wir außerdem eine Packung Knäckebrot für 8–10 Tage dabei.

Müsli, Milchpulver, Kakaopulver (mit Milchpulver), harte Wurst oder Schinken, Käse, süßer Aufstrich, salziger Aufstrich, Nudeln (»snabbmakaroner« müssen nur drei Minuten kochen), Kartoffelbreipulver, getrocknete Klöße (Kartoffel-, Leber-, Grieß-, Quarkklöße), Grieß, schnellkochender Reis (macht aber nicht sehr satt), Tütensuppen, Tütensoßen, getrocknetes Gemüse jeder Art (außer Hülsenfrüchte, die zu lange Kochzeit haben), Brühwürfel, Getreidegrützen, Butter, Mehl, Brot und Gewürze können bei einiger Erfahrung in abwechslungsreiche und, den Umständen entsprechend, schmackhafte Gerichte verwandelt werden. Die eigenen Ansprüche und Erfahrungen sind dabei entscheidend. Als Notration und für zwischendurch empfehlen wir Nüsse (evtl. gesalzen), Kekse, getrocknete Früchte, Fruchtschnitten und ein bißchen Schokolade (Gefahr, daß sie schmilzt). Brausepulver für ein saures Getränk, Tee und Kaffee dürfen natürlich auch je nach Geschmack nicht fehlen.

Im allgemeinen wird das Gewicht für Proviant mit einem Kilo pro Tag und Person angegeben. Für acht Tage wären das also acht Kilo pro Person. Da darf dann aber schon etwas mehr Salami oder Schokolade mit. Hüttenwanderer haben es da besser: Auf allen großen Wanderwegen kann man ungefähr alle 2–4 Tage einkaufen, allerdings in den Gebirgshütten nur in der Zeit, wenn ein Hüttenwart dort ist und nur Lebensmittel, die haltbar sind. Im Winter wird alles mit Schneeskootern dorthin transportiert. Gegen Ende der Saison kann das Angebot schlechter sein, aber niemand wird verhungern.

Souvenirs – Souvenirs ...

In den letzten zwei Jahrzehnten hat in Lappland die Handwerksproduktion – besonders die samische – eine entscheidende Entwicklung durchgemacht. Einstmals als praktische Gebrauchsgegenstände für das Leben im Freien hergestellt, werden viele Produkte jetzt als reine Sammlerstücke geplant und ausgeführt. Diese Wandlung hat zwei Ursachen: eine ist der zunehmende Tourismus auch aus außereuropäischen Ländern, was eine gesteigerte Absatzmöglichkeit für landestypische Produkte bedeutet, aber auch ein stärkeres Interesse an der künstlerischen Entwicklung zur Folge hat. Der andere Grund ist die notwendige Ausdehnung des Arbeitsmarktes auf die ureigensten Ressourcen. Bei einer ständig steigenden Zahl von Fabrikstillegungen und Industrieumsiedlungen und entsprechender Zunahme von Arbeitslosen in Nordschweden ist die Entwicklung des Handwerks oftmals die einzige Möglichkeit, dennoch weiterhin in den Heimatorten wohnen zu können. Vor allem Frauen bilden in solchen Fällen Kooperativen, über die sie ihre Produkte verkaufen, welche die typischen Formen, Farben, Materialien und Muster ihrer Gegend präsentieren. Echte samische Handarbeit hat sich eine eigene Schutzmarke gegeben: *Sámi Duodji*. Handwerk mit dieser Marke ist garantiert von Sami aus Naturprodukten entsprechend der samischen Tradition als Einzelstück hergestellt. Holz, Horn, Fell, Leder, Wolle und Wurzeln sind die Grundmaterialien. Für alle Handwerksprodukte (auch nicht-samische) gilt, daß sie mit dem Namenszeichen des Her-

Samisches Kunsthandwerk

stellers oder der Herstellerin versehen sind bzw. die Schutzmarke der Sami oder anderer Handwerkskooperativen und -vereine tragen.
Einige typische Produkte sollen hier kurz in ihrer Tradition beschrieben werden.

Holz
Manchmal gelingt es einem werdenden Ast nicht, durch die Rinde des Baumstammes hindurchzustoßen und sich auszubreiten. Dann rollt er sich statt dessen ein und wächst als runder Ball aus dem Stamm heraus. Aus diesem Holzknubbel wird das berühmte samische Trinkgefäß, *kåsa*, geschnitzt. Es ist praktisch unverwüstlich. Wenn das Holz bei der Herstellung genügend getrocknet war, kann es nicht zerspringen, da die Holzfasern keine geraden Linien bilden, sondern das Gefäß den natürlichen Rundungen folgt. Aus größeren Knubbeln werden andere Gefäße, Deckel für kleine Transportkisten oder – seltener – die traditionelle Schamanentrommel hergestellt.

Leder
Leder und Fell vom Rentier gehören zu den samischen Trachten. Beliebte Souvenirs sind darüber hinaus auch Taschen, Rucksäcke und die vielfältigen kleinen Beutel, die, wenn sie »echt« sind, mit Sehnenfäden genäht werden.
Für ein Land, in dem mindestens sechs Monate pro Jahr Schnee liegt, waren die lappländischen Schnabelschuhe seit alters her besonders praktisch. Mit der

94

hochgezogenen Spitze konnte man leicht in die einfache Skibindung – eine Lederschlaufe – schlüpfen. Noch heute werden moderne Arbeitsschuhe aus Zellgummi in ähnlicher Form gearbeitet, denn in ihnen haben auch die Zehen genügend Platz und Schutz. Die besonders warme Version der Schnabelstiefel sind die samischen Fellstiefel aus den Beinfellen der Rentiere. Früher wurden sie mit weichgekämmtem Moorgras gefüllt, was großartig isolierte, heute benutzen die meisten Leute aus praktischen Gründen gewalkte Socken.

Aus Rinderleder wird die schwedische Version der Schnabelstiefel auch heute noch hergestellt. Eine einzige Gerberei in Schweden (in der Nähe von Piteå) gerbt dazu das Leder noch auf natürliche Art und Weise, d. h. nicht mit Chemikalien, sondern mit Rinde. Zwei alte Schuhmacher arbeiten für diese Gerberei, um die Schnabelstiefel *(näbbskor)* auf alte Art und Weise mit der Hand und mit Pechfaden und Schweineborste zu nähen. Hier gibt es keinen linken und rechten Schuh, und man hat immer das Gefühl, die Schuhe sitzen am falschen Fuß. Wer aber einmal echte *näbbskor* getragen hat, der wird alle klobigen Wanderstiefel gerne gegen diese superleichten Allround-Schuhe vertauschen. Selbstverständlich gibt es hier auch die etwas zivilisiertere Form mit vorgeweichtem Leder und rechtem und linkem Schuh, aber wer weiß schon, wo das ist? Ziegenleder wird noch gerne vor allem als Arbeitskleidung zu Hosen und Handschuhen verarbeitet. Lederhosen sind in Lappland – genau wie einstmals Jeans in den USA – nur Arbeitskleidung.

Textilarbeiten

Über die halbhohen Schnabelstiefel zieht man Hosen und bindet die Hosenbeine auf dem Stiefelschaft mit Schuhbändern fest, so daß kein Schnee oder Wasser in die Schuhe kommen kann. Schuhbänder werden traditionell in unterschiedlichen Mustern und Farben für Frauen und Männer sowie auch abweichend von Ort zu Ort oder von Tal zu Tal aus Wolle gewebt. Farbe und Muster der Schuhwie auch der Gürtelbänder gehören zur Tracht und waren bei den Sami immer abwechslungsreicher und aufwendiger als bei den Siedlern. Gewebt wurde mit einem Webkamm, der leicht zu handhaben und zu transportieren ist. Wegen stärkerer Elastizität wurden Schuh- und Strumpfbänder oft auch geflochten. Schuhbänder werden auch heute noch vor allem im Winter viel getragen.

Die Weberei war oftmals für die Siedlerfrauen eine wichtige Einnahmequelle. Wer einen Webstuhl hatte, konnte in der Regel den Winter auch mit einer größeren Anzahl Kinder überstehen. Vor allem Stoffe und Decken aus Wolle wurden von den Sami gerne im Tausch gegen Felle oder Fleisch erworben. Hatte man gar eigene Schafe oder Ziegen, konnte Wolle gesponnen und verstrickt werden. Diese Techniken sind natürlich nicht typisch lappländisch, nach und nach haben sich aber verschiedene Muster und Kleidungsdetails als Ergebnis der Begegnung mehrerer Kulturgruppen ergeben. Der außerordentlich praktische und vielseitig verwendete Lodenstoff (nicht grün!) wurde anfangs hauptsächlich aus England importiert.

Silber und Zinn

Zur Verzierung von Loden und Leder werden Zinnfäden hergestellt und Kleidungsstücke, Gürtel, Arm- und Halsbänder, aber auch Taschen und Beutel damit bestickt. Zinn bedeutete Glück und wurde deshalb gerne zum Schmuck von Kleidungsstücken und Gebrauchsgegenständen benutzt. Die Herstellung von Gefäßen aus Zinn oder Silber war keine ursprünglich samische Tradition. Sie kam von der norwegischen Küste, wo Handelsleute Gefäße nach Vorbildern aus anderen europäischen Ländern herstellen ließen.

Horn

Rentier- und Elchhorn ist ein sehr hartes Material und eignet sich gut als Werkzeug, Messergriffe und -scheiden, Webkämme, Ahlen, Nadeln, aber auch Gürtelschnallen und Löffel. Eine typische samische Tradition sind die geschnitzten und dann eingefärbten Verzierungen auf Horngegenständen, an deren Formen und Elementen man die Herkunft des Handwerkers ablesen kann. Das wahrscheinlich beliebteste Souvenir aus Lappland ist ein Messer mit Hornscheide. Wenn man die Absicht hat, ein solches zu erwerben, muß man sich leider in der Regel entscheiden, ob man ein Kunstwerk oder einen Gebrauchsgegenstand kaufen will. Die am phantasievollsten geschnitzten und edel geformten Messerscheiden enthalten dazu passend oft auch ästhetische schmale Messer, deren Griffe aber selten einem reellen Handgriff entsprechen und deren Klingen meist nicht gehärtet sind, also schnell stumpf werden. Dafür darf man aber sicher sein, ein Kunstwerk zu besitzen, dessen Wert im Laufe der Jahre steigt. Will man ein Messer gebrauchen, muß es gut in der Hand liegen, fest in der Scheide stecken, eine praktische Größe und eine handgeschmiedete oder gehärtete Klinge haben. Es darf dann auch ruhig von einem ganz normalen Lappländer hergestellt sein und viel weniger kosten.

Wurzelflechterei (rotslöjd)

Zu einer bestimmten Zeit im Frühling, wenn der Saft anfängt, in die Birken zu steigen, werden mit einem Grabestock die weitverzweigten, langen dünnen Wurzeln aus der Erde gezogen, gereinigt, sortiert und dann zu wundervollen Körben, Flaschen, Dosen und Schmuckstücken verflochten. Aus alter Tradition berühmt sind die Körbe, die zur Käseverarbeitung benutzt wurden und deren verschiedenartige Muster sich auf dem Käse abdrückten. Ebenso selten und wertvoll sind die kleinen Salzflaschen aus geflochtenen Wurzeln. Das grobe Salz bildet mit der Zeit eine Glasur innen in der Flasche, so daß es völlig trocken und luftdicht verwahrt werden konnte.

Rindenverarbeitung (näveslöjd)

Rindenverarbeitung gibt es in Schweden überall dort, wo viele Birken wachsen. Eine Rindenschicht des Baumes wird abgeschält, in Streifen geschnitten und zu den unterschiedlichsten Behältern, Dosen, Taschen, Körben, Rucksäcken, Lampenschirmen und sogar Pantoffeln verarbeitet. Dieses billige und erstaunlich haltbare Material verträgt Feuchtigkeit, Kälte und Wärme und ist vielseitig verwendbar.

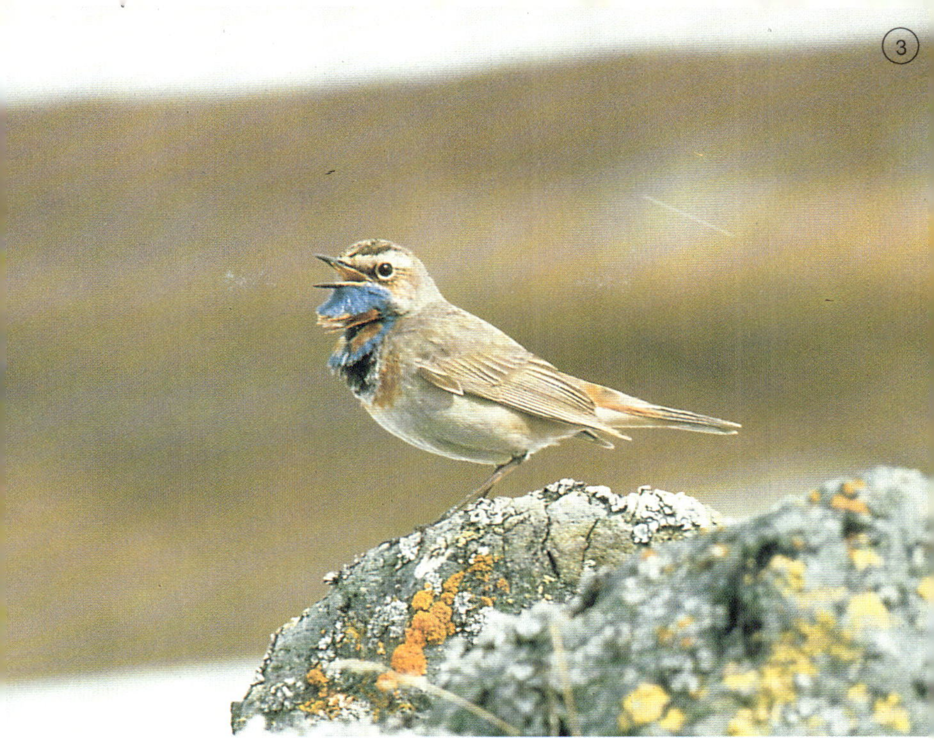
3

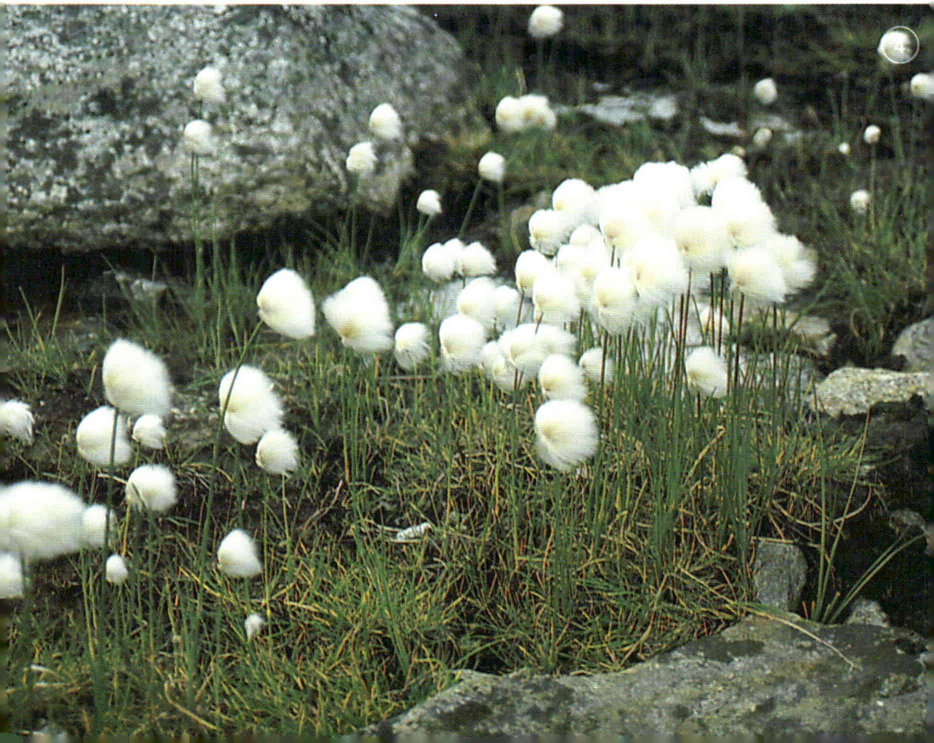
4

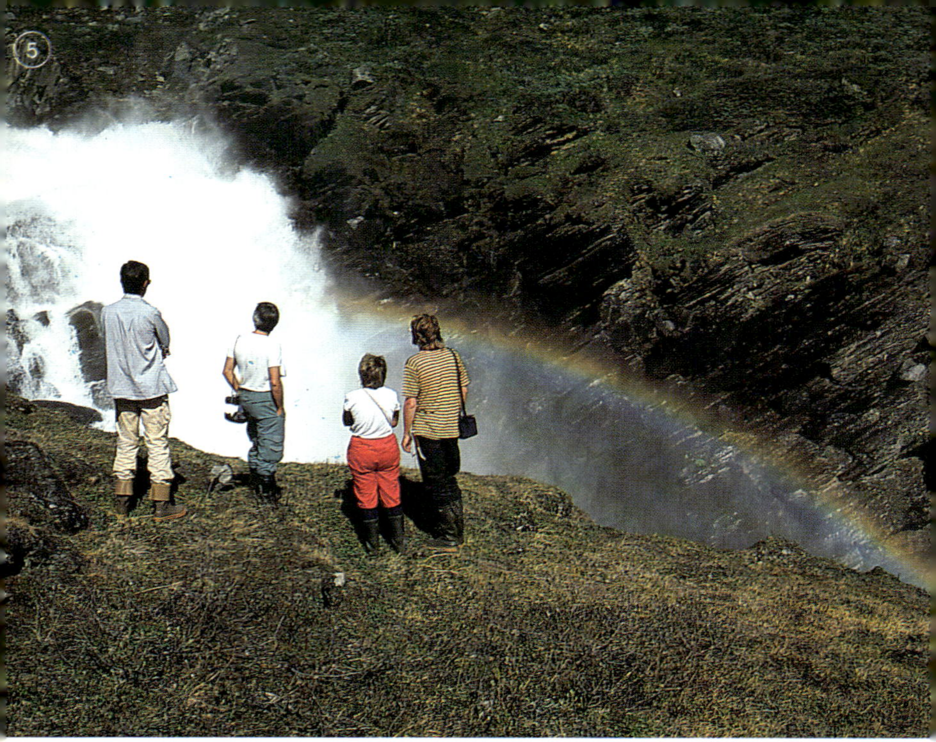
5

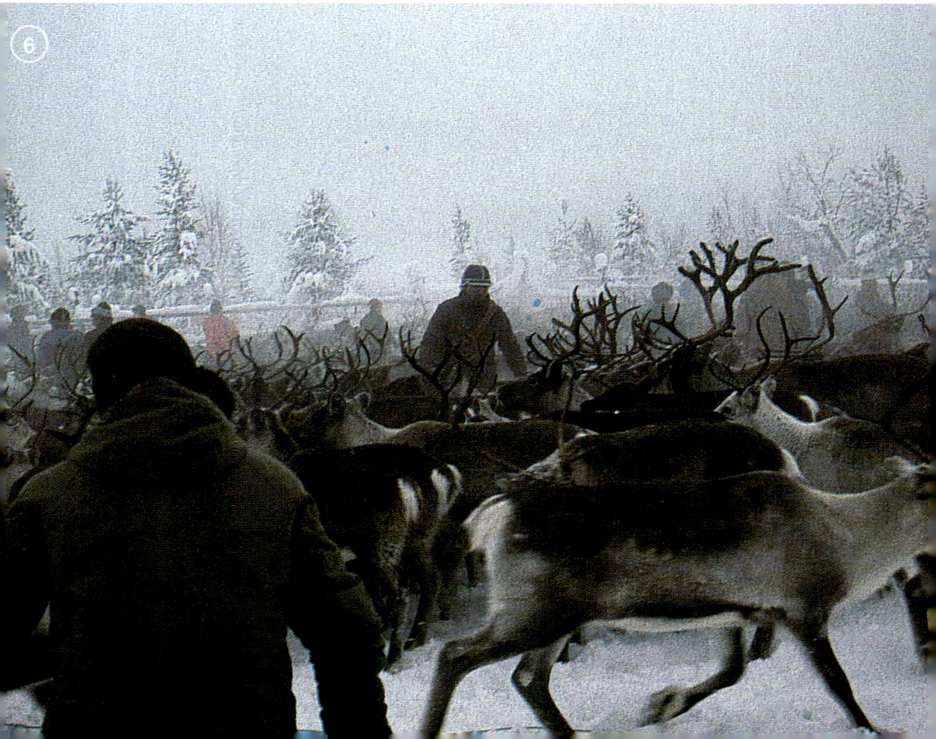
6

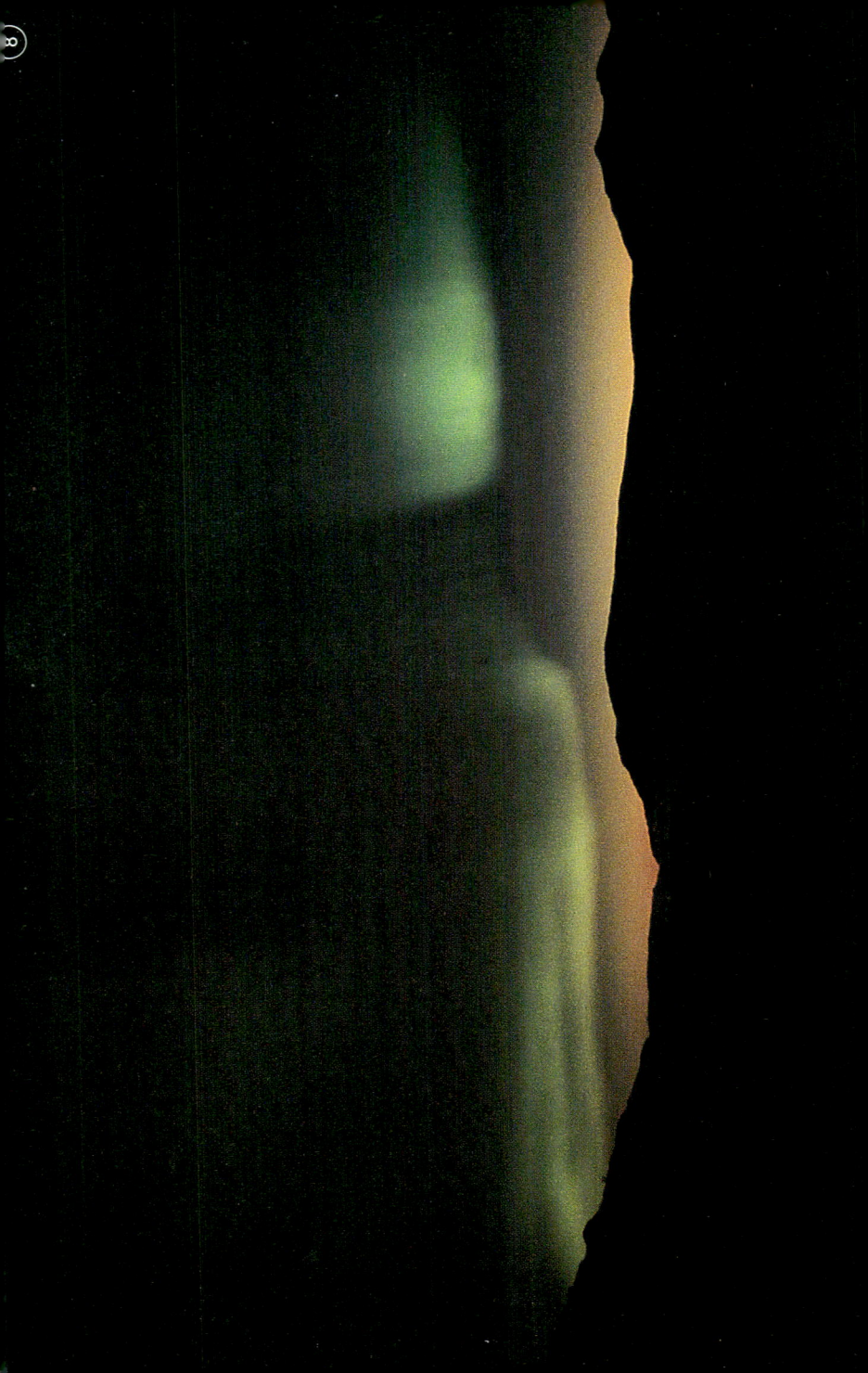

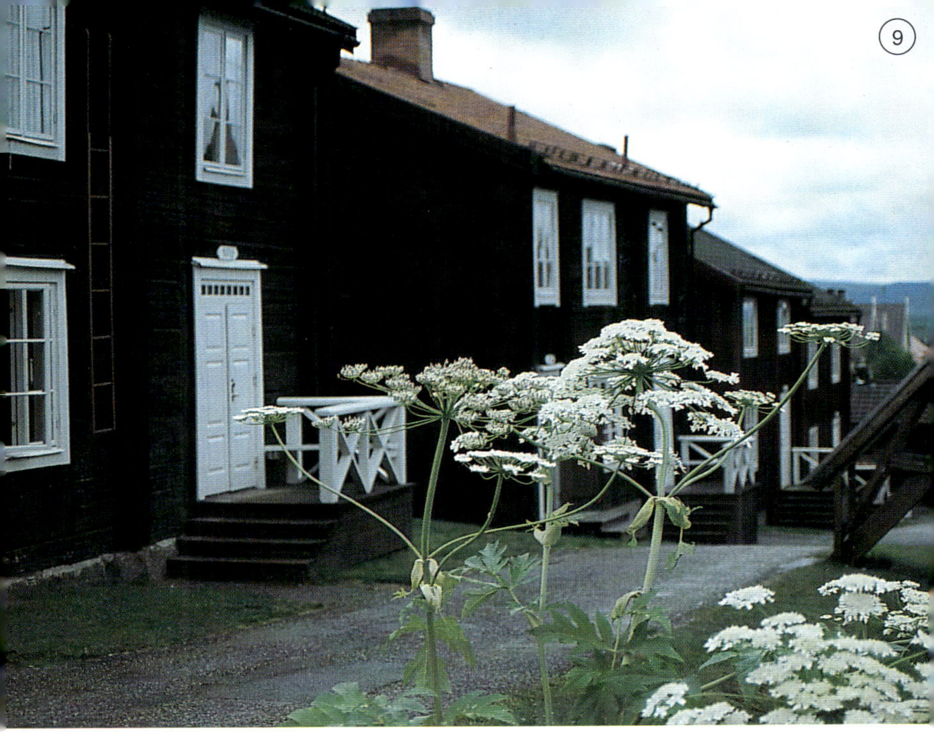
9

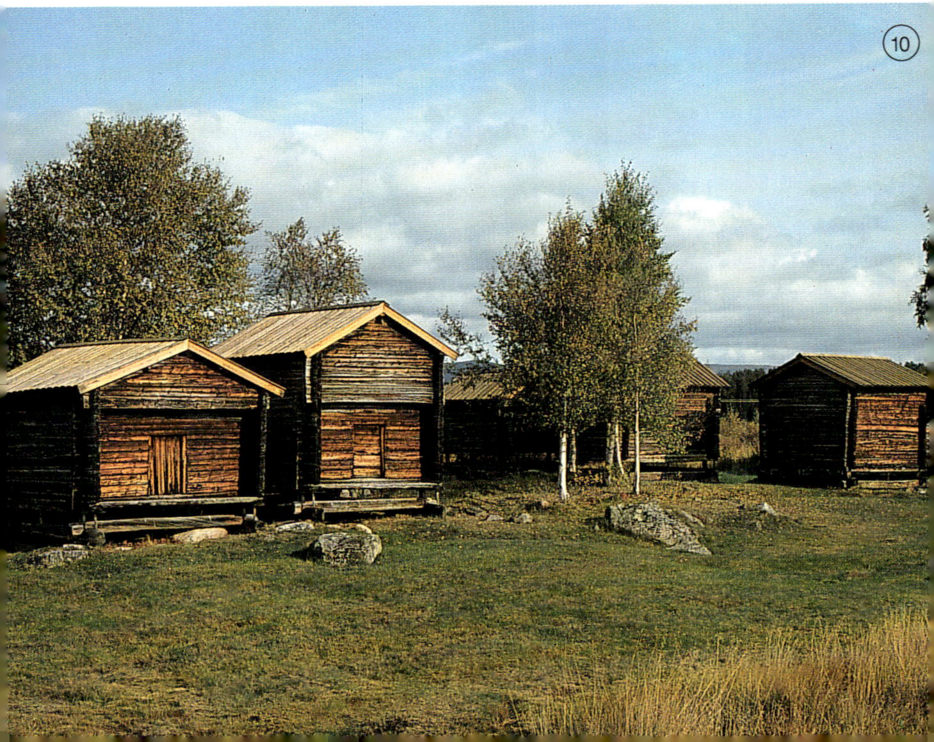
10

13

14

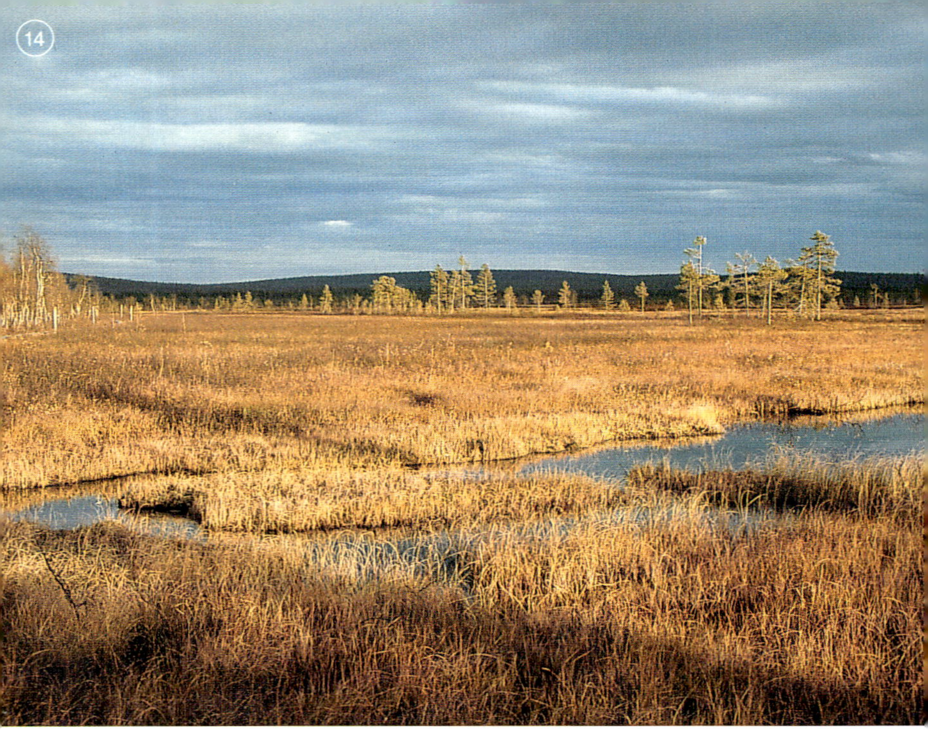

15

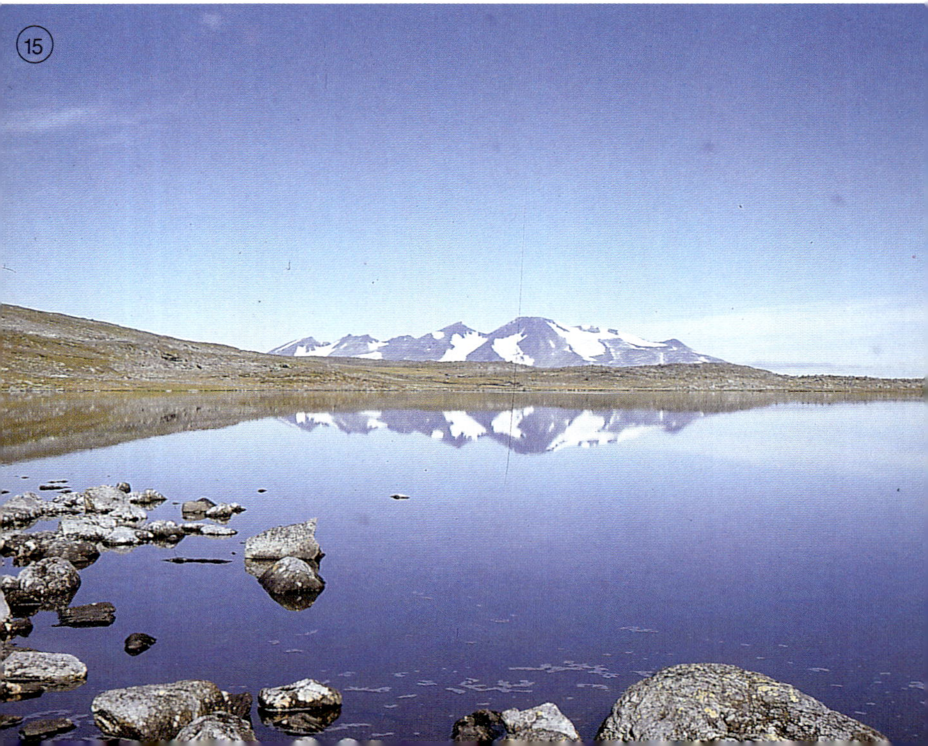

16

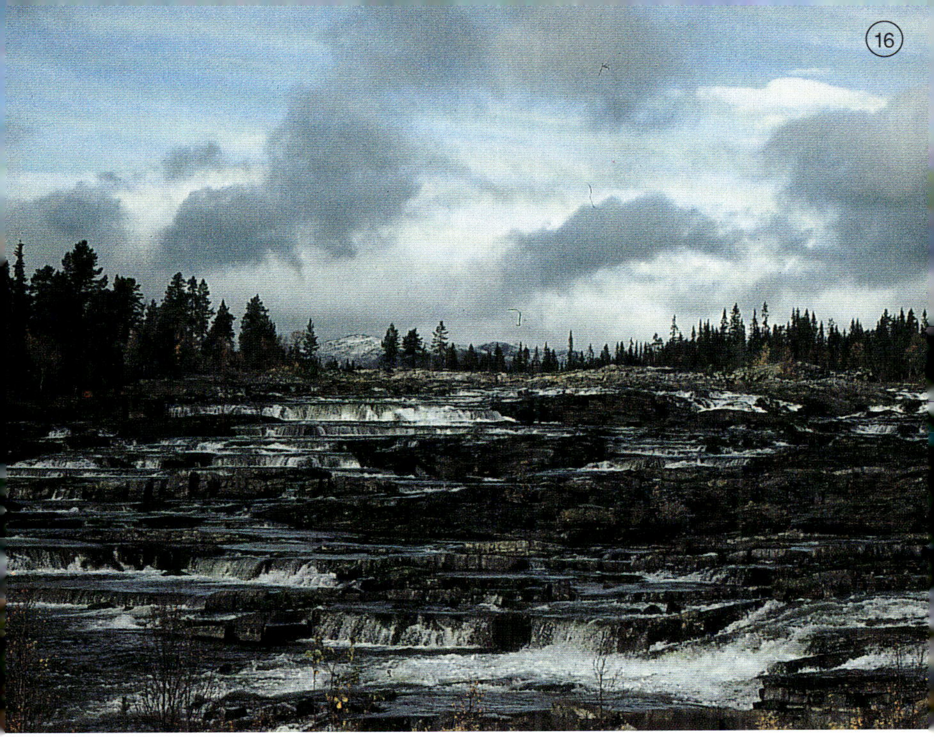

17

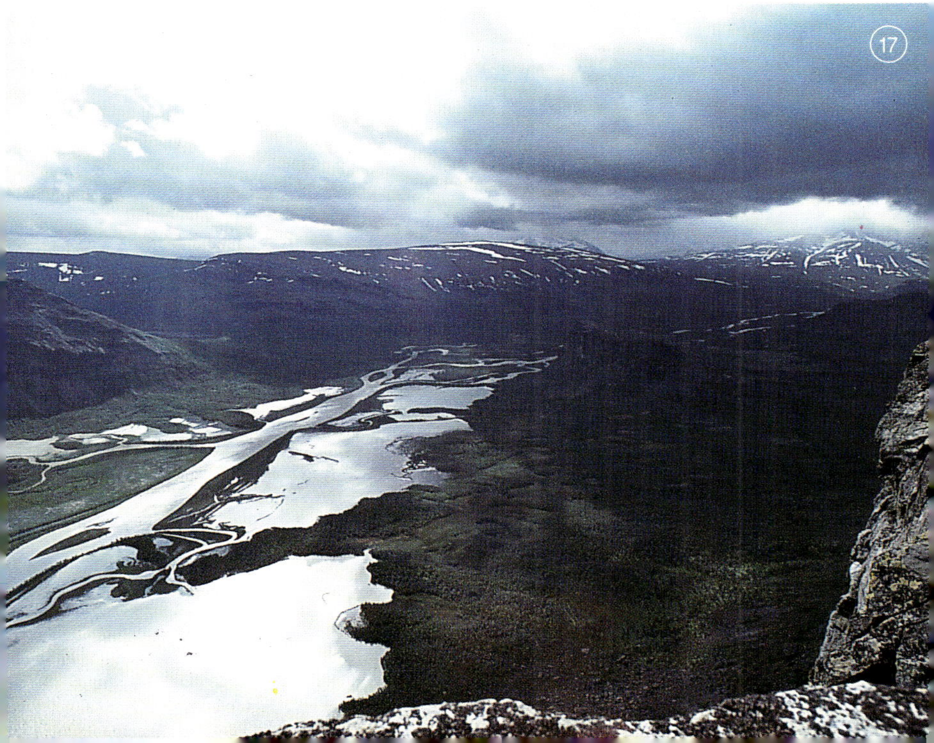

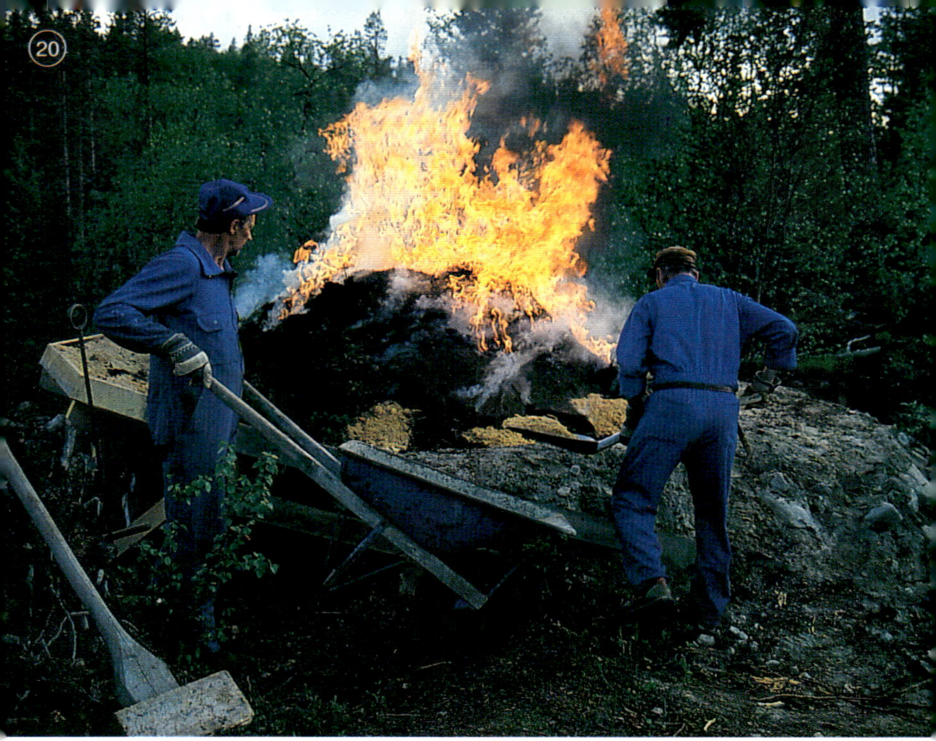

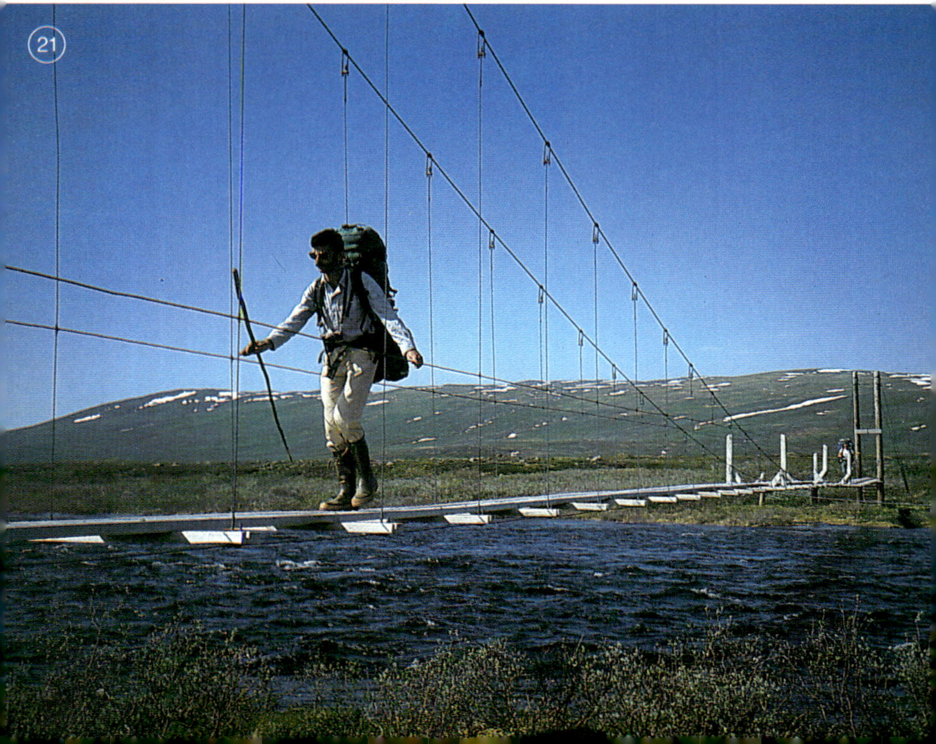

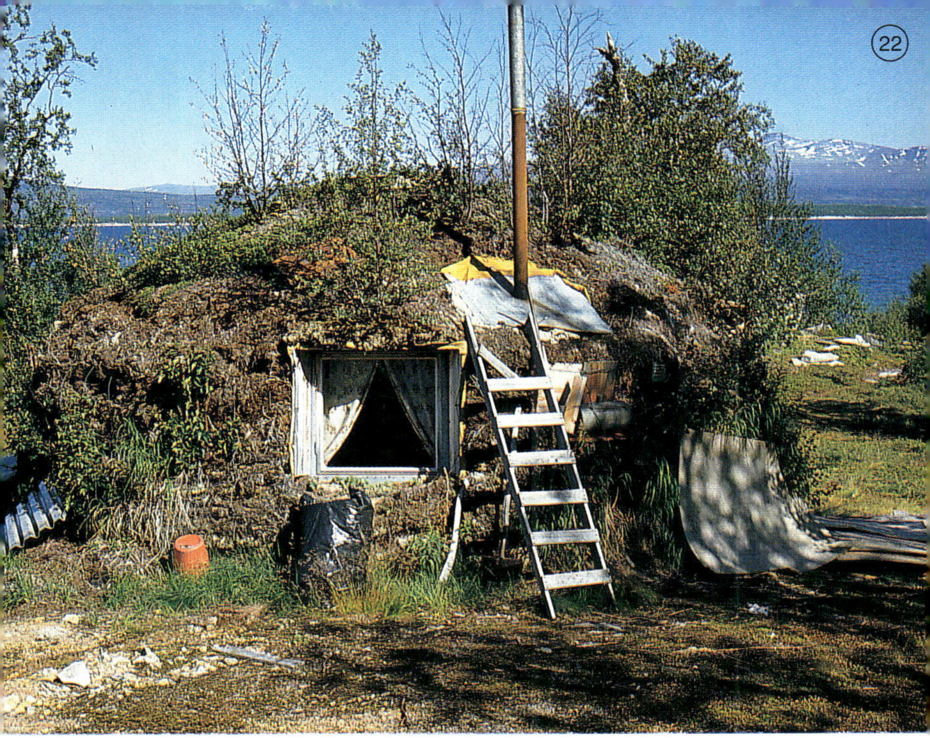

22

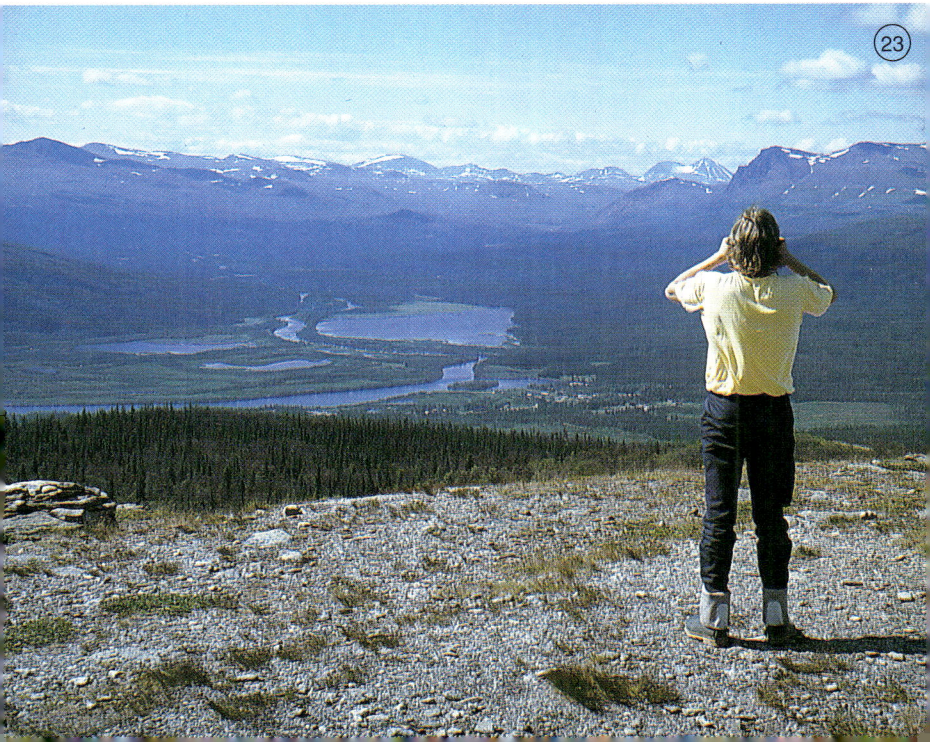

23

24

Bildunterschriften zum Farbteil

Lappland für Unternehmungslustige

Diejenigen Skandinavien-Reisenden, die sich so weit in den Norden wagen, daß sie Lappland erreichen, teilen sich weitgehend in zwei Gruppen. Die eine bilden die Gerne-viel-und-weit-Fahrer, die sich zu Hause in ihr Auto setzen und dann berauscht von den leeren Straßen, den weiten Entfernungen und den verstreuten Siedlungen, bis zum Ende ihres Urlaubs nicht mehr aufhören zu fahren und dennoch eine erlebnisreiche Zeit verbringen. Die andere Gruppe besteht aus Menschen, die den Weg nach Norden so schnell wie möglich zurücklegen, um dann so lange wie möglich in den Bergen zu wandern oder Ski zu laufen, zu paddeln, radzufahren oder in den Flüssen und Seen zu angeln.

Für alle Aktivitäten ist es wichtig, sich klarzumachen, daß Lappland ein sehr weitläufiges und dünnbesiedeltes Gebiet ist. Das bedeutet, daß man sich vorher Informationen über Verkehrswege, öffentliche Verkehrsmittel, Hilfseinrichtungen, Nottelefone, Proviantverkauf, Bootsverkehr, Wasserstand, Wetterprognosen (Winter und Frühjahr), Lawinengefahr, Eissicherheit auf Seen und Flüssen und besondere Vorschriften (z. B. in Nationalparks) für das geplante Feriengebiet verschaffen muß. Von der Bundesrepublik aus ist dies ohne ausreichende Schwedischkenntnisse meist nicht möglich, deshalb ist es wichtig, ein bis zwei Tage zur Vorbereitung vor Ort einzuplanen, bevor man sich in weg- und telefonlose Gebiete begibt. Aktuelle und jahreszeitlich bedingte Informationen kann auch dieses Buch nicht liefern.

Die Sommersaison in Lappland dauert etwa von Mittsommer an zwei Monate, d. h. ungefähr vom 20. Juni bis 20. August mit jährlichen Schwankungen entsprechend dem Ende der Schulferien. In dieser Zeit gibt es verstärkten Bus-, Zug- und Bootsverkehr besonders zu Ausgangspunkten für Wanderungen in den Bergen. Genaue Auskünfte darüber können die jeweiligen Touristenbüros geben. Nach dieser Zeit muß man mit eingeschränkten oder ganz eingestellten Verkehrsmöglichkeiten rechnen. Die Wandersaison kann je nach Wetter, Beginn des Schneefalls und Kälteempfindlichkeit der Einzelnen zumindest in den tiefergelegenen Gebieten noch bis etwa Mitte Oktober ausgedehnt werden. Die besondere lappländische Herbstfärbung ist am intensivsten in der ersten Septemberhälfte.

Die Wintersaison mit offenen Skiliften und präparierten Loipen beginnt bei einigen Anlagen Ende Oktober, ansonsten je nach Lage Mitte Februar bis Mitte März und endet entsprechend Ende April bis Ende Mai. *Riksgränsen*, ein besonders schneereicher Ort, wirbt damit, daß Unentwegte dort noch zu Mittsommer die Pisten runtersausen und anschließend im Torneträsk baden können. Naja, wenn's denn sein muß …

Wandern

Die besonderen klimatischen Bedingungen in den Bergen Lapplands haben schon manchen erfahrenen Wanderer in Erstaunen versetzt. Vergleichbar mit den Verhältnissen in hochalpinen Regionen kann hier das Wetter von Stunde zu

Stunde umschlagen. Es kommen aber auch tage- oder wochenlange Regen genauso wie Schönwetterperioden vor. Normalerweise sollte man für die Hälfte der Wanderzeit mit Regen rechnen. Im August und Anfang September wird die Wetterlage meist stabiler, und es können herbstliche Sonnentage mit Temperaturen um 20 Grad vorkommen, auch wenn der Juli vielleicht nie über 15 Grad geschafft hat. Grundsätzlich gilt, daß im Sommer mit allem, mit viel Regen, mit brennender Sonne, mit Sturm, mit Schneefall, mit warmen Nächten und mit Nachtfrost zu rechnen ist. Das stellt natürlich besondere Ansprüche an die Ausrüstung und erfordert eine sorgfältige Wahl der Kleidung.

In den Bergen, im Fjäll, kann man nicht vor Ende Juni mit einer Wanderung beginnen, eher noch später. Die Schneeschmelze etwa Mitte Juni läßt jeden kleinen Bach anschwellen und über die Ufer treten, die Moore werden zu riesigen Schwämmen, die eingelaufenen Pfade werden zu Wassergräben. Erst im Juli gehen die Wasserstände zurück – vorausgesetzt, es gibt keinen starken Regen. Dann nämlich können sie schnell um das Doppelte ansteigen und zu einer Pause zwingen, bis sie wieder genauso schnell sinken. Einfacher ist das Wandern im Waldland. Der Schnee schmilzt hier früher, und der Wald kann mehr Feuchtigkeit aufnehmen. Hier lauert allerdings ein anderer Schrecken: Mücken!

Mücken

Sobald man im Sommer einen Fuß ins Unterholz setzt, schwärmen die lieben Tierchen im Angriff von allen Seiten. Das einzige wirklich wirksame Mückenmittel ist: Ignoranz. Wer das nervlich nicht durchhält, sollte sich eines der einheimischen Teerprodukte kaufen. Allein daran riechen hilft schon, der Mückenplage weniger Beachtung zu schenken. Aber sogar die Gegner zeigen einen gewissen Respekt. Ein kleiner Tip: Ein Stirnband mit einem möglichst intensiv riechenden (d. h. widerlich stinkenden) Mittel tränken. Das hilft zumindest am Kopf.

Mücken reagieren auf Körperwärme und -ausdünstung, sie schwärmen also am stärksten, wenn ein richtig schöner, ruhiger, warmer Sommertag das Rucksacktragen zu einer schweißtreibenden Angelegenheit werden läßt. Ein kleiner hysterischer Anfall wird hin und wieder nicht ausbleiben. Da sich normale Mückenmittel mit dem Schweiß von der Haut lösen, empfehlen Einheimische eine Mischung aus einem Teil »Beckolja« und zwei Teilen »Djungelolja«, die beide überall zu kaufen sind. Wer allerdings einmal einen Angriff von Kriebelmücken oder Gnitzen (schwed. *knott*) erlebt hat, wird Mücken nur noch für eine störende Nebensächlichkeit halten – und das ist auch besser so. Wichtig für die Rucksackapotheke ist ein Mittel, um den Stich zu lindern (sehr gut: das schwedische »Salubrin«).

Eine gewisse Immunität gegen das Gift der Mücken tritt erst nach einigen Wochen ein, wohl zu Hause also.

Wandern in der mückenreichsten Zeit (Ende Juni bis Anfang August) ist am angenehmsten auf dem Kahlfjäll bei Sonne, 18 Grad, leichtem Wind von vorn. Da plagen sich die Insekten mit den Ausdünstungen des Rucksacks ...

Alle Wandergebiete sind teilweise touristisch erschlossen. Es gibt eine große Zahl markierter Wanderwege oder -pfade, auf denen man bei geschickter Planung wochenlang laufen kann, ohne ein Auto zu sehen. Aber immer wieder gibt es Abstecher zu Verkehrsmitteln, die einem den Rest der Welt nahebringen. Wanderwege werden aus unterschiedlichen Gründen angelegt: einmal sollen besonders attraktive Gebiete, wie z. B. die an Flora und Fauna besonders reichen Nationalparks Abisko und Padjelanta, für Interessierte zugänglich gemacht werden, ohne die dort betriebene Rentierzucht und das übrige Tierleben nennenswert zu stören; ein andermal bieten einzelne Orte die Möglichkeit, ihre Umgebung zu entdecken und schlagen Rundwanderungen, Ein- oder Mehrtagestouren vor; der dritte Grund kann der Schutz des Geländes und der Schutz der Wanderer sein. So werden Bohlenwege über Moore gelegt, damit sich nicht etwa Wasser in einem Graben sammelt, der mit der Zeit »ausgewandert« wurde und die Landschaft verändert. An anderen Stellen werden Brücken über Bäche und Flüsse gebaut, die ihren Wasserstand schnell und drastisch verändern können, denn die größte Gefahr beim Wandern ist immer noch das Waten. Pfade führen zu diesen sicheren Übergangsstellen. Oft – aber nicht immer – kann man über markierte Wanderwege Rasthütten, Unterstände und Übernachtungshütten erreichen, die vor Unwettern Schutz und Annehmlichkeiten, wie Wärme, regengeschützte Plumpsklos und Abfallbeseitigung, bieten. Manchmal brauchen das selbst die ganz Unentwegten.

Neben den bezeichneten gibt es auch nicht-markierte Wanderwege. Diesen kann man leicht folgen, wenn man sich in die berühmte »letzte Wildnis Europas« begibt. Diese Wildnis, der Sarek-Nationalpark, ist so berühmt, daß man an manchen »Verkehrsknotenpunkten« ein mittelgroßes Straßenfest veranstalten könnte. Daß diese Gegend relativ belebt ist, bedeutet allerdings leider nicht, daß sie ungefährlich wäre. Jedes Jahr verunglücken Menschen im Sarek, manchmal mit tödlichem Ausgang. Im Sommer 1985 etwa versuchten zwei deutsche Jugendliche einen Gletscherbach zu überqueren, dessen Gefährlichkeit unter erfahrenen Sarek-Wanderern bekannt ist. Dem einen gelang es, die andere Seite zu erreichen, der zweite stürzte und wurde von der Kraft des Wassers mitgerissen. Nicht einmal seine Leiche konnte geborgen werden, er blieb verschwunden. Zu der Tragik dieses Geschehens kommt hinzu, daß sich 500 m oberhalb der Unglücksstelle eine in der Karte eingezeichnete Brücke befand, die auch in jenem Jahr intakt war. Fast auf die gleiche Weise verunglückte im Sommer 1990 eine junge Deutsche tödlich. Sie wanderte auf der »falschen« Seite eines Talganges und versuchte, einen unüberwindlichen Gletscherbach zu überqueren. Wir weisen noch einmal eindringlich darauf hin, daß die Vorbereitung der Reise auch noch vor Ort weitergehen muß. Habe ich die neueste Ausgabe der Wanderkarte (habe ich überhaupt eine?)? Welche Eintragungen müssen zugefügt oder verändert werden? In der Jugendherberge, auf dem Campingplatz am nächsten Ortes, spätestens aber auf der Wanderung selbst spreche ich mit *allen*, die ich treffe, über den Weg, der vor mir liegt. Irgendjemand ist immer dabei, der die Gegend kennt und Auskunft über neue oder beschädigte Brücken, leichte Furten und Wasserstand geben kann. Zum Schluß bleibt mir mein gesunder Menschenverstand, der mir manchmal vielleicht rät, umzukehren und eine Alternative zu wählen – auf den höre ich!

Will nun jemand weder markierte noch nicht-markierte Wege gehen, sondern sich in ganz wegloses Land begeben, dann sollte der- oder diejenige auf keinen Fall alleine gehen, genaue Kenntnis des Karten- und Kompaßlesens haben, die Verhältnisse (Terrain und Wetter) der Gegend kennen und sich schließlich ganz ehrlich die Frage beantworten: Muß das sein? Will man noch in einem kleinen Zipfel Europas so etwas wie Wildmark erhalten, wird man nicht darum herum kommen, auf die »Entdeckung« einiger Gebiete zu verzichten. Zumindest wird man nicht darüber schreiben. Ein sehr realistisches und für alle »werdenden« Sarek-Wanderer wichtiges Informationsblatt hat das Schwedische Amt für Umweltschutz auch auf deutsch herausgegeben:»Sarek – Mythos und Wirklichkeit«. Man erhält es beim Touristenbüro Jokkmokk oder über *Naturvårdsverket*, Box 132, S–17125 Solna.

Hilfseinrichtungen

Trotz der relativ niedrigen Berge und der unter normalen Verhältnissen relativ leichten Begehbarkeit der lappländischen Fjälle birgt dieses attraktive Wandergebiet ähnliche Gefahren wie hochalpine Bereiche: extreme Wetterumschwünge, stark schwankende Wasserstände, in jedem Tal anderes Wetter. Die Baumgrenze liegt zwischen 300 und 80 m, und Schneefälle im Sommer unter 900 m sind möglich.

Um dennoch das Wandern auch für weniger Erfahrene, Untrainierte und Familien mit Kindern zu einem erlebnisreichen Spaß werden zu lassen, haben sich zuerst der Schwedische Touristenverein (STF) und später auch einzelne Kommunen entschlossen, Hilfen zu geben, die schwere Unfälle weitestgehend ausschließen.

Markierte Wege, Boote: In der Hauptsaison gehört auch Motorbootverkehr über Seen zu den Wanderwegen, in der übrigen Zeit gibt es Ruderboote. An markierten Stellen liegen immer zwei Boote, eins an dem einen und eins an dem anderen Ufer. Jeder Wanderer hat die Pflicht, dafür zu sorgen, daß immer ein Boot auf jeder Seite liegt. Das heißt, wenn man Pech hat und nicht gerade jemand entgegenkommt, muß man die Strecke dreimal rudern. Einmal bringt man den Rucksack ans andere Ufer, nimmt dann das gegenüberliegende Boot ins Schlepp, rudert zurück, läßt es liegen (vertäuen!) und rudert zu der Seite zurück, auf der man den Weg fortsetzen will. Diese Aussicht bringt die meisten Wanderer dazu, den Motorbootservice anzunehmen, aber am Rudern wird keiner gehindert.

Brücken, Bohlenwege: Zum Schutz der Vegetation und des Landschaftsbildes werden über besonders empfindliche Stellen wie Feuchtgebiete Bohlenwege angelegt. Wege, die im Laufe der Zeit mehrere Meter breit geworden waren, weil jeder versuchte, den Morast zu vermeiden und auf dem schützenden Bewuchs trockenen Fußes voranzukommen, können nach einigen Jahren wieder vollständig zugewachsen sein und zwischen den Bohlen können Blumen wachsen. Im August, wenn der Boden ziemlich trocken ist, kann einem eine solche Maßnahme manchmal unbegreiflich und übertrieben erscheinen, aber an derselben Stelle können Anfang Juli selbst die Bohlen noch unter Wasser liegen. Das gleiche gilt für Brücken. Auf keinen Fall sollte man das Risiko des Watens eingehen, wenn eine Brücke vorhanden ist – auch wenn das einen Umweg bedeutet.

Watstellen: Nach und nach werden alle Watstellen an den großen Wanderwegen durch Brücken ersetzt, aber noch ist es nicht soweit, und außerdem können Brücken bei der Schneeschmelze beschädigt oder weggerissen worden sein (Karte kontrollieren, entgegenkommende Wanderer fragen!). Befindet sich auf der geplanten Wanderstrecke eine Watstelle, sollte man sich vorher (!) mit einem Watstock versehen, der ungefähr die eigene Körperlänge haben, hart und möglichst trocken (d. h. leicht) sein muß. Zur Probe stützt man sich mit ganzer Kraft und Rucksack auf den schräg eingesetzten Stock. Wenn er diese Belastung aushält, ist er tauglich. Watstellen müssen Furten sein, an denen der Bach oder Fluß besonders ruhig fließt und breit ist. Man läuft dann im Dreibeinprinzip, immer auf zwei Beinen oder Stock und Bein aufgestützt, schräg flußaufwärts. Wenn man der Fließrichtung entgegenläuft, vermindert das den Sogeffekt, den schnellfließendes und rauschendes Wasser haben kann. Niemals sollten mehrere an den Händen gefaßt gehen, denn wenn einer fällt, werden die anderen mitgerissen. Wichtig ist, daß einer vom Ufer aus helfen kann (Rucksack absetzen!). Beim Waten den Bauchgurt des Rucksacks öffnen, damit man ihn schnell abstreifen kann, falls man fällt (man versuche einmal mit Rucksack auf dem Rücken liegend hochzukommen). In vielen Büchern wird empfohlen, zum Waten die Stiefel, Strümpfe und Hosen aus- und Turnschuhe anzuziehen, damit man sich die Füße nicht an Steinen verletzt. Unsere Erfahrung ist, daß das Wasser von Gebirgsbächen eine so niedrige Temperatur hat, daß die Gefahr, einen Krampf in den Beinen zu bekommen, viel zu groß ist. Wir empfehlen daher statt auszuziehen: anziehen. Wir ziehen eine Regenhose über, die wir an den Knöcheln mit einem Riemen festschnüren – wir hatten noch nie Wasser in den Stiefeln und noch nie kalte Füße.

Grundsätzlich sollte man nicht waten, wenn das Wasser bis über die Knie geht, denn man kann sich dann gegen die Wasserkraft nicht mehr halten. Nicht nur der Wasserstand, sondern auch die Fließgeschwindigkeit muß dabei beachtet werden. Eine andere Stelle zu suchen, eventuell bis zur Quelle oder zu einem Moorgebiet zu laufen oder einen niedrigeren Wasserstand am frühen Morgen abzuwarten, sind die Alternativen. Beim Waten geschehen jedes Jahr Unglücksfälle, so daß man kaum zu vorsichtig sein kann.

Hütten, Fjällstationen, Windschutz: An den bekanntesten Wanderwegen liegen Übernachtungshütten in Abständen von 12–25 km, so daß man eine Wanderung ganz ohne Zelt planen kann, wenn man weniger tragen möchte. Die Hütten sind zum großen Teil vom STF eingerichtet und haben in der Hauptsaison einen Hüttenwart, der die Übernachtungsgebühren kassiert, Informationen gibt und im Notfall helfen soll. Saubermachen, Aufräumen, Wasserholen und Holzhacken gehört zur Aufgabe der dort Übernachtenden. Einige Hütten haben jeweils eine Stunde morgens und abends Proviantverkauf, allerdings wird nur Dauerproviant verkauft, der im Winter mit Schneeskootern dorthin transportiert wird. Im Winter ist ein Raum immer geöffnet. Die Übernachtung in den einfachen Hütten kostete 1989 im Sommer 80 Kronen (ca. 23 DM), im Winter 90 Kronen, STF-Mitglieder zahlen 20 skr weniger. Auch für die Hüttenbenutzung auf einem Tagesausflug oder für das Zelten in der Nähe der Hütten muß bezahlt werden. Fjällstationen sind einfache Hotels mit Möglichkeit zur Selbstversorgung, aber auch Cafeteria. In den Stationen Abisko und Kebnekaise können Wanderausrüstungen gemietet werden. In allen Stationen gibt es Bergführer, die Gruppen-wanderungen, Tagestouren und Informationsveranstaltungen anbieten. In Hütten und Fjällstationen sind Töpfe, Geschirr, Betten, Kissen und Decken vorhanden; Laken (Jugendherbergsschlafsack) müssen mitgebracht werden. Der Windschutz ist in der Regel eine sehr kleine Hütte oder Kote mit Heizmög-lichkeit und nicht für Übernachtungen vorgesehen. Als Rasthütte bietet er Schutz gegen Unwetter, Übernachten sollte man dort nur im Notfall. (Der Not-fall tritt ein, wenn man in Not, und nicht, wenn man im Zeltaufbau untrainiert ist.)

Nottelefone: Nottelefone sind in den Wanderkarten verzeichnet und verbinden direkt mit der nächsten Polizei- oder Hilfsstation. Privatgespräche sind nicht möglich.

Ausrüstung

Diskussionen über die leichteste, regen- und sturmsicherste, komfortabelste, absolut notwendige und dennoch für normale Menschen erschwingliche Ausrü-stung können ganze Urlaube ausfüllen. Es dauert sicher ein paar Jahre, bis man das für sich Passende gefunden und die notwendigen Kompromisse akzeptiert hat.

Von außen angefangen: ein Zelt sollte Sturm *in Kombination* mit Regen aus-halten können und ein sehr gutes Mückennetz haben. Für Leute, die im Hellen nicht schlafen können, muß es außerdem dunkel gefärbt sein, denn Lapplands Sommernächte sind taghell. Diejenigen, die sich ein Zelt teilen, sollten probe-weise reinkriechen und sich vorstellen, zwei Tage Dauerregen darin aushalten zu müssen. Ein Superleichtzelt kann zu eng sein. Im Zelt braucht man eine gut isolierende Liegeunterlage.

Der Schlafsack muß Feuchtigkeit aushalten können und trotzdem noch wär-men. Ein dünner Sommerschlafsack reicht für die meisten Leute nicht aus; er sollte vielmehr für Temperaturen bis −10° C vorgesehen sein.

Im Rucksack muß man ca. 20 kg Gewicht tragen können. Wichtig ist, daß er auf die individuelle Rückenlänge, Schulter- und Hüftbreite einstellbar ist und daß er vor allem einen guten Hüfttragegurt hat. Dieser entlastet ganz entscheidend die Schultern und hebt mit dem Rucksack das Wandergefühl. Leider gibt es nur sehr teure Innengestellrucksäcke, die ein durchdachtes Einstellsystem haben; wir empfehlen daher ein Außengestell.

Als Kocher sind in Skandinavien Spiritus-Sturmkocher am gebräuchlichsten. Spiritus *(T-sprit)* gibt es auch in Proviantverkaufsstellen, während die in Süd-europa üblichen Gaskartuschen schlecht zu bekommen sind. Bei Wind und Kälte versagen letztere ohnehin kläglich. Man rechnet einen Liter Spiritus pro Person und Woche im Sommer.

Für eine Hüttentour braucht man alle die genannten Dinge nicht; ein kleinerer Rucksack und ein Stück Isomatte als Sitzunterlage reichen aus. Eine Thermos-flasche ist günstig, wie auch ein sehr dünner oder ein Lakenschlafsack.

Die folgenden Dinge gehören zur allgemeinen Wanderausrüstung: Als Schuhe sind die in Mitteleuropa üblichen Wanderstiefel in der Regel nicht geeignet. Knöcheltiefer Morast ist keine Seltenheit, und Wasserläufe, die bis zu den Waden gehen, erfreuen keinen Leder- oder auch Gore-tex-Stiefel-Besitzer.

Jeder macht seine Erfahrungen ...

Ausgesprochen praktisch sind Gummistiefel mit einer verstärkten Innensohle (Fußbett einlegen!) und starkem Profil. Benutzt man darüber hinaus gutsitzende, schweißaufsaugende Socken, braucht man auch keine Angst vor Fußpilz zu haben. Die etwas teurere Alternative sind Lederschnürstiefel, die bis zur Wadenmitte gehen, eine geschlossene Lasche und einen Zellgummifuß haben. Auch wir trugen auf unserer ersten Wanderung in Lappland richtig gute deutsche Wanderstiefel. Abgesehen davon, daß sie wegen starken Regens schon am ersten Tag aufgeschwemmt waren, wurden wir kuriert, als wir an einem Bohlenweg, der etwas zu tief unter Wasser lag, Stiefel und Socken aus- und Turnschuhe anziehen mußten, während ein älteres schwedisches Ehepaar fröhlich kichernd und locker in Gummistiefeln einfach weiterging. Die lästige Wechselei wiederholte sich an jedem kleinen Bach, der zu breit zum Überspringen war.

Leichte, gute (dichte) Regenbekleidung ist ein Muß in Lappland. An Ponchos zerren der Wind und die Bäume, in Regenjacken schwitzt man schnell, Regenhosen oder Beinlinge braucht man in jedem Fall gegen nasses Unterholz und zum Waten (siehe S. 117). Ein Überzug für den Rucksack ist praktisch. Trotzdem sollten alle Gegenstände darin in Plastiktüten verpackt sein. Die übrige Kleidung sollte möglichst winddicht und in viele Lagen aufteilbar sein. So kann man Wärme und Kälte am besten standhalten.

Die folgende Ausrüstungsliste gibt Tips für die nach unserer Erfahrung notwendige Mindestausrüstung. Man wird unverzichtbare Ergänzungen finden. Man prüfe aber bei jedem Stück das Gewicht. Ein zu schwerer Rucksack kann die ganze Wanderung zur Tortur machen und vergrößert eindeutig die Verletzungsgefahr.

Wanderausrüstung für den Sommer

Tagestour

Am Körper:
Unterhose, Unterhemd (T-shirt)
Hemd aus Flanell oder winddichter Baumwolle (mit Kragen)
Hose, bequem, geräumig, winddicht (Jeans saugen leicht Feuchtigkeit von innen und außen, werden schwer und reiben)
Jacke mit einsteckbarer Kapuze und Taschen
Socken (dünne, gutsitzende am Fuß, schweißaufsaugende darüber)
Gummistiefel oder hohe Wanderstiefel
Halstuch
Wanderstab (für Watstellen)
Trillerpfeife

Im Rucksack:
Karte und Kompaß (Karte gegen Regen schützen)
Regensachen
Wärmende Kleidung für die Rast (Pullover, Weste), evtl. Reservesocken
Handschuhe und Mütze
Mückenmittel, Sonnenschutzmittel, Sonnenbrille, Erste-Hilfe-Ausrüstung
Messer, Streichhölzer oder Feuerzeug
Evtl. Sicherheitsleine (20–25 m Repschnur)
Sitzunterlage
Proviant (z. B. Thermosflasche mit Fruchtsuppe, Brote, Obst) und Notproviant (Nüsse, Schokolade o. ä.)

Für eine Mehrtageshüttenwanderung kommen dazu
Unterwäsche zum Wechseln
Lange Unterwäsche oder Jogginganzug, was man auch als Schlafanzug oder als Ersatzkleidung benutzen kann
Socken zum Wechseln
Leichte, schnell trocknende Turnschuhe
Jugendherbergsschlafsack
Handtuch und Waschsachen (große Seifenstücke und volle Zahnpastatuben sind schwer, ebenso Glasflaschen mit diversen Wässerchen)
Wasch- und Abwaschmittel (möglichst Neutralseife)
Besteck, Tasse, Teller (auch in den Hütten vorhanden)
Toilettenpapier (auch als Haushaltspapier verwenden)
Kerze (nur im Spätsommer nötig)
Rucksack mit gewichtsentlastendem Hüftgurt, Regenüberzug
Proviant
Notizbuch, Stift
Nähzeug, Reparaturset (etwas Draht, Schnur, kleine Schlüsselringe, Riemen und vor allem Tesaband/Textilband, womit wir schon Risse in Zelt und Rucksack, Regenkleider, zerbrochene Skistöcke, Gummistiefel und Faltboote repariert haben)
Beschäftigung für Regentage, leichtes (Gewicht!) Buch o. ä.
Fotoapparat, Fernglas, Vogel- und Pflanzenbuch usw.
Geld, Paß, Mitgliedsausweis des DJH oder STF

Für eine Zelttour kommen dazu
Zelt
Liegeunterlage
Schlafsack
Kocher und Brennstoff
Evtl. noch wärmende Kleidung

Skitour im Frühlingswinter

Skitouren im Fjäll

Die Hauptsaison für Skiwandertouren liegt etwa um Ostern. In den nördlichen Gebieten kann man noch Ende Mai skilaufen, was in den hellen Nächten eine besondere Faszination bietet. Allerdings muß man damit rechnen, daß tagsüber der Schnee sehr weich werden kann, so daß die Wanderzeit auf frühmorgens und spätabends bzw. nachts verlegt werden muß. Dunkel wird es dann ja sowieso nicht mehr.

Mehrtägige Skitouren, ob mit Hütten- oder Zeltübernachtung, verlangen eine gewisse Erfahrung mit Skilaufen, Kälte, Wetterumschwüngen, der eigenen Reaktion in Extremsituationen und der Beurteilung der eigenen Kraft. Eine gute Kondition ist dafür Voraussetzung. Für Anfänger werden daher Tagestouren in Frage kommen, damit man die Möglichkeit hat, einen besonders kalten, windigen oder schneestürmischen Tag in einem Haus abzuwarten. Im Umkreis der im Winter geöffneten Berghotels, Hütten und Ferienhäuser gibt es immer eine große Auswahl an bezeichneten Winterwanderwegen und gespurten Loipen mit Windschutz- oder Rasteinrichtungen. Oft werden auch Einführungskurse in die Freuden und Gefahren der Winterbergwelt angeboten und geführte Touren unternommen. Viele dieser Wintersportanlagen verfügen auch über Hänge und Lifts für Abfahrtslauf, was sich meist als sehr familienfreundlich erweist, weil doch selten die ganze Familie aus Langlaufenthusiasten besteht.

Diejenigen, die sich eine Hütten- oder gar Zelttour zutrauen, müssen besonderes Augenmerk auf eine sehr gute Ausrüstung und das notwendige Sicherheitszubehör legen. Außerdem sollten sie vorher einmal versuchen, einen Kocher mit Handschuhen an den Fingern in Gang zu setzen und mit Handschuhen ein Zelt oder einen Biwaksack aufzubauen, Rucksackschnüre zu lösen, Proviantbeutel zu öffnen usw. Es sind gerade diese alltäglichen Selbstverständlichkeiten, auf die es in einer schwierigen Situation ankommt und die dann zur Verzweiflung führen können.

Am schwierigsten sind Kälte und Wind zu bewältigen. Es kann strahlender Sonnenschein herrschen und dennoch ein eisiger Wind in einer Stärke pfeifen, die an den Kräften zehrt oder gar Erfrierungen befürchten lassen muß. Bei einer Außentemperatur von –15° C wirkt eine schwache Brise (Windstärke 3) schon wie eine Temperatur von –16° C und ein stürmischer Wind (Stärke 8) hat dieselben Auswirkungen wie eine Temperatur von –30° C – man kommt damit in den Gefahrenbereich von Erfrierungen. Daher immer besonders auf die Windstärke achten! Ruhiges, sonniges Wetter kann sich innerhalb von weniger als einer halben Stunde in dichten Nebel oder eisigen Schneesturm verwandeln. An Tagen mit extremen Wetterumschwüngen sind Skitouristen sogar schon auf Tagestouren erfroren. Wichtig ist also, sich auf das Schwierigste vorzubereiten, aber dennoch das Schlimmste zu vermeiden. So kann man das stille Gleiten durch die weite, glitzerndhelle Bergwelt, die Rast in einer windgeschützten, sonnigen Schneegrube und den hohen, leuchtenden Himmel, der eine Ahnung von Unendlichkeit wiedergibt, genießen.

Bengt Raattamaa
Snöstorm – Schneesturm

Ein Schneesturm ist eine Kombination aus Schnee und Sturm, ganz einfach. So dachte auch ich – am Anfang.

Es begann ohne besondere Vorwarnung. Wenn ich allerdings aufmerksamer gewesen wäre, hätte ich selbstverständlich viel früher bemerkt, daß der mäßige Wind anfing, den Schnee aufzuwirbeln und ihn durch das Tal zu treiben, in dem ich auf Skiern dahinglitt. Zuerst wie weiche Wellenbewegungen im Schnee, wogend und schlingernd durch alle Senken und über alle Erhebungen des Geländes, aber mit zunehmender Windstärke gingen die Schneebewegungen in ein Schneetreiben über, das die Sicht einschränkte. Ich bekam das unwirkliche, aber angenehme Gefühl, über ein wogendes Meer zu laufen, auf dem meine Skier manchmal vom Schneetreiben verschluckt wurden.

Jetzt hätte ich einsehen müssen, daß es höchste Zeit war anzuhalten. Umkehren oder ein schützendes Schneebiwak für eine Rast oder gar für eine Übernachtung zu bauen, wäre richtig gewesen. Aber der Gedanke an eine warme Berghütte mit einem bequemen Bett war stärker, und ich setzte meinen Weg fort. Ich rechnete mir aus, daß ich ungefähr noch zwei Stunden vor mir hatte, bis ich am Ziel war. Ich fühlte mich gut in Form, frisch, und ich hatte eine gute Ausrüstung. Es war nicht gerade verlockend, mich in irgendeine Schneewehe einzugraben – eine bedeutend schlechtere Alternative, als schnell die Hütte zu erreichen. Ich strebte weiter, in zunehmendem Gegenwind.

Da stürzte ich. Der Rucksack drückte meinen Kopf tief in den Schnee, es war anstrengend, wieder auf die Skier zu kommen. Ein harter Windstoß ließ mich das Gleichgewicht verlieren, ich sah mich ein bißchen irritiert um. Es war etwas dunkler geworden, das Treiben wurde dichter, und von den umliegenden Steilhängen war ein schwer lokalisierbares dumpfes Grollen zu hören. Ich holte meine Karte heraus und stellte mir die Kompaßrichtung ein, damit ich vorbereitet war, falls sich das Wetter noch weiter verschlechterte. Jetzt nahm der Wind ordentlich zu. Es war mittlerweile wirklich anstrengend, im Gegenwind vorwärts zu kommen. Man spürte den Wind beißend und scharf im Gesicht, und meine Wangen wurden starr vor Kälte. Mit dem zunehmenden Sturm verschwand die Sicht, aber ich kämpfte mich weiter durch das Schneetreiben – und stürzte wieder! Diesmal in einen schneegefüllten Bacheinschnitt. Der Sturz war nicht schlimm, aber völlig unvorbereitet fiel ich kopfüber. Ich kraxelte wieder hoch. Es war mühsam und schwierig. Die Karte war irgendwo in Schnee und Wind verschwunden, langsam fühlte ich mich müde, so richtig müde.

Schneller, als ich geglaubt hätte, saugte dieser eisige, harte Wind alle Kraft aus mir heraus. Die Sicht war jetzt gleich Null. Das Getöse des Sturms und seine Stärke erschwerte ein besonnenes Handeln. Ich wurde jetzt unruhig. Das Schneetreiben peitschte mir ins Gesicht wie mit brennenden Schnüren aus eisscharfen Dornen. Ich versuchte, meine aufkommende Panik auf Abstand zu halten, nahm den Rucksack ab und schnallte die Skier los – jetzt mußte ich schnell Schutz finden. Her mit dem Spaten, aber zuerst etwas heißen Kaffee aus der Thermosflasche. Als ich den Rucksack öffnete, um die Flasche herauszuholen, wurde im selben Moment massenweise Schnee hineingepreßt. Inzwischen kamen Schnee und Wind aus allen Richtungen, schleuderten sich rasend und brüllend gegen alles, was im Weg stand. Das Getöse des Unwetters war erschreckend. Die Erde zitterte, und alles war ein Inferno aus peitschendem Schnee, Sturm und unerträglichem, ohrenbetäubendem Dröhnen.

Jetzt war keine Zeit für Kaffee, eigentlich für gar nichts anderes mehr als fürs Graben. Der Sturm zerrte an meinen Kleidern und zwang mich auf die Knie, damit ich nicht von der überraschenden Gewalt der Sturmböen mitgerissen wurde. Der Schnee preßte sich mir in Augen, Nase und Mund, es wurde immer schwieriger zu atmen. In Angst und Schrecken begann ich zu graben, wo ich meine Skier gerade hingestellt hatte; ich sah nichts vom Boden, der Schnee drückte sich überall hinein, und ich glaubte fast zu ersticken. Jetzt schaufelte ich in Panik, der Schnee wurde bei jedem Spatenstich direkt weggerissen. Lärm, Sturm und Schnee vertilgten alles. Es gab keinen festen Punkt mehr im Dasein, ich wußte nicht einmal mehr, wo oben und unten war, und in Panik fühlte ich mich, als ob ich in einem brodelnden Schneemeer aus glühenden Eispfeilen ertrank. Alles war ein wahnsinniges Pfeifen und Dröhnen und Wirbeln, das von überall her kam, um sich über mich zu werfen, mich zu ertränken und zu begraben. Ich mußte meine ganze Willensstärke aufbieten und alle meine Lebenskraft dazu und graben, graben! Nach einer wütenden und völlig erschöpfenden Quälerei kam ich endlich tief genug in den Schnee, um wieder frei atmen zu können. Der geschmolzene Schnee, vermischt mit Schweiß und Tränen, brannte mir in den Augen, meine Augenbrauen waren eisverkrustet, aber ich war gerettet vor der unermeßlichen Stärke und gewaltigen Raserei des Unwetters – in der Schneehöhle war es ruhig und still.

Später, als ich mich ein bißchen erholte hatte, konnte ich die Schneehöhle für eine Übernachtung etwas ausbauen. Ich holte den Rucksack herein, breitete die Isoliermatte aus, kroch mit allen Sachen in den Schlafsack – sogar die Schuhe behielt ich an – und merkte, wie die nackte Angst langsam einem klareren Denken wich. Ich konnte wieder frei atmen.

Meine Skier und ein Skistock markierten die Lage meines Biwaks im Schnee, den anderen Stock benutzte ich, um hin und wieder hinauszustechen und so ein Luftloch offen zu halten. Gleichzeitig behielt ich so die Entwicklung des Wetters im Auge. Den Spaten direkt neben mir würde ich vielleicht brauchen, um mich auszugraben, wenn der Sturm nachgelassen hat.

In der Stille der Höhle, einen Meter entfernt von dem brüllenden Schneeunwetter draußen, versuchte ich im nachhinein alle Ereignisse dieses Tages zu überdenken. Der größte Fehler, den ich gemacht hatte, war der, nicht rechtzeitig zur Fjällstation zurückzugehen, als die Sicht noch relativ gut und der Wind noch mäßig waren. Sich ein Biwak auf dem Berg und im Schneesturm zu graben ist fast unmöglich. Ich hatte ein unwahrscheinliches Glück, daß ich überhaupt Schnee gefunden hatte, der tief genug war, um mich direkt an diesem Platz eingraben zu können. Aber was wäre passiert, wenn ich gezwungen gewesen wäre, mir einen anderen Platz mit ausreichender Schneetiefe zu suchen? Ich hätte es kaum noch lange draußen im Schneesturm ausgehalten.

Der Kaffee in der Thermosflasche wärmte nicht gut; besser wären Kakao, Tee mit Zucker oder *välling* (Instant-Milchsuppe) gewesen. Mein Biwaksack? Der wurde weggeblasen und verschwand im Sturm, sobald ich ihn aus dem Rucksack genommen hatte. Daß ich überhaupt alleine unterwegs war, beruhte darauf, daß mein Wanderkamerad in letzter Sekunde verhindert war und nicht wie geplant mitkommen konnte.

Meine Bergtour ging schließlich trotzdem gut aus, was aber mehr an glücklichen Umständen lag, als an meinem erfahrenen Handeln. Ein Schneesturm bei einer Bergtour besteht niemals nur aus Schnee und Sturm. Immer gibt es einen unberechenbaren Faktor, der noch dazukommt: Du selbst!

Übersetzung: J. Feldbinder

Ausrüstung für Skiwanderer

Besondere Sorgfalt ist im Winter auf die Auswahl der Kleidung zu verwenden. Sie muß aus möglichst vielen dünnen Schichten bestehen, die nach Bedarf »abgeschält« werden können. Direkt am Körper liegt eine bauschig gewebte Schicht, die den Körperschweiß an die nächste Schicht weiterleitet. Der Körper selbst darf nicht naß werden, weil sonst Unterkühlungsgefahr besteht. Darüber liegen mehrere dünnere wärmere Schichten, die von einer winddichten »Außenhaut« geschützt werden. Für die Rast muß man eine Wärmejacke haben, die man möglichst über alle anderen Sachen ziehen kann, ebenso eine Wärme- oder zumindest Windhose. Gegen aufkommendes Schlechtwetter sind vor allem Windhose, -jacke, -mütze, -handschuhe und eventuell Fußsäcke notwendig. Mütze und Handschuhe sollte man immer in mehreren Ausführungen dabeihaben, zum Übereinanderziehen oder Auswechseln, falls sie naß geworden sind. Die bei uns gebräuchlichen Langlaufhandschuhe können an einem besonders schönen Tag ausreichend sein. Günstig ist, sie mit winddichten, ungefütterten Nylon- oder Lederfäustlingen zu ergänzen (überziehen). Ein Paar Faserpelz- oder dicke (gewalkte) Wollhandschuhe im Rucksack dienen als Reservewärme für die Hände. Ein ähnliches System gilt für den Kopf. Stirnband, dünne Wollmütze, dicke Wollmütze und eine winddichte Wärmekappe, die auch Stirn, Nacken und Ohren schützt, sind die ideale Ausrüstung.

Ein besonderes Problem sind die Füße. Skistiefel müssen auf jeden Fall so groß gewählt werden, daß mindestens zwei Paar Socken, eine isolierende Sohle und noch ein bißchen Luft reinpassen. Mindestens einmal Socken zum Wechseln und nach Möglichkeit Fußsäcke aus winddichtem Material sind eine gute Voraussetzung für warme Füße. Feuchte Socken sollte man möglichst schnell im Windschutz oder Biwak wechseln. Fußsäcke zieht man über die Schuhe, damit sie bei einer Rast nicht naß und kalt werden. Ansonsten: bei kalten Füßen Mütze aufsetzen! Ca. 20 % der Körperwärme wird über den Kopf abgestrahlt, dort muß sie also aufgehalten werden. Andere Wärme(verlust)punkte sind die Handgelenke (Pulswärmer benutzen), Fußgelenke (lange Socken und Gamaschen), Zehenspitzen (geräumige Schuhe), Taille (Anorakbänder zuziehen, evtl. Nierenschutz), Penis (Unterhosen mit Windschutzverstärkung), Hals (Tuch, Schal, Hemd mit Kragen, Kopfbedeckung mit Nackenschutz), Ohren (Kopfbedeckung mit Ohrenschutz, breites Stirnband).

Der Schutz der Augen ist auch bei diesigem Wetter notwendig. Schneeblindheit (Sonnenbrand auf der Hornhaut) ist nicht nur bei Sonnenschein eine große Gefahr. Brillen müssen braun oder orange gefärbt sein und einen Seitenschutz haben. Gut, aber nicht ganz billig sind Gletscherbrillen; Skibrillen für den Abfahrtslauf sind meist zu schwach gefärbt. Normale Sonnenbrillen müssen gleichmäßig durchgefärbt sein (keine Autofahrerbrillen, die nach unten hin heller werden) und können mit einem Seitenschutz aus einem Stück Leder versehen werden.

Bei der Auswahl der Skier können wir nur sehr allgemeine Ratschläge geben. Am einfachsten zu handhaben sind Skier, die Steighilfen haben, also Schuppen o. ä. womit man sich größere Wachsprozeduren erspart. Sie sollten außerdem verstärkte Kanten haben und mindestens 30–35 cm länger als man selbst sein. Soll die Skiwanderung nun nicht hauptsächlich auf dem Kahlfjäll, sondern im

Wald stattfinden, so kauft man am besten Holzskier, die mindestens 50 cm länger als die eigene Körperlänge sein sollten. Im Wald ist der Schnee lockerer, und um nicht zu tief einzusinken, benötigt man längere Skier. Günstig ist es, Skier immer dort zu kaufen, wo man sie benutzen will, denn einige Materialien können für Mitteleuropa günstig, für die Kälte und Trockenheit im Norden allerdings ungeeignet sein. Stabile Bindungen und Skistiefel, die gut sitzen und geräumig sind, und Stöcke bis ungefähr in Schulterhöhe mit großen Tellern vervollständigen die Ausrüstung.

Bei allen Überlegungen muß die Entscheidung, welche Art von Tour man machen will, am Anfang stehen. Für Loipenfahrten mit höchstens einem Tagesgepäck reichen kürzere und weichere Skier, während für längere Touren in unterschiedlichem Gelände mit Mehrtagesgepäck etwas genauer geplant werden muß.

Rucksack oder Pulka? Ist es einfacher, einen großen, schweren Rucksack zu tragen, der die Balance beim Skilaufen erschwert, oder zieht man besser eine Pulka bergauf, die immer der Schwerkraft folgen will? Bergauf einen Rucksack und bergab die Pulka wäre ideal. Als zweitbeste Lösung erscheint uns eine Kombination aus Pulka, in die alle großen, sperrigen Teile gepackt werden, und kleinem Rucksack, in dem man die schweren Kleinteile dicht am Körper tragen kann. Die Pulka muß auf jeden Fall eine feste Deichsel haben; ein Seil reicht nicht, sonst wird man bergab überholt. Für Familien mit Kleinkind empfiehlt sich die Pulka weit vor einem Tragesitz. In ihr kann das Kind sitzen, liegen,

Mit der Pulka über den See

schlafen, schauen und ist immer warm eingepackt, keine herausragenden Füßchen frieren ab. Ein Stück Isomatte oder ein Fell als Unterlage und diverse Kissen oder Schlafsack machen die Pulka richtig gemütlich. Für Kleinkinder sollte man aber besonders an Sonnenschutz denken und eventuell ein Tuch über ihrem Kopf aufspannen.

Sicherheit im Winterfjäll
- Niemals alleine gehen.
- Nachricht über geplante Route und Rückkehr bei der letzten Anlaufstelle vor der Wanderung hinterlassen, Rückkehr bekanntgeben.
- Immer, auch bei kürzeren Touren, Karte und Kompaß mitnehmen; die Sicht kann sehr schnell verschwinden.
- Karten stimmen nicht immer genau mit der Wirklichkeit überein, deshalb vorher weitere Informationen über die geplante Wanderstrecke einholen, mit anderen Wanderern sprechen.
- Sollten Schwierigkeiten auftreten, sofort umkehren oder Schutz suchen bzw. bauen.
- Sturm, Nebel, Dunkelheit oder Verschlechterung des Schnees im Laufe des Tages können alle Pläne umstoßen. Zusätzliche Kleidung und ein Schneespaten für 2–3 Personen sind ein Muß für jede Tour, bei Mehrtagestouren ist die gesamte Sicherheitsausrüstung nötig.
- Wenn Sturm oder andere Umstände eine Rückkehr oder Schutzsuchen im Wald verhindern, sofort – bevor die Kräfte schwinden – ein Schneebiwak bauen. Notfalls nur eine Grube an einem windabgewandten Hang.
- Informationen über Lawinengefahr vor der Tour einholen.
- Rasende Abfahrten sind nichts für Tourenfahrer. Ein herausragender Stein, eine einbrechende Harschdecke oder gar ein Steilhang können zu ernstem Schaden führen. Einzige Hilfe sind dann andere Wanderer (eine rote Leuchtrakete bedeutet Notruf).

Wanderausrüstung im Winter

Sicherheitsausrüstung (darf bei keiner Tages- oder Mehrtagestour fehlen)
Karte, Kompaß und Uhr (bei Sturm muß man kontrollieren, wie schnell man vorankommt – Metallarmband nicht auf der Haut tragen!)
Schneeschaufel (eine für 2–3 Personen)
Sicherheitsleine (bei schlechter Sicht gegenseitig anleinen)
Trillerpfeife (kein Metall!)
Sonnenbrille mit Seitenschutz oder Gletscherbrille
Erste-Hilfe- und Sonnenschutzmittel
Streichhölzer, Teelicht, trockene Birkenrinde
Messer mit fester Klinge, evtl. Axt (falls Wald in der Nähe ist)
Reparaturset für Skier und übrige Ausrüstung
Notproviant

Am Körper
Schweißableitende lange Unterwäsche (evtl. winddichte Unterhose)
Winddichte Hose; auch Wolle, Loden und Leder sind geeignet
Flanellhemd mit Kragen
Bei Bedarf dünne Wollpullover oder Faserpelz oder weitere Lagen Unterwäsche
Anorak mit Kapuze und Windkragen
Halstuch
1–2 Paar Handschuhe
1–2 Mützen
Mindestens zwei Paar Woll- oder Faserpelzsocken

Im Rucksack
Sicherheitsausrüstung (s. o.)
Proviant mit gefüllter Thermosflasche (Kaffee ist als Energiespender nicht geeignet, Brühe, Fruchtsuppe oder Tee mit Honig sind besser)
Wärmekleidung, die über die andere Kleidung paßt
Windhose
Handschuhe, Mütze, Socken in Reserve
Skiwachs und Spachtel
Taschen- oder Stirnlampe (ab Mitte April nicht mehr nötig)
Biwaksack (für ungeschütztes Gelände)
Liegeunterlage (am besten isoliert ein ungegerbtes Rentierfell)
Evtl. Kocher und Brennstoff oder Axt

Für eine Mehrtageshüttenwanderung kommen dazu
Evtl. Pulka
Wäsche und Socken zum Wechseln
Waschsachen, Eßgeschirr
Schlafsack
Taschenlampe, Kerze
Proviant (s. auch S. 92f.)

Für eine Zelttour kommen dazu
Gutisolierende Liegeunterlage
Für Winter (Schnee) geeignetes Zelt
Warmer Schlafsack (evtl. mit Faserpelzschlafsack verstärken)
Wärmekleidung
Kochausrüstung, Brennstoff, Proviant für drei Tage in Reserve (Schneesturm)
Zusätzliche Reparaturausrüstung (Ersatzskispitze pro Paar Ski)
Fußsäcke, Grabehandschuhe, Pelzkappe
Schützende Hautcreme

Paddeln

Erst in den letzten 10–15 Jahren hat der Kanusport auch im Norden viele Anhänger gefunden, wurden entsprechende Einrichtungen für Touristen geschaffen, Gewässer ausgekundschaftet, die Befahrbarkeit zu verschiedenen Zeiten getestet, Gefährlichkeitsgrade bestimmt, Schwierigkeitstabellen angefertigt. Ähnlich ausführliche Gewässerwanderführer wie in der Bundesrepublik gibt es hier jedoch nicht, denn die Veränderungen sind aufgrund des sehr unterschiedlichen Wasserstandes groß. Die für uns ungewohnten Mengen Schmelzwasser, die erst im Juni mit der sogenannten Frühlingsflut in die Täler kommen, sind schwer einzuschätzen und eine große Gefahr für Unerfahrene. Die Paddelsaison beginnt also eigentlich erst Mitte/Ende Juli, wenn der Wasserstand der meisten Flußläufe auf ein »Normalmaß« abgesunken ist.

Wegen des zunehmenden Kanuverkehrs ist es inzwischen aus Gründen des Tier- und vor allem Vogelschutzes nicht mehr überall erlaubt zu paddeln. Der *Rapa-Fluß* ist seit 1987 für Wasserfahrzeuge aller Art gesperrt. Für die Nationalparks gibt es immer wieder neue unterschiedliche Bestimmungen. Hier muß man sich also vorher genau erkundigen, welche Gewässer man noch befahren darf.

Auf Flüssen in Lappland zu paddeln, sollten sich auf jeden Fall Geübte vorbehalten. Unerfahrenere können sich etwa bei den Touristeninformationen nach beschriebenen und markierten *Kanuwegen (kanuleder)* erkundigen. Es sind getestete Wasserwege, an deren Lauf sich Rastplätze und Hinweise auf Sehenswertes befinden (oft dankenswerterweise vor und hinter Umtragestellen). Auch Seen gehören in der Regel zu den ungefährlicheren Paddelgewässern, allerdings gibt es dabei im nördlichen Lappland verschiedene Gefahren, deren man sich bewußt sein muß: oft wird die Größe der Seen unterschätzt. Hat ein leichtes Windchen ein paar Kilometer Zeit, Anlauf zu nehmen, so kann es sich zu einer unangenehm scharfen Brise auswachsen, die das Kanu vielleicht gerade dann seitlich trifft, wenn man sich vorgenommen hat, die romantische, birkenbewachsene Insel »da weiter draußen« anzusteuern. Weiter oben in den Bergen, vor allem in der Nähe von Gletschern, besteht immer die Gefahr von plötzlich sich entwickelnden Böen oder gar Fallwinden, die unangenehme, scharfe Wellen, hoch und kurz, aus dem Nichts entstehen lassen. Sollte man dabei ins Wasser fallen, bleiben aufgrund der niedrigen Wassertemperatur nur noch wenige Minuten, um sich zu retten. Ohnehin empfehlen erfahrene Sportpaddler auf solchen Seen, die von Gletscherwasser gespeist werden, das Tragen von Neopren- oder ähnlichen Anzügen. Eine Schwimmweste oder gar eine Rettungsweste ist hier selbstverständlich.

Eine besonders angenehme, ruhige und bei entsprechender Kenntnis des Gebietes auch ziemlich ungefährliche Möglichkeit zu paddeln hat man in den großen Deltas der Gletscherflüsse. Der Tier- und Pflanzenartenreichtum ist hier oft enorm, und vorsichtige Entdeckungsfahrten können wir sehr empfehlen. Allerdings sollte man sich vorher über Gefährdungen durch veränderten Wasserstand und veränderlichen Flußverlauf informieren. Bei Niedrigwasser kann man plötzlich im Schlamm stecken. Also auf den Untergrund achten und Gummistiefel mitnehmen, falls man aussteigen muß! Fernglas und Mückenmittel sollte man auch nicht vergessen. Besonders im Frühsommer muß in den Deltas speziell Rücksicht auf brütende Vögel genommen werden.

Paddeln im Deltaland

Kanuzentralen

Der Schwedische Kanuverband hat die Organisation *Kanotvåg* (Kanuwelle) gegründet, in der 89 schwedische Kanuzentralen Mitglied sind. Diese Zentralen vermieten Kanus, die vom Verband sicherheitsgetestet sind und bieten einen Service, der von Verleih über Verpflegung, Instruktionen in verschiedenen Sprachen bis zu Beschreibungen von Kanugewässern reicht. Ein Verzeichnis der Kanuzentralen mit Servicebeschreibung und ein nach Landschaften geordnetes Gewässerverzeichnis *(Kanotvatten)* kann man anfordern beim *Svenska kanotförbundet*, Idrottens Hus, S-12387 Farsta, Tel. 08/7 13 60 00 (Telefonzentrale). Ein Teil der Informationen liegt in deutscher Übersetzung vor. Ein Verzeichnis aller möglichen Kanu- und Wanderwege in Västerbotten ist von der Tourismusbehörde herausgegeben worden. Mit weiteren Verleihadressen und einer Übersichtskarte kann dieses Verzeichnis, auch wenn es nur auf schwedisch erhältlich ist, gut als Planungsunterlage benutzt werden: »Västerbotten – Södra Lappland, Kanot- och Vandringsleder«, herausgegeben vom Västerbottens Länsturistnämnd, Box 337, S-90107 Umeå.

Viele Touristenbüros verkaufen ausführliche Gewässerbeschreibungen ihrer jeweiligen Gegend, das gleiche tun auch Kanuvereine. *Kiruna Långfärdspaddlare* etwa haben detaillierte Beschreibungen von folgenden Flüssen herausgegeben: Könkämä älv (mit Munio älv), Lainio älv (mit Tavvaätno und Råstoätno), Torne älv mit Vittangi älv, Rautasätno, Luongasjoki), Kalix älv (mit

Kaitum älv, Tärendö älv) und Torneträskgebiet. Die Beschreibungen gibt es leider nur auf schwedisch, die beiliegenden Skizzen helfen aber sicher auch Sprachunkundigen. Daß man vor der Paddeltour mit Einheimischen über die Gewässer und den aktuellen Stand spricht, ist auch hier wieder notwendig.

Ausrüstung für Paddeltouren
Spezialausrüstungen für Wildwasserfahrten werden hier nicht erwähnt. Die oberste Devise ist: Paddler müssen versuchen, sich trocken, warm und satt zu halten. Warme Kleidung und genaue Planung von Proviantierungsmöglichkeiten sind also wichtig.
Die Kleidung kann dieselbe sein wie für Wanderungen, nur empfiehlt sich zum Paddeln eine spezielle Regenjacke mit verschlossenen Bündchen und ohne Vordernaht, die *über* die Schwimmweste paßt. Schwimmwesten sind ein Muß auf schwedischen Gewässern. Wechselkleidung sollte, wie alles andere auch, wasserdicht verpackt sein. Erste-Hilfe-Set und Mückenmittel nicht vergessen!
Das Kanu sollte, egal ob Kajak oder Kanadier, mit Bug- und Heckleine zum Treideln und Vertäuen versehen sein. Ein Reservepaddel, während der Fahrt gut zu erreichen, und Reparatursachen sind wichtig. Wer Stromschnellen paddeln will, braucht eine Spritzdecke, eine Rettungsleine und einen Helm.

Sicherheit auf dem Wasser

Mitteilung über die geplante Tour hinterlassen.
Alle in der Gruppe sollten die Schwierigkeiten der Tour kennen.
Mindestens zwei Kanus sollten zusammenfahren.
Nicht nur den Wegbeschreibungen trauen, Stromschnellen selbst ansehen.
Auf Seen in Landnähe paddeln; in kaltem Wasser kann man sich nach 5–10 Minuten nicht mehr bewegen.
Gepäck muß wasserdicht verpackt und im Kanu festgebunden sein.
Wer dennoch ins Wasser fällt:
Ruhe bewahren.
Das stromaufwärts gerichtete Ende des Kanus festhalten.
So wenig wie möglich bewegen, Bewegung kühlt aus.
Verliert man das Kanu, Füße stromabwärts richten, um einen eventuellen Stoß abfangen zu können.

Radfahren
Lappland lockt nicht sehr viele Radfahrer, hier ihren Urlaub zu verbringen. Es regnet relativ viel, und meistens herrscht eine unangenehme Mückenplage. Wer allerdings ruhige, einsame Straßen und die weite Natur zum Radeln liebt, für den ist Lappland zu empfehlen. Fast alle Straßen sind asphaltiert, und die Steigungen sind auch auf den Bergstraßen im wesentlichen erträglich. Spätestens

nördlich von Lycksele und auf den Inlandswegen ist der Verkehr so gering, daß man sich nicht nach gesonderten Radwegen sehnen muß, die es hier nämlich nur in der Nähe größerer Städte gibt. Besonders wenn man als Urlaubszeit die Zeit nach den schwedischen Industrie-Ferien (Anfang Juli bis Mitte August) wählt, kann man unter Umständen stundenlang kein Auto sehen. Allerdings sieht man im Norden auch stundenlang keinen Ort. Gewisse Kenntnisse in der Fahrradreparatur sind also angebracht.

Wasser braucht man hier nicht mitzunehmen, denn außerhalb von größeren Orten sind die Bäche nicht verunreinigt. In Västerbotten sollte man wegen eventueller höherer Cäsiumbelastung darauf verzichten, Wasser aus Seen zu trinken. Immer wieder stehen an den Straßen Schilder mit dem Hinweis »Kallkälla«. Dort in der Nähe gibt es eine Quelle. Viele Einwohner aus Ortschaften holen sich ihr Trinkwasser aus einer solchen Quelle, weil sie dem kommunalen Leitungswasser nicht trauen.

In den letzten Jahren hat sich auch hier die Gruppe der »Mountainbiker« vergrößert. Diejenigen unter den Bergfahrern, von denen wir gehört haben, waren nicht besonders von ihrer Tour begeistert. Wanderwege führen in Lappland eben nicht nur auf hartem, mehr oder weniger glattem Untergrund entlang, sondern durch Moore, breite Bäche und über weite Steinfelder. Oft bestanden die Touren der Biker aus einem Drittel Radfahren und zwei Drittel Tragen.

Empfehlenswert sind die alten noch vorhandenen, aber teilweise zugewachsenen Fahrradwege, die von der Jahrhundertwende bis in die 50er Jahre einsame Höfe miteinander verbanden. Hier bekommt man ein echtes Gefühl für Einsamkeit und Wildmark – verbunden mit ein bißchen Überlebenstraining. Es gibt überall diese alten Wege durch die Wälder, aber nur noch wenige kennen sie.

Schließlich sei noch erwähnt, daß in fast jedem Ort Fahrräder verliehen werden und kleine Entdeckungstouren daher leicht möglich sind. Wie wäre es zum Beispiel mit einer Fahrt auf dem alten Materialweg der Inlands- und der Erzbahn? Sehr reizvoll dort, wo es ihn noch gibt!

Reiten

Viele Wanderer wünschen sich, wenn der Rucksack seine Spuren auf dem Körper hinterläßt und der Weg endlos erscheint, zurück in die Zeit, als Expeditionen in die lappländischen Berge nur mit Hilfe von Lastrentieren und Saumpferden durchgeführt wurden. Damals waren es nur die ganz Reichen, die sich solche exotischen Reiseziele wie Lappland erlauben konnten, heute ist das alles etwas einfacher.

Wer richtig in den Bergen reiten will, kann das zum Beispiel in *Ammarnäs* und in *Björkliden* tun, wo es Mietpferde gibt und wo auch Tages- und Mehrtagestouren durchgeführt werden. Tips und entsprechende Ausrüstung bekommt man vor Ort.

Wer einfach zwischendurch einmal eine kleine Tour machen will, um das Reiten nicht zu ver- oder wieder zu erlernen, erkundigt sich am besten nach den örtlichen Reitvereinen, die in der Regel in den Sommerwochen Angebote für Touristen und deren Kinder machen. In den Nationalparks ist das Mitführen von Pferden nicht mehr gestattet, weil sie nicht zu der natürlichen Fauna dieser Gebiete gehören.

Forsränning (Stromschnellenfahrten)

Für Leute, die Wasser, Geschwindigkeit, das Kitzeln in der Magengrube und Gemeinschaft lieben, werden an vielen Orten in Lappland große, stabile Gummiboote mit erfahrenen Steuermännern und -frauen ins Wasser gelassen und kilometerweite Stromschnellenstrecken gefahren. Die Angebote reichen von kurzen Ausflügen bis zu Tages- oder Mehrtagesfahrten, die meist vorher bestellt werden müssen. In der Hauptsaison kann es zu Andrang kommen. Diese Aktivität ist nichts für Wasserscheue!

Goldwaschen

Es gibt tatsächlich Gold in den Bergen Nordlapplands, es kommt auch in Bächen angeschwommen, aber natürlich nicht in großen Nuggets, die Karl May so anschaulich beschreibt, sondern eher in Pulverform oder als Streifen an einem Stein. Eine nette Unterbrechung für autoreisende Familien.

Mineraliensuchen

Mineralienfans kommen auch in Lappland auf ihre Kosten. Ausgrabungen in *Vuollerim* haben ergeben, daß dort schon vor 6.000 Jahren ein Rosenquarzbruch genutzt wurde, dessen Schätze man zu Werkzeug verarbeitet hat. Man stelle sich vor: Hacken und Beile aus Rosenquarz! Neben Titanmalm, Magnesit und besonders schönen Kristallformen von Beryllen (Smaragd, Aquamarin) und Topas findet man hier den in Skandinavien sehr seltenen Thortveitit. Der kupferfarbige Manganglimmer Alurgit ist außer in Lappland nur noch an wenigen anderen Stellen in der Welt anzutreffen.

Für Leute, die gerne zu Fundorten geführt werden möchten oder endlich einmal lernen wollten, Rosenquarz von Granit zu unterscheiden, werden vor allem an den Fjällstationen Kurse und Führungen angeboten. Informationen: über den STF, SNF oder Touristenbüros.

Wanderer können verstreut in den Bergen, zur norwegischen Grenze hin, schöne Bergkristalle finden. In Nationalparks ist das Sammeln von Mineralien jedoch verboten, anschauen ist aber erlaubt. Ganz Bequeme fahren die Straße am Stora Luleälv zum ehemaligen Stora Sjöfallet. Auf diesem Weg sieht man überall große Felsblöcke aus dem nur hier entstandenen rotbraunen bis schwarzvioletten Sjöfallsquarzit.

Angeln

An einem Sommerabend in einem Ruderboot auf einem kleinen Waldsee zu dümpeln und nebenbei die Angel ins Wasser zu halten, ist eine vielgeschätzte Methode, sich wirklich zu entspannen – nur das Mückenmittel darf man nicht vergessen! Diejenigen, die es aufregender lieben, wandern vielleicht ein paar Kilometer an einem rauschenden Wildbach entlang, um sich die richtige Stelle für den Forellenfang zu suchen. Die Fische werden dann gleich nach dem Fang über einem Feuer auf Stöcke gezogen und gebraten, dazu eine Kanne des unvermeidlichen Kaffees – das ist Wildmarksfeeling!

Etwas ganz Besonderes ist aber doch das Eisfischen im Frühling. An einem sonnigen, windstillen Tag fährt man mit Skiern auf einen See, zu den vielversprechenden Barsch-, Hecht- oder Forellenstandorten, bohrt sich einige Probelöcher ins Eis und legt sich dann, wenn man die »Bißstelle« gefunden hat, auf ein Rentierfell, sonnt sich und zieht vielleicht nebenbei noch das Mittagessen aus dem Wasser. Keine Mücke wird einen belästigen, hier droht nur der Sonnenbrand. Bis in den Mai hinein kann man diese Angelmethode ausprobieren. Grundsätzlich braucht man für *alle* Gewässer Angelkarten *(fiskekort),* die in Touristenbüros, Sportgeschäften und auf Campingplätzen verkauft werden. An einigen Stellen gibt es sogar Automaten, aus denen man sich eine Tageskarte ziehen kann. Für die Nationalparks gelten besondere Bestimmungen, über die die Touristeninformationen Auskunft geben können. Fische werden in viele Gewässer eingesetzt, und die Angelvereine der jeweiligen Kommunen geben Auskunft, wo der begehrte Saibling *(röding)* anzutreffen ist. Neben Barsch, Hecht, Bach- und Lachsforelle kann man noch Maräne, Äsche und Aalraupe fangen.

Die Gemeinden haben oft in Zusammenarbeit mit den Angelvereinen Parkplätze mit Feuerstellen, Holzvorrat und Toiletten, Windschutzplätze oder gar kleine Hütten an besonders begehrten Angelgewässern angelegt, die von allen Besitzern einer Angelkarte umsonst benutzt werden können.

Wer das Angeln angesichts schneebedeckter Berge oder Gletscher reizvoller findet, kann sich von Helikoptern oder Wasserflugzeugen in eins der *fiskecamps* ins Fjäll fliegen lassen: Übernachtungsmöglichkeiten in einfachen Hütten oder gar ursprünglichen Koten, Bootsverleih, Räuchermöglichkeiten und vielleicht sogar eine Sauna gehören dazu. Buchungen kann man bei den Touristenbüros der Umgebung vornehmen (s. auch die einzelnen Orte im Teil »Reiseziele«).

Allemansrätten – Das Jedermannsrecht

»Schreibt auf jeden Fall über das Jedermannsrecht, die Deutschen wissen nichts darüber!« wurden wir immer wieder bei unseren Recherchen beschworen. Diese Aussage halten wir zwar für etwas übertrieben, aber eine Pfadfindergruppe, die eine alte Scheune abreißt und Lagerfeuer daraus macht, oder eine Familie, die die Beerensträucher in den Gärten der Bewohner plündert, nur weil kein Zaun vorhanden ist, bleiben im Gedächtnis der Einheimischen jahrelang haften.

Grundsätzlich gilt das Jedermannsrecht oder auch das »allgemeine Nutzungsrecht« für alle – Schweden genauso wie Ausländer. Für Gruppen gilt es allerdings mit Einschränkungen. Da es darüber keine festen Bestimmungen gibt, müssen Gruppen eine größere Verantwortlichkeit in der Natur zeigen. Es ist beispielsweise klar, daß fünf oder zehn Zelte mit entsprechender Bewohnerzahl eine stärkere Beanspruchung des Bewuchses darstellen als nur ein Zelt. Entsprechend sorgfältig muß hier der Platz gesucht werden.

Privatgrundstück ist das Land, was sich im Umkreis um ein Wohnhaus, bzw. zwischen Wohnhaus und Nebengebäuden befindet. Hier hat der Besitzer das Recht, nicht gestört zu werden! Betreten ist also verboten.

Fremder Grund und Boden ist alles, was nicht Privatgrundstück ist. Hier darf man zu Fuß und auf Skiern überall durch, auch wenn es eingezäunte Weiden sind. Natürlich muß man Tore wieder schließen und Zäune unberührt lassen.

Sperrgebiete sind entweder militärische Bereiche oder Naturschutzgebiete, die immer gekennzeichnet sind (Schilder). Diese dürfen nicht betreten oder befahren werden.

Reiten und Radfahren ist dann erlaubt, wenn der Boden keinen Schaden nimmt (also nicht in Moorgebieten und auf Trimmpfaden), außerdem dürfen Wanderer dabei nicht gestört werden.

Motorfahrzeuge sind im Gelände und auf Straßen mit Fahrverbot (»förbud mot motordrivet fordon«) nicht erlaubt. Für Schneeskooter gibt es gekennzeichnete Wege. Eine Ausnahmegenehmigung können Rentierzüchter beantragen.

Zelten (für eine Nacht) ist überall gestattet, wenn der Boden nicht für landwirtschaftliche Zwecke genutzt wird oder in der Nähe eines Wohnhauses liegt. In dünnbesiedelten Gebieten oder im Gebirge darf man auch länger als eine Nacht bleiben. Zelten in Gruppen ist nur mit Erlaubnis des Grundbesitzers gestattet. Für Wohnwagen gilt dasselbe. Daß man keine Aussichten für Häuser verstellt und Einfahrten nicht behindert, versteht sich von selbst.

Baden und Bootfahren ist auf allen Gewässern gestattet, außer in gekennzeichneten Vogelschutzzonen u. ä. An Land gehen und Anlegen mit Booten ist nur auf Privatgrundstücken nicht erlaubt bzw. von der Zustimmung des Besitzers oder Mieters abhängig.

Blumen, Pilze, Beeren darf man überall, außer auf Privatgrundstücken pflükken. Selbstverständlich ausgenommen sind die Pflanzen, die unter Naturschutz stehen, was in jeder Provinz andere sind. Das Mitnehmen von lebenden Bäumen, Sträuchern, Reisig, Zweigen und Ästen, Baumrinde, Laub, Eicheln, Nüssen oder Harz von lebenden Bäumen ist verboten und zählt als Beschädigung oder Diebstahl.

Angeln ist an allen Meeresküsten und in wenigen süd- und mittelschwedischen großen Seen frei, ansonsten benötigt man immer eine Angelkarte. Für Nationalparks gelten besondere Bestimmungen.

Lagerfeuer darf man überall dort machen, wo es andere nicht belästigt und keine Waldbrandgefahr besteht, außer auf Klippen und Felsen, die durch die Hitze springen und erodieren. Schon vorhandene Feuerstellen sind zu benutzen. Für ein Feuer darf man trockenes Holz und Reisig aufsammeln, aber keine Rinde von lebenden Bäumen abschälen. Die Glut muß beim Verlassen des Platzes völlig erloschen sein. Zeitweise kann Feuerentzündungsverbot herrschen.

Sauberkeit ist zwar selbstverständlich, aber trotzdem weisen wir nochmals darauf hin, daß Plastik- und Metallverpackungen auch dann nicht verrotten, wenn man sie eingräbt. Wer gefüllte Verpackungen auf eine Wanderung mitschleppt, kann sie wohl auch leer wieder mit zurücknehmen.

Reiseziele

Der kleine Eisenbahnerort liegt 100 km westlich von Kiruna. *Abisko* gehört zu den niederschlagsärmsten Gebieten Schwedens, während *Riksgränsen*, nur 40 km weiter in den Bergen, zu den niederschlagsreichsten gehört. Die Nähe der gletscherbedeckten Fjälle und die relativ geschützte Lage am Torneträsk prägen das Klima und die Landschaft um Abisko. *Abisko Östra* ist der eigentliche Ort mit Laden, Tankstelle, Schule, Bibliothek, Hotel und Saison-Café. 2 km weiter, im Abisko-Nationalpark, liegt an der Bahnstation *Abisko-Turist* die große *Touristenanlage des STF* mit Laden, Hotel, Jugenherberge, Zeltplatz und Ferienhäusern.

Sehenswert ist die Aussicht vom Berg *Njulla* (1.191 m), den man zu Fuß oder mit dem Sessellift bezwingen kann, auf die nordskandinavischen Berge, den Torneträsk und die berühmte Lappenpforte, ein großer U-förmiger Taleinschnitt und heiliger Platz der Sami in früherer Zeit. Während der Zeit der Mitternachtssonne, vom 31. Mai bis 16. Juli, fährt der Sessellift auch nachts. Im Winter und Frühling gibt es von hier eine kurze, aber anspruchsvolle Skiabfahrt.

Der *Abisko-Nationalpark* bildet das nördliche Ende des Kungsleden, einem ca. 500 km langen Wanderweg durch Lappland. Die besondere Flora des Nationalparks können Interessierte schon im *Abiskojokko-Canyon* und im Tal des *Ridonjira* entdecken. Wer einen Eindruck von der Entstehung und Entwicklung der Landschaft mit ihren Pflanzen und Tieren bekommen will, dem sei der Naturraum in *Abisko-Turist* empfohlen. Von hier aus werden auch Grottenführungen unternommen, die weniger wegen der großartigen Tropfsteinformationen (die mit mitteleuropäischen Grotten nicht vergleichbar sind) als vielmehr wegen des abenteuerlichen Charakters der Begehung zu einem Erlebnis werden.

Ein Abenteuer, das vor 100 Jahren stattfand, kann man heute noch nachempfinden, wenn man sich auf den alten *Materialweg* entlang der Erzbahn begibt. Er führt von *Tornehamn*, wo ein alter Friedhof – der *rallarkyrkogård* – von der Ernsthaftigkeit des damaligen Unternehmens zeugt, bis zum Rombaksbotten in Norwegen und kann zu Fuß oder bei trockenem Wetter auch mit dem Fahrrad zurückgelegt werden.

Ausflüge von Abisko aus können neben Wanderungen auf den markierten Wegen der Umgebung und den genannten Sehenswürdigkeiten auch den *Silberfall*, einen Wasserfall am Torneträsk, oder die 1989 eröffnete nördlichste Golfbahn der Welt in *Björkliden* (10 km) sowie die nördliche Seite des Torneträsk zum Ziel haben. Man gelangt mit einer regelmäßigen Bootslinie von Abisko-Turist über Tornehamn und Björkliden zur *Pålnohütte* am nordwestlichen Ende des Torneträsk. Von dort aus

Vadvedjåkkå-Nationalpark kann man den *Vadvedjåkkå-Nationalpark* erkunden. Schwedens höchstgelegene Übernachtungshütte, die *Låktatjåkkåstuga*, wird von der Touristenanlage Björkliden verwaltet.

Skilauf Für Skiläufer und -läuferinnen beginnt der Liftbetrieb in Björkliden Mitte Februar, in Abisko 1–2 Wochen später. Gespurte Loipen gibt es in Abisko, in den Bergen führen bezeichnete Winterwanderwege (weitgehend ungespurt) zu Hütten, Windschutzkojen und den Nachbarorten. Die Skisaison endet in der Regel in der zweiten Maihälfte.

Veranstaltungen Veranstaltungen und Aktivitäten werden von den Touristenstationen in Abisko und Björkliden regelmäßig angeboten, wie z. B. täglich wechselnde Vorträge und Diashows über die Umgebung, Führungen und Wanderungen im Sommer und Winter, Angeltouren im Sommer und Winter, Bootstouren im Sommer und Themawochen (Foto, Malerei, Handwerk) in der Nebensaison. Björkliden bietet Reitwochen, speziell auch für Jugendliche, an.

Verleih Verleih von *Booten* und *Rädern* in Abisko Östra, *Wander-* und *Skiausrüstung* in Abisko-Turist und Björkliden, *Pferden* in Björkliden.

Information/Buchungen *Abisko Turiststation*, Tel. 09 80/4 00 00; *Björkliden Turiststation* Tel. 09 80/4 10 50.

Verbindungen Zug nach Narvik mindestens zweimal täglich das ganze Jahr über, in der Saison außerdem Bus Kiruna–Riksgränsen.

Unterkünfte Jugendherberge in Abisko-Turiststation; Zeltplatz in Abisko Turist; Wohnwagencamping (auch Winter) in Abisko Östra und Björkliden; Ferienhäuser in Abisko-Turist, Abisko Östra, Björkliden; Hotels in Abisko-Turist, Abisko Östra, Björkliden.

Ammarnäs Am See Gautsträsk, dort wo Vindelälv und Tjulån ein Delta bilden, liegt der kleine Ort *Ammarnäs*. Früher war dies ein Bergbauerndorf, heute ist man ganz und gar darauf eingestellt, interessierten Touristen die abwechslungsreiche Natur und die Kulturen der Sami und der ersten schwedischen Siedler nahezubringen.

Sehenswert Sehenswert sind hier die *Lappstan*, die alte Siedlung der Sami, und der *Potatisbacke* als Hinterlassenschaft der Bauernkultur. Ammarnäs liegt in einem Moränengebiet, und ein steiler Hügel, der nach Süden zeigt, wurde der »Kartoffelhügel«, *Potatisbacke*, des gesamten Ortes. Bei dem 410 m hohen Hügel handelte es sich um die nördlichste erfolgreiche Kartoffelpflanzung. Im *Naturrum* kann man sich über die Besonderheiten von Europas größtem Naturreservat informieren, bevor man sich auf einen kurzen oder mehrtägigen Ausflug in das *Vindelfjäll-Naturreservat* begibt. Der Kungsleden, der hier die südlichste Etappe nach Hemmavan beginnt, durchquert das Reservat. *Örnbo* (»Adlernest«) ist ein restaurierter Bergbauernhof aus dem 19. Jh., der auf einer Klippe, 5 km von Ammarnäs entfernt, liegt. Nur zu Fuß sind die Sameviste und der Siedlerhof in *Rusa* und *Aivak* zu erreichen. Ein markierter Weg beginnt in *Kraipe* und führt 13 km weiter nach Rusa, von dort weitere 5 km nach Aivak, wo Touristen in der kleineren der Hütten übernachten dürfen. Hier sind Karte und Kompaß und vorherige Information bei den Einheimischen nötig. Weitere Überreste des Zusammentreffens von Bauern- und Nomadenkultur findet man in *Tjulträsk*.

Vindelfjäll

Skilifte (auch im Sommer geöffnet), Loipen und bezeichnete Winterwanderwege machen Ammarnäs auch im Winter und Frühling interessant. Dazu kommen Skooterverleih im Winter, Verleih von Booten und Rädern in Ammarnäsgården im Sommer, Fjällflugverkehr, Wildwasserfahrten, Busrundfahrten, eine Seilbahn auf den Näsberg und Touren mit Lastrentieren oder Pferden.

Skilauf/ Ausflüge

An sportlichen Veranstaltungen finden jedes Jahr der *Vindelälvsloppet* Ende Juli und der *Fjällmarschen*, eine Wanderung von 36 km Länge (Biellojaure-Ammarnäs) als Familienwettkampf statt. Ende August, wenn die ersten Kartoffeln geerntet werden, gibt es ein großes Fest, das *Pärfestival*. An den *Kulturtagen* mit Auktion, Wettkämpfen und Darbietungen verschiedener Art kann man Mitte Juli und an *Kirchenfesten* in *Gillesnuole* am letzten Wochenende im Juni, Juli und August teilnehmen.

Veranstaltungen

Ammarnäsgården, Tel. 09 52/6 01 32 und in Sorsele (auch Buchungen).

Information

Tägliche Busverbindungen mit Sorsele und damit auch mit der Inlandsbahn.

Verbindungen

In Ammarnäs gibt es das *Hotel Ammarnäsgården* mit Jugendherberge, Ferienhäuser und einen Campingplatz.

Unterkunft

Arjeplog ist mit 3.820 Einwohnern auf 12.945 km^2 die am dünnsten besiedelte Gemeinde Schwedens. Im Hauptort selbst leben nur etwa die Hälfte der Gemeindebewohner. Er liegt reizvoll zwischen dem tiefsten und dem flachsten der großen schwedischen Seen, *Hornavan* und *Uddjaure*. Letzterer ist mit durchschnittlich 215 Tagen im Jahr der am längsten zugefrorene See, was sich Auto- und Reifentester aus ganz Europa zunutze machen. In der Nebensaison bilden Tester ein wichtiges Übergangseinkommen für die Tourismusbranche in Arjeplog. Anfang der 80er Jahre mußte die scheinbar so unberührte Natur

Arjeplog (3.820 Ew.)

einige gefährliche Wermutstropfen in Form von Radium im Hornavan hinnehmen: Nach Probebohrungen 30 km nördlich von Arjeplog ließ die Grubengesellschaft LKAB uranhaltiges Gestein frei zur Ausspülung durch Regen und Schnee herumliegen.

Sehenswert Trotz alledem ist der Ort sehenswert und liegt in einer bezaubernden Landschaft, die sich auch Autoreisenden auf dem *Silberweg* nach Norwegen erschließt. Das Silber hat die Gemeinde seit dem 17. Jh. geprägt, als im *Nasafjäll* begonnen wurde, unter teilweise unmenschlichen Bedingungen Erz abzubauen. Reste der Gruben sind noch vorhanden; man erreicht sie am leichtesten von der E 6 in Norwegen aus, wo ein Weg zwischen Bolna und Stödi auf den Berg (1.210 m) führt. Das *Sil-*

Silbermuseum *bermuseum* in Arjeplog, eine weltberühmte Sammlung samischer Silberkunst, wurde von dem legendären Lappmarksdoktor Einar Wahlquist eingerichtet (s. S. 198). Es zeigt außerdem eine große Menge Gebrauchsgegenstände aus den letzten beiden Jahrhunderten. Die *Holzkirche* enthält Erinnerungen aus der

Galtispouda Zeit der Silbergruben. Der *Galtispouda* ist der nächste Aussichtsberg und Skigebiet. Weitere Ausflüge können in Richtung Jäckvik unternommen werden (65 km, Bus), wo der Kungsleden Wanderungen nach Norden und Süden in die Berge leicht mög-

Peljekaise-Nationalpark lich macht. Südlich von *Jäckvik* liegt der *Peljekaise-Nationalpark* mit sehenswertem Fjällbirkenwald und Aussicht auf das umgebende Seensystem, wenn man das Kahlfjäll erreicht hat. An der *Kapelle* in Jäckvik steht ein Erinnerungsstein an Laestadius.

Vuoggatjålme Wer einen der kältesten Orte Schwedens kennenlernen will, fährt weiter Richtung Westen nach *Vuoggatjålme*. Die ganze Gegend gilt übrigens als ein großes Angelparadies.

Veranstaltungen An Veranstaltungen und Aktivitäten seien der *Wintermarkt* am zweiten Wochenende im März und der *Herbstmarkt* am ersten Wochenende im Oktober genannt. *Silverfestivalen*, ein Fest mit Familienunterhaltung, Wettkämpfen und Spielen findet im Juli statt, und an sportlichen Veranstaltungen gibt es den *Silverloppet*, einen Skiwettkampf im März, und den *Halbmarathon* im August.

Verleih Ein Verleih von *Booten* und *Rädern* existiert am Campingplatz in Arjeplog, im Sommer finden auch *Bootstouren* über den Hornavan statt. Skipisten gibt es auf dem Galtispouda, Loipen

Skilauf und Winterwanderwege in Arjeplog und Umgebung (Jäckvik).

Information *Arjeplogs Turistbyrå*, Torget, 09 61/1 12 20 (auch Buchungen). Tägliche Busverbindungen nach Arvidsjaur mit Anschluß an

Verbindung die Inlandsbahn und in der Saison bis nach Norwegen, sonst mehrmals wöchentlich nach Jäckvik und Vuoggatjålme.

Unterkunft In Arjeplog gibt es einen großen Campingplatz (ganzjährig) mit Zeltplatz, Wohnwagenplätzen und Ferienhäusern, sowie ein

Hotel. Die nächsten Jugendherbergen liegen in Jäckvik (65 km) und Sorsele (80 km). In Slagnäs (60 km) gibt es einen Campingplatz und Ferienhäuser, in Jäckvik und Vuoggatjålme ein Hotel und in Racksund (15 km) und Mellanström (25 km) Ferienhäuser.

Arvidsjaur
(8.100 Ew.)

Das Gebiet der 5.708 km² großen Gemeinde *Arvidsjaur* ist ein riesiges Waldland. Die reißenden Fjällbäche haben sich hier zwischen sanften Hügeln zur Ruhe begeben und bilden Pfuhle und Sümpfe, schwedisch: *träsk*. Viele der Dorfnamen in dieser Gegend haben deshalb die Endung -*träsk*. Die Schriftstellerin Sara Lidman (s. S. 197) hat einige ihrer großen Werke dem besonderen Menschenschlag, dem *träsk*-Volk gewidmet.

Sehenswert

Der Hauptort Arvidsjaur war Kirchen- und Handelsplatz der Waldsami, die hier ein heute noch benutztes *Kirchendorf* mit 70 typischen Holzkoten und Schuppen besitzen. Sehenswert ist diese älteste noch intakte *Lappstaden* Schwedens. Im *Heimatmuseum Gamla Prästgården*, gleich nebenan, finden zu gewissen Zeiten Führungen durch das Kirchendorf statt. In *Glommersträsk* (45 km) ist das *Heimatmuseum* ein alter Bauernhof aus dem 18. Jh. mit vielen gut erhaltenen Gebrauchsgegenständen. Ein Ausflug dorthin könnte mit einer Fahrt im Auto zur Gipfelhütte auf den *Glommersberget* und mit einer Vogelexpedition zu dem Beobachtungsturm am *Glommersträsk* verbunden werden. Weitere Ausflüge sind empfehlenswert auf den *Vittjåkk* bei Arvidsjaur, einem familienfreundlichen Ski- und Wanderberg. Der *Byske älv* ist ein naturschöner Waldfluß, der an vielen Stellen leicht zugängliche Rast- und Angelplätze hat. Auch durch das *Reivore-Reservat* führen viele Pfade zu Rast- und Angelplätzen. Mit dem Bus kann man auch zum *Piteälv* fahren und dort an einer Stromschnellenfahrt teilnehmen.

Veranstaltungen

Die größten Veranstaltungen in Arvidsjaur sind der *Wintermarkt* im Februar und das große Fest der Sami, ihre *Hauptversammlung* mit kulturellem Programm am letzten Wochenende im August. Das Projekt *Sita Sameland* macht es für Touristen – einzelne oder Gruppen – möglich, Rentierzüchteralltag aus der Nähe zu erleben. In Vittjåkk und Järvträsk werden die alten Wassermühlen zu den *Mühlenfesten* im Juli wieder in Betrieb genommen. Ebenfalls im Juli finden das *Fischer*- und das *Köhlerfest* in Moskosel (38 km) statt. In Glommersträsk werden im Sommer verschiedene *Feste im Heimatmuseum* gefeiert. Weitere Aktivitäten sind das regelmäßige *Tunnbröd-Backen* in fast allen Dörfern, die über ein Backhaus verfügen, und *Kanuausflüge* in Arvidsjaur. Sehr gute *Skimöglichkeiten* mit vielen Loipen gibt es überall in der Gegend, und im Sommer kann man sich in den temperierten *Freibädern* in Arvidsjaur und Moskosel wohlfühlen.

Verleih	Verleih von *Booten* und *Rädern* in Moskosel und im Informationsbüro in Arvidsjaur.
Information	*Arvidsjaur Turistbyrå*, Östra Skolgatan 18, Tel. 09 60/1 58 00 (auch Buchungen).
Verbindungen	Inlandsbahn durch Arvidsjaur und Moskosel, Busverkehr über Glommersträsk nach Jörn zur Stammbahn, Busquerverbindungen Luleå/Skellefteå–Bodø über Arjeplog und andere Orte im Fjäll (Kungsleden).
Unterkunft	Campingplätze gibt es in Arvidsjaur, Glommersträsk (45 km, Zeltplatz gratis) und Moskosel (38 km). Ferienhäuser kann man in Arvidsjaur und Moskosel mieten. Hotels gibt es in Arvidsjaur und Glommersträsk. Die nächste Jugendherberge liegt in Sorsele (86 km) an der Inlandsbahn.

Åsele
(4.264 Ew.)

Zur Gemeinde *Åsele* gehören auf 4.315 km^2 4.264 Einwohner. Der Hauptort ist mit 2.500 Einwohnern schon fast eine Kleinstadt, in der sowohl Kleinindustrie als auch Land- und Forstwirtschaft angesiedelt sind. Am bekanntesten ist dieser Ort am Ångerman Älv für seinen traditionsreichen großen Markt, zu dem sich die Einwohnerzahl verzehnfacht.

Sehenswert

Sehenswert ist hier die *hembygdsområde*, ein gut organisiertes Museum mit alten Blockhäusern und reichhaltigem Inventar, das dokumentiert, wie die alten Bauerndörfer funktioniert haben (mit Café).

Ausflüge

Mit Hilfe einer detaillierten Karte aus dem Touristenbüro und einem Fortbewegungsmittel kann man folgende interessante Ausflugsziele erreichen:

Gavsele-Koholmen: Åseles erster Siedlerhof.

Torvsjö Kvarnar: eine geschickte Anordnung von neun Wasserrädern, die als Mühlen- und Sägeantrieb dienten, und einem Kraftwerk, das einen Gleichstromgenerator mit einem Effekt von 10 PS betreibt, ein energiehistorisch interessantes Baudenkmal aus der Zeit der Selbstversorgung um die Jahrhundertwende (25 km in Richtung Vilhelmina).

Sämsjö: 5.000 Jahre alte Felszeichnungen, die die Elchjagd darstellen.

Stockholmsgatan: 35 km südöstlich von Åsele liegt ein ausgetrocknetes Urstromtal von riesigem Ausmaß mit senkrechten Felswänden und Gletschermühlen.

Vitterhuset: 10 km südlich von Åsele, Felsblockansammlung mit Überhängen, die Grotten und Säle bildet.

Storsjögården: 15 km westlich von Åsele liegt ein denkmalgeschützter Hof aus der Zeit der Selbstversorgung, der damals sehr isoliert war.

Naturreservat Stenbitshöjden: 40 km südwestlich, mit Wanderwegen und Angelplätzen.

Urwälder mit bis zu 400 Jahre alten Bäumen gibt es außerdem noch an folgenden Stellen: Käringberget, Björnlandet, Storberget, Bäckmyrkullen, Oxvattentallen, Nordansjöberget, Skalberget, Vammasjöliden, Rödberget, Börtingberget, Järnäsberget.

Veranstaltungen

Beliebte Veranstaltungen sind der schon erwähnte viertätige *Markt* am dritten Juliwochenende, die *Kulturtage* in Torvsjö Ende Juni und in Gavsele im Juli. Ebenfalls im Juli finden jährlich *Kulturtage mit Theater* in Fredrika statt. Eine *Messe* mit Produkten der heimischen Industrie- und Handwerksbetriebe dauert den ganzen Juli. In der Hembygdsområde gibt es im Sommer jeden Mittwochabend Familienunterhaltung: *Åselesnurran*.

Für Aktive gibt es schöne Badestellen in der Umgebung. Angel- und Jagdinteressierte können hier ebenfalls auf ihre Kosten kommen, wie auch Skiläufer, für die ein Skilift bereitsteht und diverse Loipen präpariert werden.

Verleih

Verleih von *Booten* und *Rädern* im Informationsbüro in Åsele, das auch Tourenbeschreibungen herausgibt.

Information/ Buchungen

Åsele Turistbyrå, Centralgatan 35, 09 41/1 09 02, 1 12 00 (Winter), und *Fredrika Turistbyrå*, Viskabaren, 09 43/1 00 18.

Verbindungen

Durch Postbusse ist Åsele mit Vilhelmina (68 km) Fredrika (58 km; der Bus fährt weiter nach Umeå), Lycksele (87 km) und Dorotea (51 km, Anschluß nach Östersund) verbunden.

Unterkunft

Campingplätze gibt es in Åsele, Älgsjö (10 km), in der Nähe von Gavsele (17 km) und Fredrika (58 km). Ferienhäuser kann man in Åsele, Älgsjö und Fredrika mieten, und im Hotel wohnt man in Åsele und Fredrika. Die nächsten Jugendherbergen befinden sich in Vilhelmina und Lycksele.

Dorotea (3.800 Ew.)

Dorotea liegt am südlichen Ende von Lappland und ist mit mehr Einwohnern als Quadratkilometern Fläche (2.803) sozusagen »dicht« besiedelt. Der Anschluß an die Inlandsbahn und die Nähe zum Borgafjäll reizen viele Wanderer und Skifahrer, hierher zu kommen. Die Kommune ist seit 1980 wieder selbständig, nachdem sie 1973 zu Åsele geschlagen worden war. Eine breite Bürgerinitiative hat nach zähem Ringen dieses Kunststück fertiggebracht.

Sehenswert

Sehenswert sind im Ort die *Kirche* mit Skulpturen von Carl Milles und in der benachbarten *Kapelle* die lebensgroße »Abendmahlgruppe« des norwegischen Künstlers Björn Martinius. Außerdem lohnt sich ein Besuch des Freilichtmuseums *Kullerbacken hembygdsområde*.

Restaurant

Gaumenfreuden im Höchstmaß bietet das *Hotell Dorotea* (»zu Hause bei Hubbe« – gemeint ist der hier wirkende deutsche Gastronom Hubert Förster). Relativ preiswert bekommt man hier lappländische Spezialitäten serviert, und man kann sogar satt davon werden.

Ausflüge Mehrere lohnende Ausflugsziele liegen an der Straße in Richtung Borgafjäll. In Avaträsk, nach 10 km, muß man abbiegen, um zum *Blaikfjäll* zu kommen, einem Hochplateau mit besonders interessanter Flora. 40 km weiter gelangt man nach *Högland*. Dort haben die Dorfbewohner eine alte Wasserkraftsäge wieder hergerichtet, einige andere ältere Häuser dazugestellt und ein Freilichtmuseum geschaffen. Nach weiteren 20 km Fahrt ist der wunderschön gelegene Ort *Risbäck* erreicht. Das kleine Heimatmuseum bietet Interessantes aus der Siedlerzeit. Das *Borgafjäll* ist 100 km von Dorotea entfernt. Es ist für leichtere Wanderungen gut geeignet. Im Ort Borgafjäll wurden das Hotel und die Kapelle von dem weltberühmten Architekten Ralph Erskine geplant. Das Hoteldach ist den nahen Bergen nachempfunden und wird auch als Kinder-Skipiste genutzt. Eine Wanderung auf den 1.200 m hohen *Borgahällan* sollte sich niemand entgehen lassen. Der Berg bildet zum Borga-See hin eine 800 m hohe, senkrechte Steilwand. Die Aussicht ist phantastisch! Die Straße geht noch rund 20 km weiter, immer am Borga-See entlang. An zwei Stellen, in *Storviken* und in *Sutme*, hat man die Möglichkeit, nach einer kurzen Wanderung ein »Lappläger« mit typisch südsamischen Koten und Vorratsgebäuden zu erreichen. In Sutme kann man bei dem gleichen Ausflug auch einen kleinen Abstecher zu den *Slipsiksforsarna* machen. Das sind Stromschnellen in einer tiefeingeschnittenen Schlucht.

Skilauf Skilifte und Loipen findet man selbstverständlich in Dorotea und vor allem in Borgafjäll.

Veranstaltungen Die größte Veranstaltung in Dorotea und Umgebung sind die *Återvändardagarna*, sogenannte Heimkehrertage, für alle ehemaligen »Doroteaner«, die im Sommer in ihren Heimatort zurückkommen, und natürlich auch für die Touristen. In der zweiten Juliwoche finden unzählige Aktivitäten statt: Markt, Tanz, Handwerksausstellung, Teerbrennerei, Sennerleben, Kirchenmarsch von Avaträsk nach Dorotea, Kulturtage in den umliegenden Ortschaften (bei welcher Gelegenheit z. B. in Högland die Wasserkraftsäge vorgeführt wird) und »Doroteahambo« – überall wird Hambo getanzt.

Verleih Verleih von Booten und Rädern auf dem Campingplatz in Dorotea.

Information *Dorotea Turistbyrå*, Torget, Tel. 09 42/1 12 06 (auch Buchungen).

Verbindungen Dorotea liegt an der Inlandsbahn; ein Postbus fährt täglich nach Borgafjäll (100 km) und nach Åsele (50 km), außerdem Busverbindung mit Umeå und Östersund.

Unterkunft Campingplätze gibt es in Dorotea, Hoting (24 km) und Borgafjäll, Ferienhäuser in Dorotea, Borgafjäll und Sutme (120 km), Hotels in Dorotea, Borgafjäll und Hoting. Die nächstgelegenen Jugendherbergen findet man in Risbäck (70 km) und Rajastrand (75 km).

Gällivare ist eine kleine Industrie- und Bergarbeiterstadt. Die Gemeinde ist 15.996 km² groß und hat 22.900 Einwohner. Auch die samische Kultur und der Eisenbahnbau um die Jahrhundertwende haben die Stadt geprägt. Gällivare ist eine der wenigen lappländischen Gemeinden, wo so etwas wie ein Stadtbummel möglich ist. Es empfiehlt sich, sich dazu ein Faltblatt aus dem Informationsbüro zu besorgen, mit dessen Hilfe man auch die Sehenswürdigkeiten in dem Ort erreicht.

Gällivare
(22.900 Ew.)

Zu diesen gehören *hembygdsgården* mit gemütlichem Café, Handwerkstagen (im Juli) und »Plupp«-Spielen für Kinder; das *Lappenlager* mit der Kote des samischen Malers Nils Nilsson Skum; das *Heimatmuseum* in der alten Centralschule (mit Café); *Ettöreskyrka*, die alte Ein-Öre-Kirche, die durch eine Sammlung aller schwedischen Christen gebaut wurde. Der »denkende Sami« ist ein *Gedenkstein* für die samische Kultur. Seine Inschrift lautet: »Mein war das Land in der Vergangenheit, bewahre mein Volk in der Zukunft«. Der alte *Bahnhof* stammt noch aus der Zeit des Eisenbahnbaus. *Fjällnäs* ist ein hier ungewöhnliches Schlößchen, das sich der Grubendirektor Bergmann bauen ließ; jetzt ist es ein Hotel mit Selbstverpflegung.

Sehenswert

Dundret, ein einzeln stehendes Kahlfjäll, ist Skigebiet und Naturreservat (in dieser Reihenfolge), die Mitternachtssonne sieht man hier vom 3. Juni bis 9. Juli.

Umgebung

Mitten durch den Nachbarort *Malmberget* verläuft ein tiefer Graben. Ursache dafür ist der Erztagebau, der bei der Ausbeutung von Erzadern auch nicht vor der Bebauung haltmachte – Schule, Kirche und mehrere andere Gebäude mußten umgesetzt werden. Sehenswert sind hier das *Bergbaumuseum* mit Hermelinstollen und die *Tuoddarvilla*, wo Künstler aus der Umgebung ihre Ateliers haben und ausstellen. *Kåkstaden* ist eine Straße, die nach Fotos und Plänen aus der alten Bergarbeitersiedlung der Jahrhundertwende in Malmberget wieder aufgebaut wurde. *Kaptensspelet* ist ein Aussichtsturm. In dem hügeligen Ort *Koskullskulle* steht ein *Bergarbeiterdenkmal*, und es lohnt sich die große *Mineraliensammlung* in der Steinschleiferei zu besuchen.

Das wahrscheinlich lockendste Ausflugsziel ist der *Vägen Västerut:* Der »Weg nach Westen« zweigt ca. 40 km südlich von Gällivare nach Westen ab und führt entlang der großen Wassermagazine des Stora Luleälv bis Ritsem und Sitasjaure durch den *Stora-Sjöfallet-Nationalpark* hindurch (Bus). Hier ist der

Ausgangspunkt für Wanderungen auf dem Kungsleden und in die drei großen Nationalparks Stora Sjöfallet, Sarek und Padjelanta. Von den sieben Wasserfällen des Stora Sjöfallet (Großer Seefall) ist nach dem Bau des Suorva-Dammes nur noch einer übrig geblieben (s. auch S. 158).

Aktivitäten Winteraktivitäten sind das Skilaufen auf der Worldcup-Skianlage des *Dundret* (geöffnet ab Ende Oktober) und auf den vielen beleuchteten und unbeleuchteten Loipen sowie das Eisangeln auf den Seen der Umgebung und den Fjällseen. Es gibt Rodelbahnen; Arrangements mit Hundeschlitten oder Skootern können im Touristenbüro gebucht werden. Im Sommer gehört das Drachenfliegen vom Dundret zu den Attraktionen. Goldwaschen, Reiten (Gällivare, Nirra, Tjautjas), Golfspielen (Malmberget, 9-Loch-Anlage) und diverse Halbmarathons, Frauenläufe usw. finden in Gällivare, Malmberget und Killingi statt. Im Sommer ist das Freibad in Malmberget geöffnet. In *Tjautjas*, ca. 20 km nördlich von Gällivare, ist eine Touristenanlage mit Wegen und Rasthütten auch für Behinderte eingerichtet, mit Möglichkeiten zum Reiten und Angeln; Spezialarrangements mit Skootern oder Hundeschlitten sind möglich. Stromschnellenfahrten werden in Killingi angeboten.

Veranstaltungen An Veranstaltungen gibt es den Wintermarkt Mitte März und den Sommermarkt Anfang Juli in Gällivare und Mitte Juli in Hakkas. Das Touristenbüro bietet täglich wechselnde Führungen oder Bustouren in die Umgebung an, vom 6. Juni bis 24. Juli auch Mitternachtssonnenfahrten auf den Dundret. Sonntags gibt es ein Musik- und Familienprogramm im Hembygdsgården. Musikwoche in Saltoluokta (Anfang August).

Verleih Verleih von Fahrrädern im Touristenbüro, auf dem Campingplatz und in der Jugendherberge. Verleih von Booten auf dem Campingplatz, außerdem auch in Björkudden und Saltoluokta *(Vägen västerut)* und in Killingi.

Information *Gällivare Turistbyrå*, Storgatan 16, 09 70/1 86 63, ein sehr großes Büro mit ausführlichen Informationen; auch Buchungen.

Verbindung Gällivare ist der Endpunkt der Inlandsbahn und Treffpunkt mit der Stammbahn in Richtung Kiruna/Narvik und Stockholm. Täglicher Busverkehr ins Fjäll bis Ritsem (manchmal bis Sitasjaure) in der Saison, sonst drei mal wöchentlich. Bus nach Jokkmokk, zu verschiedenen Orten im Tornedal und lokaler Busverkehr in Gällivare, nach Malmberget und Koskullskulle. Gällivare hat einen Inlandsflughafen.

Unterkunft Ein Zeltplatz ist in Gällivare, Wohnwagen-Campingplätze gibt es in Gällivare, Malmberget, Dundret, Vietas (150 km) und Ritsem (180 km). Ferienhäuser kann man mieten in Gällivare, Dundret, Nirra (30 km), Tja km), Skaulo (50 km), Killingi (90 km), Tjaunajokk (9 km, Flugverbindung), Björkudden (120 km; Bootsverbindungen vom *Vägen västerut*). Hotels gibt es in Gällivare, Malmberget und Dundret; Jugendherbergen in Gällivare (ganzjährig), Ulatti (60 km) und am *Vägen västerut* die Fjällstationen Saltoluokta (130 km; Bootsverbindung) und Ritsem (180 km).

Mit 18.144 km² ist die Gemeinde *Jokkmokk* so groß wie das Saarland und Schleswig-Holstein zusammen. Von den 6.820 Einwohnern leben ca. 2.500 im Zentralort. Jokkmokk liegt inmitten von Wäldern am Kleinen Luleälv im Winterweidegebiet der Fjällsami, ist also von der Lage her günstig als Handels- und Kirchplatz. Seit 1605 findet hier der traditionsreiche *Wintermarkt* statt, zu dem heute Besucher aus aller Welt kommen. Im Sommer 1989 wurde nach jahrelanger Aus- und Umbauphase, das alte Samemuseum als *Ajtte-Schwedisches Fjäll- und Samemuseum* wiedereröffnet. Es dient nun als Spezialmuseum für Natur und Kultur der gesamten Fjällgebiete und als Zentralmuseum für die samische Kultur in Schweden (siehe auch S. 83). Die *alte* und *neue Kirche*, beides Holzbauten, bilden zwei interessante Gegensätze. Die angenehme Einrichtung eines Sommercafés in fast jedem lappländischen *Hembygdsgården* verbindet auch in Jokkmokk das leibliche Wohl in einer gemütlichen Atmosphäre mit der Darbietung der Kulturgeschichte dieser Gegend. Bis nachts um 1 Uhr hat das Café auf dem Aussichtsberg *Storknabben* geöffnet. Von dort kann man vom 8. Juni bis 6. Juli die Mitternachtssonne bewundern. Jokkmokk ist auch ein Ort, zu dem sich viele Künstler hingezogen fühlen. Ihre verschiedenen Ausstellungen sind in der *Alten Apotheke*, im *Museum*, zeitweise im *Hembygdssgården*, in den verschiedenen Banken und in *Apokätno* (20 km südlich von Jokkmokk an der Inlandsbahn) zu sehen. Einige Künstler haben auch offene Ateliers.

Für Ausflüge empfehlen wir, sich die Touristenlandkarte über das »Lule Älvdal« gratis im Touristenbüro zu besorgen. Auf ihr sind 100 verschiedene Ausflugsziele eingezeichnet und beschrieben, die entlang dem Luleälv liegen. Viele davon befinden sich in der Gemeinde Jokkmokk. Dazu gehören das *Serri-Naturreservat*, ein alter Weideplatz der Waldsami, Koivå Lappvall (*vall* = Weide) und das Jokkmokk am nächsten liegende Kahlfjäll *Jarre*, von dem man einen phantastischen Ausblick über den *Karats-See* und die umliegenden alten Ödmarkshöfe hat. Bei schönem Wetter sieht man die Gletscher der Nationalparks Padjelanta, Stora Sjöfallet und Sarek. Der *Muddus-Nationalpark* liegt nordöstlich von Jokkmokk im Waldgebiet und ist wegen der vielen Mücken vor allem im Mai und Juni für Vogelfreunde und im August, September und vielleicht noch Oktober für Wanderer zu empfehlen. Teile des Nationalparks sind Vogelschutzgebiet und dürfen zu bestimmten Zeiten nicht betre-

Jokkmokk
(6.820 Ew.)

Sehenswert

Ausflüge

ten werden. Informationen über alle Jokkmokker Nationalparks erhält man im Touristenbüro, Spezialfragen können von
Fjällenheten in Jokkmokk beantwortet werden.

Aktivitäten Sommeraktive können sich in einem relativ großen *Freibad*
tummeln, paddeln und angeln. Winteraktiven stehen beleuchtete *Skipisten* (ca. 5 km entfernt) sowie beleuchtete und unbe-
leuchtete *Loipen* in Jokkmokk, Kåbdalis und Vuollerim zur
Auswahl. Da die Skianlagen von Vereinen betrieben werden,
sind die Lifte nicht ständig geöffnet, meistens aber an zwei
Tagen in der Woche und am Wochenende. Außerdem bestehen
Jagdmöglichkeiten.

Veranstaltun- Bei den Veranstaltungen steht der traditionsreiche *Winter-
gen markt* jeweils am ersten Donnerstag, Freitag und Samstag mit
reichem Kulturprogramm an erster Stelle. Ein *Herbstmarkt*
findet Ende August statt. In der Sommersaison gibt es einmal
wöchentlich *Musik im Museum* und *Familienunterhaltung* in
Notudden (Campingplatz). Für Botaniker interessant sind die
Linné-Tage (siehe Kvikkjokk, S. 153), und wer an den *Kir-
chenwochenenden* in den Kirchenkoten der samischen Som-
merdörfer in den Bergen teilnehmen will, erfährt die Termine
aus der Informationsbroschüre »Kyrkhelger«, die im Touristenbüro erhältlich ist. 1991 findet in der Gemeinde Jokkmokk ein
großes *Weltkulturfestival* statt. Rund um Mittsommer werden
unterschiedliche Arrangements internationalen Zuschnitts in
Jokkmokk selbst, aber auch in Kvikkjokk, Saltoluokta, Stora
Sjöfallet, Porjus und Vuollerim stattfinden. Für Sportler gibt es
den *Polcirkelmaran*, einen Halbmarathon Anfang Juli und die
traditionsreichen Skilangläufe *Nordenskjöldsloppet* (50 km)
und *Vargrännarloppet* (60 km) im März.

Verleih Verleih von Fahrrädern im Touristenbüro Jokkmokk; Verleih
von Booten im Touristenbüro und auf den Campingplätzen in
Notudden, Vaikijaur und Polcirkel.

Information *Jokkmokks Turistbyrå*, Stortorget 4, Tel. 09 71/1 21 40 (auch
Buchungen).

Verbindungen Inlandsbahn, Busverbindungen zur Stammbahn nach Murjek
(65 km) und Gällivare (90 km). Im Sommer häufig Direktver-
bindung von Murjek über Jokkmokk nach Kvikkjokk. Außerdem Busse nach Boden/Luleå, Älvsbyn sowie Postbus nach
Karats. Busverbindung über Porjus/Luspebryggan (auch Inlandsbahn) nach Ritsem.

Unterkunft Campingplätze gibt es in Notudden (2 km, auch im Winter geöffnet), Vaikijaur (9 km) und Polcirkel (8 km). Ferienhäuser stehen in Notudden (2 km), Notviken (2 km), Vaikijaur (9 km),
Skabram (3 km), Purkijaurby (15 km), Polcirkel (8 km), Kronogård (65 km) und Kåbdalis (61 km). Hotels gibt es in Jokkmokk
und Kåbdalis. Die Jugendherberge des STF ist nur im Sommer
in Jokkmokk geöffnet, die übrige Zeit des Jahres übernimmt der

Campingplatz in Notudden diesen Service. Eine urige Übernachtungsmöglichkeit in einer renovierten Waldarbeiterhütte bietet der Hembygdsgården an (Skogskojan, s. Anschlag an der Bahnstation).

Jukkasjärvi ist ein alter samischer Ort, der heute zur Gemeinde Kiruna gehört. Kirchenverwaltungsmäßig gehört allerdings Kiruna zum Kirchspiel Jukkasjärvi, was die geschichtliche Beziehung dieser beiden Orte ausdrückt. Wirklich sehenswert ist deshalb auch die älteste *Kirche* Lapplands, eine Holzkirche von 1608, die aus handgesägten Brettern gebaut wurde. Ein besonderes Kunstwerk ist das dreiteilige *Altarbild* des Künstlers Bror Hjort von 1958. Es stellt die laestadianische Erweckungsbewegung dar, die hier im Tornedal besonders erfolgreich und dauerhaft war. Wie die Kirche liegt auch das *Heimatmuseum* am Strand des Torneälvs. Es zeigt die besondere, finnisch geprägte Tornedals-Architektur, Trachten und Gebrauchsgegenstände und eine samische Sammlung. Selbstverständlich gibt es auch hier wieder ein gemütliches Café. **Jukkasjärvi**

Einige kluge Menschen haben in Jukkasjärvi eine Tourismus-Aktiengesellschaft gegründet, die wahrscheinlich diesen Ort vor dem Aussterben bewahren wird. Hier können gut betuchte Leute jede Art von Expeditionen und Spezialarrangements buchen, aber auch Schulklassen oder Gruppen Studienwochen zu tornedalsspezifischen Themen oder ganz normale Touristen auch die üblichen Urlaubsaktivitäten mitmachen. Neben Stromschnellenfahrten werden Paddel- und Wildwasserkurse angeboten, Tagestouren zu wechselnden Zielen wie Wildmarkstag, Wandern im Urwald, samischer Alltag, Angelausflüge und Kulturabende werden durchgeführt. Skootersafaris, Hundeschlittentouren und -expeditionen gibt es im Winter. Als besonders attraktiv gilt auch das Hochzeitsarrangement »Heiraten in Jukkasjärvi« (Gatte oder Gattin muß mitgebracht werden). **Aktivitäten**

Eine mehrtägige Veranstaltung mit vielen Aktivitäten ist das *Teerbrennerfest*, ein Sommermarkt in Jukkasjärvi Anfang August. Während der Saison gibt es den *Jukkasafton*, eine wöchentliche Familienveranstaltung. **Veranstaltungen**

Verleih von Rädern und Booten auf dem Campingplatz in Jukkasjärvi. **Verleih**

Jukkasjärvi Turistbyrå, Hembygdsgården, Tel. 09 80/2 11 90 (auch Buchungen). **Information**

Busverbindungen mit Kiruna mehrmals täglich (Bahn in Kiruna, ebenso Inlandsflughafen). **Verbindungen**

Campingplatz, Ferienhäuser und Hotel (Restaurant mit lappländischen Spezialitäten) in Jukkasjärvi; die nächste Jugendherberge befindet sich in Kiruna (20 km). **Unterkunft**

Karesuando	*Karesuando* ist einer der nördlichsten Orte Schwedens, Grenzort zu Finnland (Karesuvanto), und liegt inmitten einer faszinierenden Tundralandschaft am Muonioälv.
Sehenswert	Interessant ist die nördlichste *Kirche* Schwedens. Die Mitternachtssonne ist vom 25. Mai bis 17. Juli zu erleben. Ein *Kulturdorf* ist im Aufbau; dort hat man die Möglichkeit, in echten Koten oder alten schwedischen Siedlerhäusern zu wohnen, Brot in einem Steinofen zu backen oder seltene Pflanzen im Botanischen Garten kennenzulernen. Karesuando hat Touristen verloren, seit die Nordkap-Fahrer den neuen Weg über Riksgränsen nach Norwegen nehmen, und versucht nun, mit dieser neuen Attraktion seine touristische Stellung wieder zu stärken.
Veranstaltungen	An Veranstaltungen gibt es den *Markt* Ende Juli und für Sportliche das *Arctic Canoe Race* Ende Juli sowie das *Karesuando-Joggen*, ein 30-Kilometer-Lauf Mitte Juli. Busausflüge (mit Wanderung) kann man zum Dreiländereck nach *Pältsa* unternehmen.
Verleih	Der Verleih von Rädern und Booten geschieht wie alles hier zentral in Karesuando am Hotel. Die *Kiruna Långfärdspaddlare* haben eine Beschreibung des Konkämä- und Muonioälvs herausgegeben.
Information	*Grapes Hotel* Tel. 09 81/2 00 22 (auch Buchungen).
Verbindungen	Busverbindungen mit Kiruna und auf finnischer Seite Muonio/Kilpisjärvi.
Unterkunft	Campingplatz, Ferienhäuser (echte samische Koten), Hotel und Jugendherberge in Karesuando. Weitere Ferienhäuser gibt es in Idivuoma (20 km) und in Naimakka, Saarikoski, Keinovuopio, Kummavuopio (alle auf der schwedischen Seite des Konkämääälv in Richtung Kilpisjärvi).
Kiruna (26.550 Ew.)	26.550 Einwohner leben in der mit 19.447 km^2 zweitgrößten Gemeinde der Welt (die größte liegt in Brasilien). Zum Vergleich: im Bundesland Rheinland-Pfalz, das mit 19.848 km^2 nur unwesentlich größer ist, leben 3,6 Mio. Menschen! Die Stadt selbst ist um die Jahrhundertwende entstanden und verdankt ihre Gründung dem Eisenbahnbau und den Erzvorkommen. Daß *Kiruna* eine Bergbaustadt ist, läßt sich an keinem Punkt der Stadt verleugnen. Von überall sieht man die ehemaligen Berge und heutigen Abraumhalden *Kirunavaara* und *Luossavaara* (Schneehuhnberg und Lachsberg). Man muß schon eine besondere Beziehung zu Kiruna haben, um so romantische Gedichte über »Die Stadt« schreiben zu können wie die Schriftstellerin Kerstin Bergström (»Die Stadt« gibt es auf deutsch im Touristenbüro zu kaufen).
Sehenswert	Für Reisende zu empfehlen ist eine Bustour in die weltgrößte *unterirdische Grube* (Anmeldung im Touristenbüro). So gelangt man auch auf den *Kirunavaara*, von dem aus man einen schönen

Kiruna – Blick vom Kirunavaara

Blick über die Stadt mit allen markanten Gebäuden hat. Die originelle *Kirche* (1912) besitzt eine symbolträchtige Ausstattung, die man sich bei einer Tonbandführung auf deutsch erklären lassen kann. Das *Rathaus* Kirunas wurde 1964 zum schönsten öffentlichen Gebäude Schwedens gewählt. Der Hjalmar Lundbohmsgården (mit Café) ist eines der ältesten Gebäude Kirunas. H. Lundbohm war Grubenchef und der Gründer Kirunas. Im *Kiruna Samegård* gibt es Informationen und Ausstellungen über das Leben der Sami, außerdem werden samische Handwerkserzeugnisse verkauft. Im *Atelier Karhuniemi* (Ortsteil an der Straße in Richtung Narvik) stellt der Maler Elis Äidanpää seine Werke aus. Eine *Fotoausstellung* des ersten Berufsfotografen Kirunas, Borg Mesch, befindet sich im Hjalmar Lundbohmsgården. Borg Mesch hat die Entstehung Kirunas einzigartig dokumentiert.

Ein Ausflug auf den *Luossavaara* ist besonders zur Zeit der Mitternachtssonne vom 28. Mai bis 4. Juli zu empfehlen – ansonsten ist er attraktiv für Skiläufer und Rodler. *Jukkasjärvi* ist der älteste Ort der Gemeinde (siehe S. 75). **Ausflüge**

70 km westlich von Kiruna, an der Gemeindegrenze zwischen Gällivare und Kiruna, liegt das kleine Dorf *Nikkaluokta*, das Tor zu allen Aktivitäten im Kebnekaise-Gebiet und Ausgangs- **Nikkaluokta**

Touristenstation in Nikkaluokta

punkt für Wanderungen aller Schwierigkeitsgrade. Hier gibt es eine neue *Touristenstation* mit einer der Umgebung angepaßten Architektur, deren Panoramafenster zur Mitternachtssonne zeigen. Außer ihrer Schönheit sei noch das gute Essen der Touristenstation erwähnt. Wanderwege, Bootstouren auf dem *Vistas-Delta*, Flugtouren (z. B. mit dem Helikopter auf den Kebnekaise) und wechselnde Veranstaltungen im Touristenzentrum lassen hier keine Langeweile aufkommen. Der *Kebnekaise* ist mit 2.111 m Schwedens höchster Berg. Es führt keine Straße zur Kebnekaise Fjällstation (die 18 km von Nikkaluokta muß man teilweise zu Fuß, teilweise mit dem Boot zurücklegen, wenn man nicht den Hubschrauber nehmen will). Von dort kann man an geführten Bergtouren, Kletter- und Gletscherkursen teilnehmen.

Kebnekaise

Ende Januar findet in Kiruna das *Snöfestival*, ein Wettbewerb im Eis- und Schneeskulpturenbau, statt. Im Sommer gibt es *Musikabende* in der Kirche und im Hjalmar Lundbohmsgården. In Rautas finden mehrmals im Sommer *Kanuslaloms* statt. *Tjejmilen* ist ein großer, 10 km langer Frauenlauf zu Beginn des Sommers.

Veranstaltungen

Bootsverleih und Buchung von Stromschnellenfahrten neben dem Touristenbüro (Wildwasserbahn im *Rautasjåkkå,* Kanu-

Verleih

gewässerbeschreibungen bei den *Kiruna Långfärdspaddlare*
erhältlich). Verleih von Rädern bei »Arnes Motor«, Föraregatan
26, Tel. 09 80/8 11 75.

Kiruna Turistbyrå, Hjalmar Lundbohmsvägen 42 (gegenüber   Information
Rathaus), Tel. 09 80/1 88 80 (auch Buchungen); *Nikkaluokta
Tourist AB*, Tel. 09 80/5 50 19.

Kiruna liegt an der Erzbahn Luleå–Narvik; Inlandsflughafen,   Verbindungen
diverse kleine Fjällfluggesellschaften, Busverbindungen nach
Jukkasjärvi (18 km), Nikkaluokta (70 km), Vittangi (70 km),
Karesuando (180 km), Riksgränsen (140 km).

Campingplätze gibt es in Kiruna, Jukkasjärvi (18 km), und Nik-   Unterkunft
kaluokta, Ferienhäuser und -wohnungen, ebenso mehrere Ho-
tels in Kiruna und eine Jugendherberge ebenfalls in Kiruna.
Alle diese Unterkunftsmöglichkeiten gibt es auch an den Straßen in Richtung Karesuando und Richtung Riksgränsen.

Einer der Orte, in denen im Winter weniger als 20 Menschen   **Kvikkjokk**
wohnen, die aber im Sommer einen umfassenden Service bie-
ten, ist *Kvikkjokk* in der Gemeinde Jokkmokk, 120 km vom
Zentralort entfernt, reizvoll in einem Delta in den Bergen gelegen. Sehenswert ist hier in erster Linie das *Deltaland* mit spezieller Flora und reicher Fauna. Kvikkjokk ist Ausgangspunkt
für Wanderungen auf dem *Padjelantaleden* und Durchgangs-
station auf dem *Kungsleden*. Erwähnenswert sind die alte
Kirche sowie einige Gebäudereste aus der Zeit des Kvikkjokker
Hüttenwerks auf der *prästsida*, der »Pfarrerseite« des Flusses
Kamajokk. In *Vareluokta* (Tjåmotis) sind Reste von *Fanggru-
bensystemen* bewahrt. In *Tjåmotis* stehen restaurierte *samische
Vorratshäuser* noch immer am alten Zugweg der Rentiere. Die
Seitevare-Kraftstation wurde über einem Wasserfall gebaut,
der nach altem samischen Glauben ein heiliger Ort war.

Von Kvikkjokk aus ist ein Ausflug auf den ca. 5 km entfernten
Aussichtsberg *Snjerak* sehr lohnenswert (Rasthütten vorhanden). Von hier sieht man das gesamte Pårte-Massiv, die Glet-
scherberge des Sarek und in den Padjelanta-Nationalpark.
Außerdem bietet die Fjällstation ein täglich wechselndes Aus-
flugsprogramm an.

Eine wichtige Veranstaltung gibt es in Kvikkjokk: die *Linné-*   Veranstaltung
Tage jedes Jahr in der ersten Junihälfte, während der man sich
in Gedenken an den Botaniker Carl von Linné naturkundlich
weiterbilden und sich auf seine Spuren führen lassen kann.
1991 ist unter anderem hier das Weltkulturfestival geplant.

Weitere Aktivitäten sind Deltatouren und Jagd- und Angel-   Aktivitäten
möglichkeiten. Zwei Fluggesellschaften fliegen Ziele außerhalb der Nationalparks und das samische Sommerdorf *Staloluokta* an. Im Winter gibt es gekennzeichnete Winterwanderwege und Skooterwege.

Verleih	Bootsverleih bei: Kvikkjoks Touristenstation und am Årren-jarka-Campingplatz (15 km entfernt).
Information	Kvikkjokks Turistservice, Tel. 09 71/2 10 36, und Turistbyrå Jokkmokk, Tel. 09 71/1 21 40 (auch Buchungen).
Verbindungen	Bus von Murjek (Bahn) nur im Sommer, sonst von Jokkmokk (Inlandsbahn), im Winter dreimal wöchentlich, Taxibetrieb in Tjåmotis (40 km).
Unterkunft	Campingplatz und Ferienhäuser in Kvikkjokk und Årrenjarka (15 km). In Kvikkjokk gibt es außerdem eine STF-Fjällstation, also eine Zwischenlösung zwischen Hotel und Jugendherberge (Preise wie Hotel, Standard wie Jugenherberge).

Lycksele
(14.000 Ew.)

Einer der drei größeren Orte in Lappland ist *Lycksele*. Die Gemeinde insgesamt hat 14.000 Einwohner auf 5.636 km^2 Fläche. Lycksele liegt am Umeälv, und wenn man die etwas verwirrende Einfahrt in die Stadt geschafft hat, kann man auch den eigenen Stil dieses südlappländischen Ortes genießen. Lycksele wird eher von der Nähe zur Großstadt Umeå als von den Besonderheiten Lapplands geprägt, obwohl es über die »größte *Lappenkote* der Welt«, ein Restaurant, verfügt.

Sehenswert

Wirklich sehenswert ist der alte *Gammplats*, ein alter Kirch- und Marktplatz mit Heimatmuseum, Kirche, Gehöft, Meiler, Teerbrunnen, weiteren alten Gebäuden und Café/Restaurant. Das *Waldmuseum (Skogsmuseet)* hat bei einem Wettbewerb des Europarates einen Ehrenpreis gewonnen. Es zeigt die Entwicklung der Waldarbeit in sehr anschaulicher und »anhörlicher« Form. Der *Lycksele Djurpark* ist Schwedens nördlichster Zoo mit u. a. Elchfarm, Moschusochsenfarm, Strömungsaquarien, Bären, Luchsen, Wölfen, Berguhus und einem attraktiven Spielplatz. *Tuggengården* ist das Atelier und ehemalige Wohnhaus des Malers Olle Blomberg, dessen künstlerische Entwicklung, über 50 Jahre hinweg, man hier bewundern kann. Das Haus ist architektonisch sehr interessant, weil es in dem klassischen västerbottnischen Maß, *gyllene snittet*, gebaut worden ist (geöffnet tgl. im Juli, im Juni/August nur an Wochenenden).

Veranstaltun-
gen

Die größten Veranstaltungen in Lycksele sind die traditionelle *Mittsommerfeier* auf dem Gammplats, der *Wintermarkt* im März und der *Mikaelimarkt* Ende September/Anfang Oktober an Michaelis. Zu Mittsommer findet eine *Nachtwanderung (Nattlunken)* von Örträsk nach Storsvartliden (15 km) statt. Der *Blå-vägen-loppet* ist ein Radrennen von Tärnaby nach Umeå am zweiten Juliwochenende. *Kulturtage in Örträsk* gibt es Mitte Juli, ein *Trabrennen* in Lycksele Mitte Juli und ein *Fischerfest* in *Rusksele* Ende Juli. *Lady Lycksele:* Dieser Stadtlauf über 10 km findet in der zweiten Junihälfte statt.

Aktivitäten

Die sogenannten *Goldwäschersafaris* sind geführte Touren mit einer Dauer von einem Abend bis zu drei Tagen. Im Jagdzen-

Zugnetzfischer

trum erhält man Informationen über *Jagdtouren*, die von dort aus auch organisiert werden. Ansonsten kann man sowohl Schneeskooter als auch Wasserskooter fahren, und es gibt eine Skianlage und einen Badepark. Im Juli ist die Gocartbahn *Trollringen* geöffnet (Verleih).

Einen Verleih von Booten und Rädern gibt es auf dem Campingplatz in Lycksele.

Lycksele Turistbyrå, Gammplatsen, Tel. 09 50/1 04 95, 1 24 90 und Storgatan 29, Tel. 0 50/3 74 74 (auch Buchungen).

Lycksele hat Busverbindungen mit den Küstenstädten Skellefteå und Umeå (162 bzw. 127 km), außerdem mit Sorsele (144 km), Åsele (89 km) und Vilhelmina (10 km). Bahnverbindungen bestehen nach Storuman (Inlandsbahn) und Hällnäs (Stammbahn).

Einen Campingplatz, Ferienhäuser, Hotels und eine Jugendherberge gibt es in Lycksele. Campingplatz und Ferienhäuser gibt es auch in Örträsk (60 km) und Vormsele (40 km), eine Jugendherberge auch in Vindelgransele (7 km).

Die Gemeinde *Malå* ist 1.741 km² groß. Der Zentralort liegt inmitten von Wald und Seen zwischen dem Vindel- und Skelleftealv. Der kleine Ort verfügt über eine Schwimm-, Sport- und

Verleih

Information

Verbindungen

Unterkunft

Malå
(4.190 Ew.)

155

Eishalle, über einen Fußballplatz und Loipen. Sehenswert ist die *Lappstan*. Hier wird die Kultur der Südsami an 20 typischen Koten und Vorratshäusern gezeigt. Die *Hembygdsområde* ist ein Handwerks- und Samemuseum. Der Hausberg *Tjamstanberget* ist ein Freizeitgebiet mit Naturpfad, Aussichtspunkt, Gipfelhütte, »Todesfelsen« und Felszeichnungen.

Ausflüge   Ausflüge lohnen sich nach *Nölviken* zum Angeln oder nach *Setsele*, wo auch heute noch ein Wohnplatz der Sami existiert. *Koppsele*, 15 km westlich von Malå, ist ein alter Siedlungsplatz von Sami und Bauern und ist mit dem Boot zu erreichen. Hier finden am vorletzten Wochenende im Juli Festtage statt. *Ljustjärn* ist ein Ausflugsziel in der Nähe von Näsudden, mit Rasthütte und kleinen Wanderpfaden. Die *Lastseilbahn Kristineberg–Boliden* südlich von Malå, mit 96 km die längste Seilbahn der Welt, wurde für den Bergbau benutzt und 1987 außer Betrieb gesetzt. 1989 wurde zwischen Örträsk und Mensträsk ein 13,1 km langes Stück als Kabinenbahn für den Touristenverkehr freigegeben. Dabei handelt es sich um die längste Personenseilbahn der Welt. Es ist ein einmaliges Erlebnis, eineinhalb Stunden lang über die Wälder, Seen und Moore zu schweben.

Veranstaltungen   Veranstaltungen in Malå sind der *Sommermarkt* im Juni und der *Wintermarkt* im Februar. *Fischertage* gibt es in Nölviken und Kokträsk. Sportliche können Ende Juli an einem Landstraßenlauf *(Malårundan)* teilnehmen.

Verleih   Verleih von Booten und Rädern im Touristenbüro.

Information   *Malå Turistbyrå*, Storgatan 46, Tel. 09 53/1 00 77, 1 07 50 (auch Buchungen).

Verbindungen   Busverbindungen nach Skellefteå (Bahnanschluß in Jörn), nach Sorsele (Inlandsbahn), Lycksele (92 km).

Unterkunft   Campingplatz, Ferienhäuser und Hotel gibt es in Malå. Die nächsten Jugendherbergen befinden sich in Vindelgransele (55 km) und in Sorsele (88 km). In Gargnäs (40 km) gibt es einen Campingplatz und in Blattnicksele (64 km) Ferienhäuser.

Porjus

Porjus gehört zur Gemeinde Jokkmokk. Seine Bewohner sind meist Sami oder Angestellte der Kraftwerksgesellschaft Vattenfall. Der Ort liegt am Großen Luleälv und wird völlig dominiert von den Kraftwerksanlagen. Man muß mehrmals hinsehen, um auch die hübschen Seiten von Porjus zu erkennen.

Sehenswert   Sehenswert ist dennoch die *alte Kraftstation* mit einer Ausstellung des Archivkomitee-Vereins über die Leistungen dieses Kraftwerks- und des fast gleichzeitigen Eisenbahnbaus Anfang dieses Jahrhunderts. (Errichtung des Kraftwerks 1912–1914). Hier gibt es auch ein Café mit origineller Einrichtung. Das Monument »Kraft« wurde zum Abschluß der Wasserkraftbauarbeiten am Luleälv 1988 enthüllt. Die Bevölkerung nennt es al-

Das Monument »Kraft«

lerdings Grabstein – nicht nur wegen der Form, sondern auch wegen der Folgen, die der Abschluß der Bauarbeiten für die Entwicklung dieses Landstrichs hatte. »Gottes Hand«, eine Skulptur von Carl Milles, steht in einer Grünanlage am Luleälv. Ausflüge in die *Multebeerenmoore* der Umgebung lohnen sich im Herbst. Im Winter gibt es eine beleuchtete *Loipe* und einen *Slalomhang* sowie die Möglichkeit zu ausgedehnten *Eisangeltouren* auf dem Luleälv. Der *Vägen västerut*, Weg nach Westen, ist eine 140 km lange Straße, die 10 km nördlich von Porjus abzweigt und entlang dem Luleälv verläuft. Sie wurde gebaut, um den Wasserkraftausbau des Luleälv möglich zu machen und führt zu diesem Zweck mitten durch den Stora-Sjöfallets-Nationalpark. Vom *Stora Sjöfall*, dem Großen Seefall, ist nach dem Ausbau der Wasserkraft nur noch ein mehr oder weniger kleines Rinnsal übrig. Trotzdem bietet die Straße Landschaft im großen Stil. Sie überquert bei Luspebryggan die Inlandsbahn und trifft dort auf den Bus, der von Gällivare kommt und nach Ritsem, manchmal bis Sitasjaure fährt. Hier gibt es folgende Übernachtungsorte: *Björkudden* (Ferienhäuser): bezeichnete Ski- und Wanderwege; *Saltoluokta* (STF-Fjällstation): hier geht der Kungsleden nach Süden; *Vietas* (Hotel), Reste des Stora Sjöfallet; *Vakkotavaare* (Berghütte STF): hier geht der Kungsleden nach Norden; *Ritsem* (STF-Fjällstation): hier beginnt der Padjelantaleden. Die Grenze zwischen Stora Sjöfallet und Padjelanta-Nationalpark verläuft auf der anderen Seite der *Akkajaure*.

Veranstaltungen in Porjus: *Fallens Dag*, der Tag des Wasserfalls. Am ersten Sonntag im Juli werden die Schleusen geöffnet, und man darf die Wassermassen bewundern, die an der Kraftstation aufgestaut werden. Verbunden ist dies mit einem Familienfest. *Vargrännarloppet* ist ein Skilanglauf über 60 km und findet Ende März statt. Eine *Volksmusikwoche* mit Musik, Tanz und Beiprogramm findet Anfang August in Saltoluokta statt.

Verleih von Booten in Björkudden und Saltoluokta.
Touristeninformation im alten Kraftwerk, nur im Sommer geöffnet, Tel. 09 73/7 71 00, 7 72 20, sonst siehe auch Jokkmokk und Gällivare (S. 145ff.).

Täglich mehrmals Busverbindung Jokkmokk–Gällivare; die gleiche Strecke fährt auch die Inlandsbahn. Fluggesellschaften für Fjällflug.

Campingplatz und Ferienhäuser gibt es in Solberga, 2 km nördlich von Porjus, Hotels gibt es in Porjus, und das Hotel *Fjället* bietet Jugendherbergsservice und -preise. Wohnwagenstellplätze gibt es in Vietas (101 km) und Ritsem (150 km), Ferienhäuser in Björkudden (80 km), ein Hotel in Vietas (101 km) und Jugendherbergen o. ä. in Saltoluokta (90 km), Vakkotavaare (115 km) und Ritsem (150 km).

Riksgränsen liegt an der schwedischen Grenze, direkt an der **Riksgränsen**
Erzbahn nach Narvik, der es auch seine Entstehung zu verdanken hat. Sowohl Riksgränsen als auch die in der Nähe liegenden
Orte *Katterjåkk* und *Vassijaure* waren einstmals gut funktionierende Wohnorte mit Schule, Läden, Handwerkern und der
besten Verkehrsverbindung, die es damals gab: der Bahn. Auch
das Hotel gab es damals schon, wenn auch in wesentlich kleinerem Rahmen. Seit dem Bau der Straße nach Narvik ist der Tourismus hier gewaltig angestiegen. Die wenigen Menschen, die
hier das ganze Jahr über wohnen, leben im wesentlichen vom
Tourismus. Riksgränsen wird wieder größer, aber nur für Touristen. Privatleute dürfen sich hier nicht niederlassen, denn die
Kosten für den kommunalen Service sind Kiruna zu groß. Außerdem gehört das Gebiet zum Rentierweideland. Hauptsaison
in Riksgränsen ist die Skisaison von Mitte Februar bis Mittsommer (!). Es ist das schneesicherste Alpinskigebiet Schwedens
mit sieben Liften, 15 Pisten und zwölf Tiefschneeabfahrten.
Einige Lifte sind bis Mittsommer geöffnet (21. Juni), man kann
also in der Mitternachtssonne (27. Mai–18. Juli) Ski laufen.

Sehenswert sind die Ausstellungen und Diashows des Fjällfoto- **Sehenswert**
grafen Sven Hörnell, der schon seit über 40 Jahren in Riksgränsen lebt. Ausflüge im Sommer wie im Winter (Frühling) in die **Ausflüge**
umliegenden Berge mit vielen markierten Sommer- und Winterwanderwegen sind lohnenswert. Eine Bahnfahrt nach *Narvik* bietet bei schönem Wetter eine phantastische Aussicht auf
den Rombaksfjord und einen Zipfel der Lofoten. Man sucht sich
am besten einen Platz auf der rechten Seite im Zug.

Skikurse in allen Abfahrtstechniken, ein Ausrüstungsverleih **Aktivitäten**
und einige Kilometer Loipen vervollständigen die Winteraktivitäten. Im Sommer kann man an Veranstaltungen in Sportfischen, Wildnistouren, Handwerks- und Aquarellwochen teilnehmen.

Verleih von Booten und Rädern in Riksgränsen (markierte Ka- **Verleih**
nuwege) und Katterjåkk (am Materialweg).

Hotel Riksgränsen Tel. 09 80/4 00 80, und *Kiruna Turistbyrå*, **Information**
Hjalmar Lundbohmsvägen 42, Tel. 09 80/1 88 80 (überall auch
Buchungen).

Bahn Kiruna–Narvik, Flugplatz in Kiruna, in der Saison Bus **Verbindungen**
Kiruna–Riksgränsen.

Im Umkreis von ca. 50 km gibt es keine Campingplätze, nur **Unterkunft**
einen Zeltplatz in Abisko. Ferienhäuser in Björkliden (27 km)
und Abisko (37 km), Jugendherberge in Riksgränsen (Hotel)
und Abisko (37 km). Hotels verschiedener Standards gibt es in
Riksgränsen, Katterjåkk (2 km, Selbstverpflegung), Vassijaure
(9 km, Selbstverpflegung), Björkliden (27 km), Abisko (37 km).
Alle Orte liegen an der Bahn und werden vom Bus angefahren.

Sorsele
(3.660 Ew.)

Sorsele ist 7.494 km² groß und mit 3.660 Einwohnern die bevölkerungsmäßig zweitkleinste Kommune Schwedens. Der Hauptort liegt im Wald- und Seenland in der Nähe des großen Vindelälvs, einer der freifließenden, nicht ausgebauten Flüsse Lapplands. In und um Sorsele gibt es einige Sehenswürdigkeiten, zu denen sich ein Ausflug lohnt. Man kann mitten im Ort anfangen, dortbefindet sich die *Hembygdsområde*, ein Freilichtmuseum mit Handwerks- und Fotoausstellung im Sommer. Jeden Dienstag und Freitag im Juli wird dort im großen Steinofen *tunnbröd* gebacken.

Ausflüge

Sehenswerte Ausflugsziele sind der *Nalovardo-Aussichtsberg*, 15 km von Sorsele entfernt, mit Angelplatz, ist im Winter ein familienfreundliches Skigebiet. *Gillesnuole* ist ein Kirchgehöft zwischen Sorsele und Ammarnäs, wo im Jahr 1674 der erste Pfarrer eingesetzt wurde. In *Gargnäs* gibt es ein Freilichtmuseum mit einer Handwerksausstellung sowie viele Angel- und Paddelgewässer in der Umgebung. Auf dem *Hemsjö* schwimmt ein Floß mit Sauna, von dem aus man direkt in den See springen kann. Das *Lessejaur-Vogelschutzgebiet* befindet sich bei Slagnäs, es gibt einen Beobachtungsturm. Die 500 m lange und 30 m tiefe Verwerfung *Gimeguolts* in urwaldartiger Wildmark liegt 15 km nördlich von Sorsele mit 1,5 km langem Wanderweg. Der *Laisälven* hat viele Wasserfälle, Rastplätze und das längste zusammenhängende Fanggrubensystem Västerbottens.

Veranstaltungen

Auf dem Vindelälv finden Bootstouren, Wildwasserfahrten und Angelsafaris statt. Am zweiten Wochenende im Juli feiert man in Sorsele *Festtage*. *Blattnicksele open* ist ein Brennballturnier für Mannschaften am letzten Wochenende im August. Der *Vindelälvsloppet* ist ein bekannter Staffellauf am Vindelälv, der in vier Tagen über 350 km von Ammarnäs nach Vännäsby führt. Auf dem Campingplatz in Sorsele werden Sommeraktivitäten für Kinder organisiert.

Verleih

Verleih von Fahrrädern im Eisenwarengeschäft, Verleih von Booten auf dem Campingplatz, wo es auch einen Kanuführer für den Vindelälv gibt.

Information

Sorsele Turistbyrå, Stationsgatan, Tel. 09 52/1 09 00 (auch Buchungen).

Verbindungen

Sorsele liegt an der Inlandsbahn; Busse gehen nach Ammarnäs (89 km), Lycksele (144 km) und Malå (81 km).

Unterkunft

Campingplätze sind in Sorsele, Slagnäs (31 km), Blattnicksele (22 km) und Gargnäs (45 km) vorhanden. Ferienhäuser kann man in Örnäs (10 km), Slagnäs, Blattnicksele und Gargnäs mieten. In Sorsele gibt es außerdem eine Jugendherberge und ein Hotel.

Storuman
(8.100 Ew.)

Storuman liegt am Blå Vägen, dem »Blauen Weg«, der sich von Umeå entlang dem Umeälv bis nach Mo i Rana in Norwegen durch die Berge schlängelt. Die Gemeinde hat 8.100 Einwohner und ist 7.485 km² groß.

Ausflüge

Sehenswerte Ausflugsziele sind *Utsikten*, ein Aussichtsberg mit weitem Ausblick bei gutem Wetter und Sommercafé; das *alte Bahnhofshotel*, das jetzt unter Denkmalschutz steht und die Bibliothek beherbergt; *Luspholmerna*, ein Freilichtmuseum mit einem Café, das auch abends geöffnet ist; das *Naturreservat Mellansänke* mit Resten aus der Eiszeit, Gletschermühlen und abgeschliffenen Felsen; *Luspberget,* ein sehr altes Waldgebiet; die restaurierten Wassermühlen in *Långsjöby.* In Vallträskberget, Rönnberget, Ullisjaur und Buberget steht noch Urwald, teilweise als Reservat. Ein berühmtes Stück fjällnaher Urwald heißt *Kirjesålandet.* Die größte schwedische Holzkirche steht in Stensele (erbaut 1885; sie beherbergt die Bibel der schwedischen Königin Kristina, die von 1632 bis 1654 regierte).

Veranstaltungen

Die größte Veranstaltung in Storuman ist der *Vildmannakarneval*, ein Volksfest mit Markt und Vorführungen am Wochenende nach Mittsommer. Anfang August findet das *nordische Volksmusikfestival* statt. In vielen Dörfern der Umgebung gibt es im Sommer Kulturtage mit Handwerksausstellungen und Programm.

Aktivitäten

Die Skisaison dauert hier von November bis April, es gibt einen Slalomhang, teilweise beleuchtete Loipen und eine Eishalle sowie Skooterwege.

Schneeskooter

Verleih	Verleih von Booten und Rädern im Touristenzentrum in Storuman, wo man auch andere Freizeitausrüstung leihen kann, und in Avasund.
Information	*Turistbyrå Storuman*, Höjdvägen 3, Tel. 09 51/1 05 00.
Verbindungen	Storuman liegt an der Inlandsbahn. Inlandsbahnreisende können Taxifahrten und Rundfahrten zu festen Preisen in Anspruch nehmen. Busse nach Tärnaby (129 km) und Lycksele (104 km).
Unterkunft	Campingplätze gibt es in Storuman, Avasund (5 km), Långsjöby (27 km), Gunnarn (30 km), Strömsund (43 km) und Slussfors (62 km). Ferienhäuser mietet man in Stopruman, Avasund (5 km), Långsjöby (27 km), Skarvsjöby (8 km) und Ankarsund (53 km). Die Jugendherberge in Storuman hat nur im Sommer geöffnet. Je ein Hotel in Storuman und Stensele (4 km).

**Tärnaby/
Hemavan**

Tärnaby, ein bekannter Wintersportort, ist zwischen Bergen und Seen am Rande des Vindelfjällens-Naturreservates wunderschön gelegen. 15 km von Tärnaby in *Hemavan* beginnt bzw. endet der Kungsleden, der von hier bis nach Abisko führt. Sehenswert ist der *Samegården*, ein Museum mit Informationen über die Sami, einem Café, einer Ausstellung und Verkauf von Kunsthandwerk. Das *Fjällvindens Alpinarium* ist die Trophäensammlung der »Fjällvindar« – Mitglieder des gleichnamigen Skiklubs, aus dem Leute wie Ingemar Stenmark und Stig Strand hervorgegangen sind. Der *Tärna Fjällpark* in Hemavan wurde 1990 eröffnet. Diese Anlage, die mit ihrem Kuppelbau ein neues architektonisches Wahrzeichen für das Gebiet setzen soll, bietet den Besuchern die Möglichkeit, in einem naturgetreuen »Fjällgarten« hautnahe Bekanntschaft mit Geologie, Flora und Fauna der skandinavischen Gebirgskette zu machen.

Ausflüge

In der Umgebung von Tärnaby gibt es zahlreiche *Kalksteingrotten* (Informationen darüber im Touristenbüro). Hier an der Straße nach Mo i Rana bietet sich natürlich ein Ausflug zu Norwegens zweitgrößtem Gletscher *Svartisen* an. Empfehlenswert ist außerdem eine Exkursion zum *Atoklinten,* dem heiligen Berg der Sami, mit seltenen Gesteinen und reichen Flechten- und Algenvorkommen. *Vindelfjällens-Naturreservat* ist Europas größtes Naturreservat, durch das ein Stück des Kungsledens führt (Hemavan–Ammarnäs 79 km). Der Aussichtsberg *Laisaliden* ist mit dem Auto zu erreichen, oben gibt es Wanderwege und ein Waffel-Café. Der Aussichtsberg *Laxfjället* ist mit der Seilbahn zu erreichen, von dort gibt es Wanderwege zurück nach Tärnaby. Der *Gieravardo* ist wegen seines kalkhaltigen Untergrundes ein blumenreicher Berg, auf dessen Gipfel man durch einen bezaubernden Birkenwald läuft. *Gausjosjön* und *Sotbäcken* sind alte Samelager, wovon Gausjosjön das einzige nordsamische Lager in Västerbotten ist (s. S.61). Wanderweg von Strimasund (Hängebrücke). In *Solberg* kann man ein 600 m langes Fanggrubensystem besichtigen (bis 1864 war es erlaubt, Elche und Wildrentiere auf diese Weise zu fangen).

Winteraktivitäten sind hier natürlich Skilaufen in allen Formen. Wer im Sommer nicht wandern oder botanische Besonderheiten ansehen will, kann z. B. an einer Angeltour mit Helikopter, *helifishing*, teilnehmen.   Aktivitäten

An Veranstaltungen in Tärnaby seien genannt: *Gränsmarknad* (Markt, Tanz, Tivoli am letzten Wochenende im Juli); *Sommerfesttage* in Tärnaby, Slussfors, Umnäs, Boksjö; *Kulturabende* (veranstaltet vom Touristenbüro); *Tärnafjällens veckoprogramm*, ein wöchentliches Programm zum Kennenlernen von Land und Leuten.   Veranstaltungen

Verleih von Booten und Rädern in Tärnaby und Hemavan.   Verleih

Tärnaby Turistbyrå, Västra Strandvägen 11, Tel. 09 54/1 04 50; *Hemavans Wärdshus*, Tel. 09 54/3 00 44 (auch Buchungen).   Information

Busverbindungen über Storuman (Inlandsbahn) und Lycksele nach Umeå   Verbindungen

Campingplätze gibt es in Tärnaby und Hemavan (15 km); Ferienhäuser in Tärnaby, Västansjö (8 km), Hemavan (15 km), Klippen (20 km), Tängvattnet (25 km), Vilasund (60 km), Kåtaviken (68 km); Hotels gibt es in Tärnaby, Laisholm (15 km), Hemavan (15 km) und Klippen (20 km). Jugendherbergen sind in Tärnaby und in Klippen (20 km).   Unterkunft

Bereits im 13. Jh. wurde *Vilhelmina* am Volgsjö als samischer Wohnort erstmals urkundlich erwähnt. Die Bibliothek Vilhelminas besitzt die größte Spezialabteilung Skandinaviens zum Thema Sami, nicht nur Bücher, sondern auch Zeitschriftenartikel und Zeitungsausschnitte. Die Gemeinde hat 8.570 Einwohner, und zu ihren 8.120 km^2 Fläche gehören phantastische südlappländische Fjällgebiete. Wintersport wird auch hier groß geschrieben.   **Vilhelmina** (8.570 Ew.)

Die folgenden Sehenswürdigkeiten findet man jedoch leichter im Sommer: Das *Vilhelmina Hembygdsmuseum* (Heimatmuseum; geöffnet von Juni bis August) liegt in der berühmten *kyrkstad* (Kirchenstadt), zu der heute noch 27 kleine Wohnhäuser gehören, die früher nur zu kirchlichen Feiertagen von den Leuten aus der Ödmark benutzt wurden und heute gemütliche Übernachtungsmöglichkeiten für Touristen bieten. Die *Kirche* mit Aussicht über den Volgsjö stammt aus dem Jahr 1840; ein 2 km langer *Naturpfad* führt über den Kirchenberg.   Sehenswert

Der *Sagatunvägen* ist die Straße zu einer Sennhütte 1,5 km unter dem Gipfel des familienfreundlichen *Blaikfjälls*.   Ausflüge

Fatmomakke ist ein 200 Jahre alter samischer Kirchplatz mit alter Holzkirche (1880) und einer sehr gut erhaltenen *Kirchenstadt*, die auch noch als solche von ihren samischen Eigentümern benutzt wird – eine außergewöhnliche Ansammlung südsamischer Koten und weniger Siedlerhöfe. In *Saxnäs* erbauten Emma und Folke Ricklund eine Villa im Mittelmeerstil *(Ricklundgården)* , die sie zu einem Ort für Künstler machten, die hier wohnen und arbeiten durften. Sie bezahlten mit ihren Werken, die hier ausgestellt sind. Das *Marsfjäll* ist Vilhelminas mächtigstes Bergmassiv; Ausgangspunkt für Wander- und Angeltouren ist *Marsliden*. Im *Klimpfjäll* hatte der *Norgefarargården*, ein Siedlerhof von 1820, mit Aussicht über den Kultsjö, große Bedeutung als Stützpunkt für Händler und Sami auf dem Weg von und nach Norwegen. Mit einer Seilbahn erreicht man das *Kittelfjäll*, wo es einen Naturpfad mit Informationen über Flora, Fauna, Geologie gibt. Der *Vildmarksvägen* (»Wildnisweg«) ist eine faszinierende Straße über die Berge nach Gäddede (im Winter gesperrt). Etwas eigenartig erscheint jedoch die Straßenbeleuchtung in der Nähe der häßlichen Stekenjokk-Grube (1989 stillgelegt).

Aktivitäten
An besonderen Aktivitäten bietet Vilhelmina Windsurfing und Tennis (auch Verleih); im Klimpfjäll ist Sommerski bis Juni möglich. Liftanlagen und Loipen gibt es u. a. im Kittel- und Klimpfjäll; Verleih von Wanderausrüstung in Kittelfjäll und Saxnäs. Das Hotel *Fjällfjäll-Äventyrshotellet* bietet Fjälljogging-Urlaub, Kunsthandwerkkurse, außerdem Foto-, Jagd- und Angelsafaris an.

Veranstaltungen
Die Veranstaltungen in der Gemeinde Vilhelmina sind eine bunte Mischung aus traditionsreichen Festen und Sportereignissen: *Abfahrtslauf-Wettkampf* im März im Kittel- und Klimpfjäll (auch Langlauf und große Skootersafari); ein *Halb*- und *Viertelmarathon* in Stekenjokk-Klimpfjäll Mitte Juni; *traditionelle Mittsommerfeiern* in Fatmomakke, Saxnäs und im Kittelfjäll; *Kulturtage* (Hembygd) während der ersten Juliwoche in Vilhelmina; ein traditionelles *Fest* am ersten Juliwochenende in Dikanäs; der *Saxnästag* am 26. Juli, ein Erinnerungsfest an den ersten Siedler; ein *Fest mit Amateurtheater* am letzten Juliwochenende in Brännåker; der *Mikaeli-Marknad* in Vilhelmina mit Markt, Tanz, Theater um Michaelis (September/ Oktober); ein *Heuerntefest* Ende Juli/Anfang August in Kittelfjäll.

Verleih
In Vilhelmina kann man die früher am Ort hergestellten Plastikfahrräder im Touristenbüro und am Campingplatz ausleihen; Bootsverleihe gibt es in Vilhelmina (Campingplatz), Saxnäs und in Klimpfjäll.

Information
Vilhelmina Turistbyrå, Storgatan 17, Tel. 09 40/1 11 00–01 (auch Buchungen).

Vilhelmina liegt an der Inlandsbahn. Postbusse fahren zum Marsfjäll, nach Saxnäs, Fatmomakke, ins Klimpfjäll, nach Dikanäs und Kittelfjäll, außerdem nach Åsele und Lycksele. Vilhelmina verfügt über einen Inlandsflughafen; außerdem gibt es in Saxnäs und Klimpfjäll örtliche Fluggesellschaften mit kleineren Wasserflugzeugen.

Campingplätze gibt es in Vilhelmina, Forsnäs (7 km), Volgsele (17 km) und Dikanäs (10 km). Ferienhäuser kann man mieten in Vilhelmina, Forsnäs, Volgsele, Saxnäs, Marsliden, Dikanäs, Henriksfjäll, Grönfjäll, Storbacken, Klimpfjäll, Soldalen, Stornäs und Dorris, also an sehr vielen der kleinen Orte in den Bergen. Hotels gibt es in Vilhelmina, Saxnäs (80 km), Kittelfjäll (125 km), Klimpfjäll (120 km). Jugendherbergen gibt es in Vilhelmina, Lövåsen (9 km), Saxnäs (80 km) und im Kittelfjäll (125 km).

Vittangi liegt in der Gemeinde Kiruna im Tal des Torneälv, dort, wo der Wald langsam in die karge Tundralandschaft des Nordens übergeht. Es ist ein eher unscheinbarer Ort, wird aber trotzdem hier genannt, weil in seiner näheren und weiteren Umgebung einige interessante Sehenswürdigkeiten liegen: Vittangi selbst ist ein Ort aus dem 16. Jh. und besitzt ein *Heimatmuseum*. Außerhalb des Dorfes kann man das reiche Vogelleben von einem *Vogelbeobachtungsturm* aus betrachten. In *Lainio* und Umgebung sind viele Wanderwege gekennzeichnet, ideal, um gemütlich die Landschaft zu erkunden. In *Masugnsby* steht ein alter *Hochofen* (schwed: *masugn*), außerdem gibt es ein *Heimatmuseum* und Reste alter *Gruben*. Von einem früheren *Dolomitbruch* ist ein 2,5 km langer Canyon mit selten kalkliebenden Pflanzen und besonderen Steinformationen übrig geblieben. In *Övre Soppero* werden spezielle Touristen-Arrangements angeboten, die den Besuchern den samischen Rentierzüchteralltag und die samische Kultur im allgemeinen näherbringen sollen. Nähere Informationen dazu erhält man im Touristenbüro in Kiruna. Über *Nedre Soppero*, ein altes samisches Dorf, in dem aber nur noch wenige Rentierzüchterfamilien leben, gelangt man nach *Lannavaara*. Dort liegt ein Goldwä- scherlager. Eine Besichtigung wert sind eine *Mineraliensammlung* in der Steinschleiferei und *Prinsessan Eugenies minneskyrka*, eine Kirche, die im Andenken an August Lundberg, Gründer der ostlaestadianischen Glaubensbewegung, gebaut wurde.

Es gibt gute Angelgewässer bei Vittangi und Lainio, und man kann Bootstouren auf dem Lainioälv machen. In Lannavaara werden im Winter Spezialtouren mit Lastrentieren von einem Samelager in der Nähe des Ortes angeboten.

Veranstaltungen	Veranstaltungen sind die *Dorffeste* in Vittangi Ende Juni, Masugnsby Mitte Juli und Lainio Ende Juli.
Verleih	Verleih von Booten und Rädern in Nedre Soppero und Jukkasjärvi (18 km von Kiruna).
Information	*Kiruna Turistbyrå*, Hjalmar Lundbohmsvägen 42, Tel. 09 80/ 1 88 80 (auch Buchungen).
Verbindung	Bus zwischen Kiruna und Pajala.
Unterkunft	Ein Campingplatz befindet sich in Nedre Soppero (46 km), Ferienhütten in Svappavaara (26 km), Nedre Soppero, Övre Soppero (52 km) und Vikusjärvi (östlich von Lannavaara). In Vittangi selbst ist die einzige Unterkunftsmöglichkeit ein Hotel, ebenso in Lannavaara. Die nächste Jugendherberge gibt es in Lainio (5 km).

Vuollerim	Der kleine Ort *Vuollerim* in der Gemeinde Jokkmokk (45 km vom Zentralort entfernt) liegt am Zusammenfluß von Kleinem und Großem Luleälv. Die Bewohner sind zum großen Teil bei der staatlichen Elektrizitätsgesellschaft Vattenfall angestellt. Seit einigen Jahren ist der Name des Ortes in ganz Schweden
Ausgrabung	bekannt durch die dortigen *archäologischen Ausgrabungen.* Ein Besuch der Ausgrabungsstätten und vor allem der dazugehörigen Austellung ist äußerst lohnend. Die Archäologen haben eine etwa 6.000 Jahre alte Jägersiedlung entdeckt, deren Überreste so gut erhalten sind, daß man sogar Rekonstruktionen wagen konnte. Der besondere Reiz dieser Ausstellung liegt darin, daß sie versucht, das tägliche Leben der Menschen in dieser Gegend vor 6.000 Jahren lebendig zu machen. Mit diesen Funden mußte die ganze norrländische Frühgeschichte neu geschrieben werden, weil man bisher der Meinung war, das Land im Norden sei erst viel später bewohnt gewesen. In den nächsten Jahren wird in Vuollerim ein Museum errichtet, das die Besucher in die Steinzeit einführen soll (Informationen im Ájtte in Jokkmokk, s. S. 147f.).
Aktivitäten	Sommeraktivitäten sind Angeln sowie Baden entweder an den Badestränden in Vuollerim oder im Swimmingpool in Rimjokk. Im Winter gibt es einen beleuchteten Skihang und Loipen. Eine regelmäßige Veranstaltung ist der *Vuollerimtag*, ein Familienfest Ende Juni.
Verleih	Verleih von Booten und Rädern siehe Jokkmokk, S. 147f..
Information	*Vuollerim Turistbyrå*, Folkets Hus, Tel. 09 76/1 01 65, nur Juni–August, siehe Jokkmokk (auch Buchungen).
Verbindungen	Bus von Murjek (20 km) an der Stammbahn nach Jokkmokk (45 km) an der Inlandsbahn, außerdem Busverbindungen nach Boden/Luleå.
Unterkunft	Campingplatz mit Ferienhütten in Vuollerim und Rimjokk (9 km), Hotels in Vuollerim und Rimjokk und Jugendherberge in Jokkmokk (45 km).

Wege durch Lappland

Inlandsbahn

Vor mehr als 50 Jahren wurde die Inlandsbahn als letzter großer Eisenbahnbau Schwedens in Betrieb genommen. Die Bahn führt von *Kristinehamn* am Vänern über insgesamt 1.304 km nach *Gällivare.* Zu Beginn der 80er Jahre hätte diese Bahn, »Schwedens Transsib«, wohl auch das Schicksal der Stillegung getroffen, wenn nicht die Journalistin Christina Falkengård eine Rettungsaktion gestartet hätte. Seit 1984 arbeiteten daraufhin alle beteiligten Organisationen und Kommunen zusammen, um die Inlandsbahn als Touristenattraktion zu gestalten. Mittlerweile gibt es lohnende Reise- und Ausflugspakete. So kostet ein 2-Wochen-Ticket, mit dem man unbegrenzt auf der gesamten Strecke fahren kann, inklusive Informationsbroschüre und Rabatt bei An- und Abreise nur 440 Kronen (rund 140 DM). Das gleiche Ticket für drei Wochen ist nur knapp 20 DM teurer. Im Sommer kann man von Östersund aus in einem Tag nach Gällivare kommen und umgekehrt. Die Bahn hält an vielen Stellen, und während der Saison werden touristische Erläuterungen gegeben.

Die Inlandsbahn

Der erste Halt in Lappland ist *Dorotea*. Campingplatz und Touristenbüro sind jeweils ca. 800 m vom Bahnhof entfernt. Den Feinschmeckern ist unbedingt das »Hotell Dorotea« zu empfehlen, das viele Leckerbissen Lapplands im Angebot hat.

Auf dem Weg nach *Vilhelmina* überquert die Bahn den Ångermanälv. Den Besuch der alten Kirchenstadt sollte man sich nicht entgehen lassen. Dort, nur etwa 700 m vom Bahnhof entfernt, befindet sich die Touristeninformation und ein Hotel, das Heimatmuseum und Läden mit Kunsthandwerk. Der Campingplatz befindet sich außerhalb des Ortes, knapp 3 km vom Bahnhof entfernt, zur Jugendherberge ist es 1 km.

In *Storuman* überquert die Bahnlinie den Umeälv, und sie trifft hier auf eine Querlinie, die nach Lycksele und nach Hällnäs an der »großen« Bahn führt. Das Touristenzentrum ist etwa 300 m von der Bahn entfernt. Dort sind Campingplatz, Informationsbüro und »Schwedens größtes Schwimmbad« – eine abgetrennte Bucht des Storuman-Sees – zu finden.

Wer den Abzweig nach *Lycksele* gewählt hat, findet hier die Touristeninformation rund 300 m vom Bahnhof entfernt. Der Campingplatz liegt auf der anderen Seite des Umeälv, einen guten Kilometer vom Bahnhof entfernt. Touristisches Hauptzugpferd des Ortes ist der große Tierpark, in dem man nicht nur alle polaren Tierarten, sondern in einem Aquarium auch alle Fische des Nordens bestaunen kann.

Ungefähr auf halbem Wege nach *Sorsele* fährt die Inlandsbahn über den brausenden Vindelälv. Er ist einer der drei großen Nordlandströme (neben Torne- und Kalixälv), die nicht reguliert sind. Das Touristenbüro liegt neben dem Bahnhof, Campingplatz und Jugendherberge sind 400 bzw. 1.000 m entfernt. In *Slagnäs* überquert die Bahn den Skellefteälv und kommt so vom Regierungsbezirk Västerbotten in den Bezirk Norrbotten. Nächster Ort ist *Arvidsjaur*. Das Touristenbüro befindet sich mitten im Ort, der Campingplatz liegt etwa 2 km von der Bahn entfernt. Arvidsjaur ist berühmt für die dort noch erhaltene samische Kirchenstadt. Von Arvidsjaur aus besteht Busverbindung nach Jörn, wo man auf die »Stammbahn« trifft, die Stockholm mit *Narvik* verbindet. Es besteht von hier aus auch gute Busverbindung ins 90 km entfernte *Arjeplog*, wo sich ein Besuch im weltberühmten Silbermuseum sehr lohnt.

60 km nördlich von Arvidsjaur kommt die Inlandsbahn zum Piteälv. Er ist nur teilweise ausgebaut, so daß noch einige tosende Stromschnellen übrig geblieben sind. Von der Bahnstation *Piteälvsbron* fahren im Sommer, abgestimmt auf die Zugankunft, Busse zum 9 km entfernten *Trollforsen* (»Zauberfall«), wo man nicht nur eine rauschende Gummibootsfahrt beginnen, sondern auch wohnen und kostenlos Fahrräder ausleihen kann.

Wenn der Zug in *Kåbdalis* einläuft, befindet man sich bereits auf dem Gebiet der Gemeinde Jokkmokk. In Kåbdalis trafen 1936 die beiden Inlandsbahn-Bautrupps aufeinander, und somit war die gesamte Strecke fertiggestellt.

Mitsommerfest in Jokkmokk

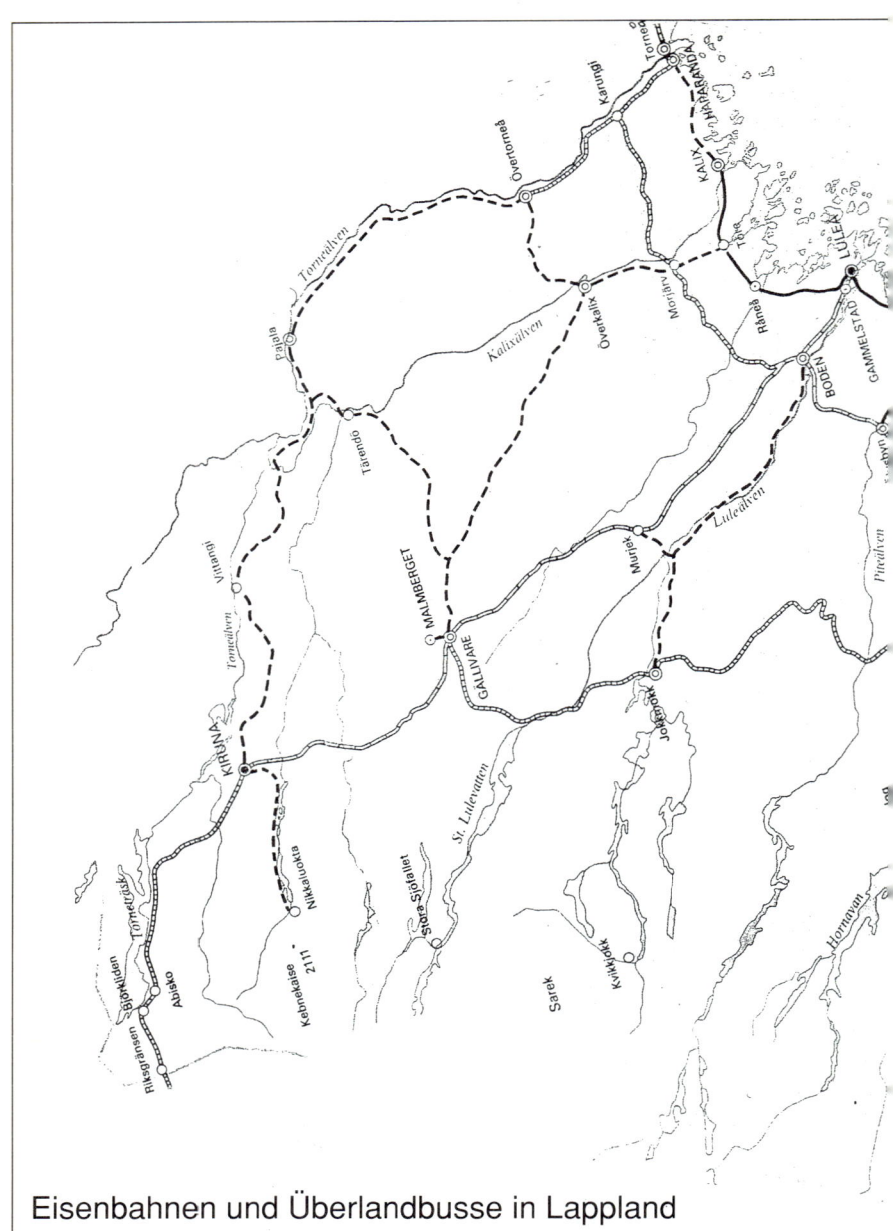

Eisenbahnen und Überlandbusse in Lappland

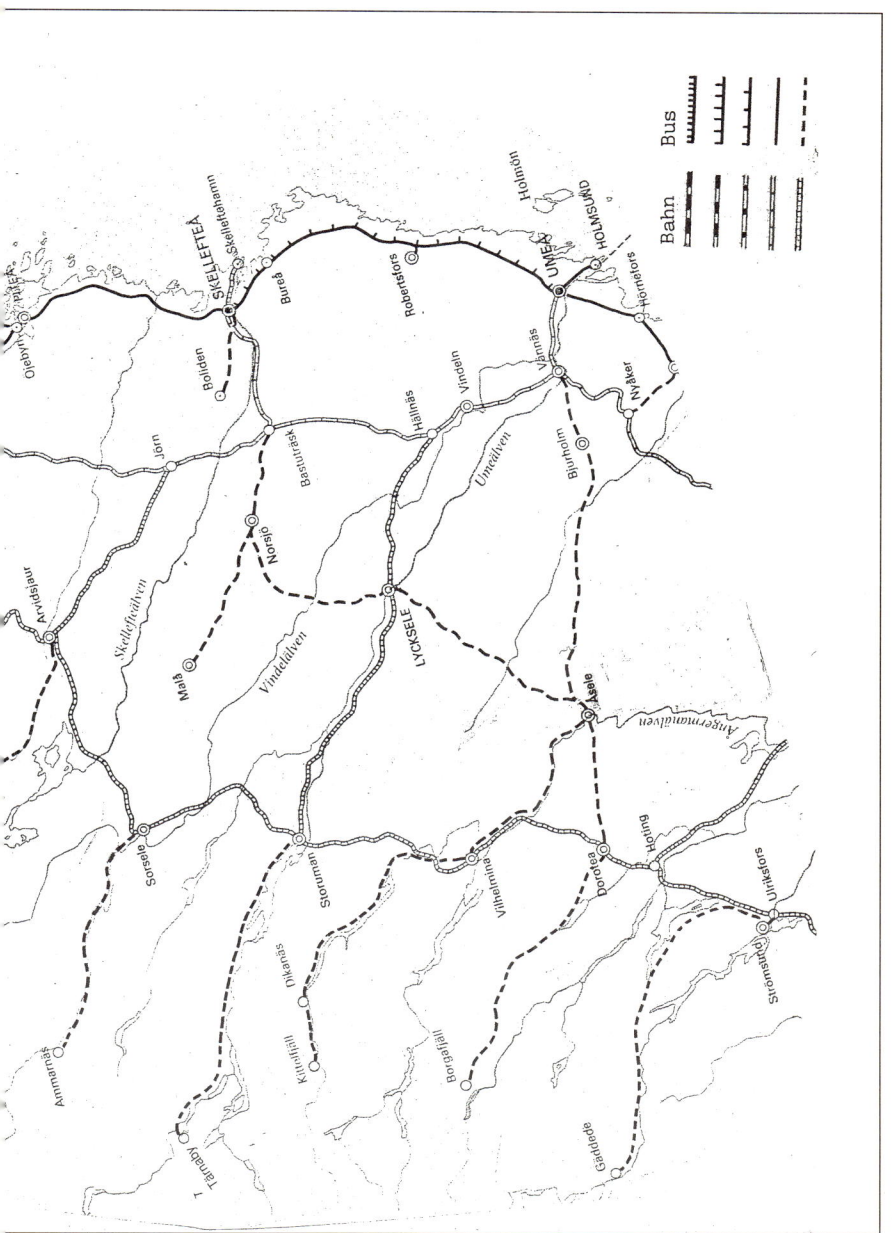

Der Bahnhof von *Apokätno* wird seit 1964 von dem international bekannten Künstler Caí bewohnt. Das Hauptthema seiner Bilder ist das besondere Licht in der Landschaft des Nordens. Ein Besuch seiner jedes Jahr neuen Ausstellung lohnt sich.

Etwas weiter hält der Zug am *Polarkreis*. Hier befinden sich Reisende nur noch 2.610 km vom Nordpol entfernt, und betreten das »Land der Mitternachtssonne«. Wenn die Bahn den einzigen Tunnel der gesamten Strecke hinter sich hat, ist sie bald in *Jokkmokk*. Das Touristenbüro liegt 300 m vom Bahnhof entfernt, zur Sommer-Jugendherberge sind es ca. 800 m und zum Campingplatz 3 km. Die *skogskoja*, eine echte Waldarbeiterhütte, bietet eine originelle Übernachtungsmöglichkeit an. Sie liegt ca. 1 km vom Bahnhof entfernt in der Nähe des Freilichtmuseums. Jokkmokk-Besucher sollten unbedingt in das neue *Ájtte – Schwedisches Fjäll- und Samemuseum* – gehen. Die dortige Ausstellung zeigt Entwicklung und Natur des schwedischen Fjälls und setzt sie in Beziehung zur Kultur der Sami und Siedler. Unterschiedliche Kulturarrangements ergänzen das Angebot.

Gleich hinter Jokkmokk überquert die Bahn den Kleinen und wenige Kilometer weiter den Großen Luleälv. Beide Quellflüsse vereinigen sich in Vuollerim. Der gesamte Luleälv ist Schwedens meistausgebauter Fluß mit insgesamt 15 Kraftwerken.

Kurz vor *Porjus* hält die Bahn in Harsprånget, an Schwedens größtem Wasserkraftwerk mit 940 Megawatt Leistung. Der Ort Porjus ist geprägt vom Kraftwerksbau. Hier wurde 1914 das erste Kraftwerk Lapplands fertiggestellt. Inzwischen ist die alte Kraftstation zum Museum umgestaltet worden. Bei der Weiterfahrt hat man bei schönem Wetter nach Westen hin prachtvolle Ausblicke in die Fjällwelt des Sareks und über das einzigartige Vogelgebiet des Sjaunja-Moores.

Wenn auf der anderen Seite der Bahnlinie der Dundret auftaucht, ist *Gällivare* – 1.313 km von Stockholm entfernt – nicht mehr weit, und damit der nördliche Endpunkt der Inlandsbahn erreicht. Das Touristenbüro liegt etwa 600 m vom Bahnhof entfernt in der ehmaligen Zentralschule – unter einem Dach mit dem Heimatmuseum und einem gemütlichen Café. Die Jugendherberge liegt fünf Minuten Fußweg vom Bahnhof entfernt; zum Campingplatz sind es etwa 2 km, er liegt neben dem hembygdsgården. In der Schwesterstadt *Malmberget* sind das Grubenmuseum und die seit 1988 wiederaufgebaute *kåkstan* (Barackenstadt) sehr interessant.

Wer der Meinung ist, sich noch nicht weit genug im Norden zu befinden, kann die Zugreise mit der Erzbahn bis nach Kiruna oder sogar an die norwegische Küste fortsetzen.

Erzbahn

Vielen wird die *Erzbahn* noch aus dem Erkunde-Unterricht bekannt vorkommen als Transportmittel für das berühmte nordschwedische Eisenerz. Als vor gut 100 Jahren, im März 1888, der erste Erzzug von Gällivare zum Hafen in Luleå rollte, konnte die Ausbeutung der lappländischen Erzfunde in größerem Stil beginnen. 15 Jahre später war die Verbindung des Erzgebietes Kiruna/

Gällivare zur anderen Seite, zum ganzjährig eisfreien Atlantikhafen Narvik, auch fertiggebaut. Mit Recht wird der Bau dieser Eisenbahnlinie, die von Luleå nach Narvik fast ausschließlich durch wegloses Land führte, als Pioniertat angesehen.

Der Schnellzug aus dem Süden kommt nach *Boden*. Dieser Ort ist Knotenpunkt für »Stammbahn«, »Erzbahn« und die Verbindung nach Finnland – außerdem Regimentsstadt.

Eine gute Zugstunde von Boden entfernt liegt *Murjek* – wir sind bereits in Lappland. In der ehemaligen Schule des Dorfes ist ein Sommercafé eingerichtet. Von hier aus besteht Busverbindung ins 65 km entfernte Jokkmokk.

Kurz hinter Murjek überschreitet die Bahnlinie den Polarkreis. Der Zug hält in *Nattavaara*, wo es sich in der Beerensaison lohnen kann, zum Pflücken von Multe-, Blau- oder Preißelbeeren auszusteigen.

Wenn auf der linken Seite die Silhouette des Dundret zu sehen ist, hat man *Gällivare* erreicht. Hier steigen die Reisenden von der Inlandsbahn zu.

Die folgenden Halteplätze bis Kiruna sind Bedarfshaltestellen, an denen die Lokalzüge im Sommer halten. Der Zug passiert *Fjällåsen*, den einzigen Bahnhof auf dem gesamten Teilstück Gällivare–Kiruna, den man mit dem Auto erreichen kann. Hier ist auch ein guter Ausgangspunkt für Wanderungen: durch Moorlandschaft bis ins Gebirge, zum Angelcamp Tjuonajåkk am Kaitumälv, nach Nikkaluokta und zum Kebnekaise.

Hinter dem Kaitumälv liegt *Kaitum*. Die Sehenswürdigkeit dieses Ortes ist eine Kapelle in Form einer samischen Kote, die zur Erinnerung an den schwedischen UNO-Generalsekretär Dag Hammerskjöld errichtet wurde. Die Initiative dazu ging von dem samischen Schriftsteller und Freund Hammerskjölds, Andreas Labba, aus.

Wenige Kilometer weiter heißt der Halteplatz zungenbrecherisch *Sjisjka*. Der Halteplatz wurde in den 40er Jahren eingerichtet, auf Bitte des damals in der Nähe wohnenden berühmten samischen Künstlers Nils Nilsson Skum.

Die Bahnlinie überquert den brausenden Kalixälv, der trotz aller Ausbauabsichten dank einer breiten Gegenbewegung noch im Naturzustand verläuft.

Dann ist *Kiruna* erreicht. Die Silhouette der Stadt wird von den beiden Bergen Kirunavaara und Luossavaara bestimmt, die durch den früheren Tagebau ihr künstlich wirkendes Aussehen bekommen haben. Das Touristenbüro liegt ca. 200 m vom Bahnhof entfernt, die Jugendherberge 500 m, der Campingplatz 1.500 m. In Kiruna kann man die größte unterirdische Grube der Welt besichtigen. Lohnende Abstecher führen von hier aus ins 18 km entfernte Jukkasjärvi oder ins 70 km entfernte Nikkaluokta.

Nördlich von Kiruna überquert der Zug die beiden Arme des Rautas – ein Paradies für Wildwasser-Paddler. Man fährt an *Rensjön* vorbei, einem Wohnort der Sami, und dann ist auch schon der *Torneträsk* zu sehen, Schwedens siebtgrößter See. Am Ufer stehen viele Angelhütten, außerdem kann man viele »Archen« bewundern, kleine Hütten auf Kufen, die man zum Eisangeln auf den See zieht. Die Hütten haben einen Ofen und eine Bodenöffnung zum Angeln. Von *Kaisepakte* aus führt ein Wanderweg ins Kebnekaise-Gebiet.

Dann folgen dicht hintereinander die beiden Bahnhöfe von *Abisko*: Abisko Östra und Abisko-Turist. In beiden Ortsteilen gibt es Einkaufs- und Übernachtungsmöglichkeiten. In Abisko hat der berühmte Wanderweg Kungsleden seinen nördlichen Ausgangspunkt.

Hinter Abisko führt die Bahnlinie oft durch Tunnel oder Schneetunnel (»Galerien«). Nächste Station ist *Björkliden*. Dort gibt es während der Winter- und Sommersaison Einkaufsmöglichkeiten, Hotel- und Hüttenbetten. Auf der Strecke von Abisko bis hinter Björkliden kann man an manchen Stellen, wenn man zurückschaut, einen Blick auf das berühmte *lapporten* (Lappentor) werfen. Das ist ein markanter U-förmiger Taleinschnitt, der auf vielen Postkarten von dieser Gegend abgedruckt ist.

Wenn der Zug in *Tornehamn* vorbeifährt, ragt unterhalb der Bahn aus dem Birkenwald die Turmspitze der Kapelle des *rallarkyrkogård* (Eisenbahnerfriedhof). Hier liegen viele Arbeiter begraben, die um die Jahrhundertwende beim Bau dieser Eisenbahn dabei waren.

Vassijaure ist die nördlichste Bahnstation Schwedens, 1.535 km von Stockholm entfernt. Bei diesem Aufenthalt wird die schwedische Zugmannschaft durch eine norwegische ersetzt.

Der Halteplatz *Katterjåkk* ist allen Schweden aus dem Wetterbericht bekannt. Besonders im Frühjahr, in der Skisaison, wird der in Katterjåkk gemessenen Schneehöhe verstärkte Beachtung geschenkt, weil sie oft die größte in Schweden ist.

Kurz darauf der letzte Bahnhof auf schwedischem Gebiet: *Riksgränsen*. Der gesamte Ort besteht im wesentlichen aus zwei Komplexen. Direkt an der Bahn liegt die riesige Hotelanlage, die alle denkbaren Einrichtungen umfaßt. Gleich

Narvik – Endstation der Erzbahn

daneben liegen Wohnhaus und Atelier-Gebäude von Sven Hörnell, dem berühmten Fjällfotografen. Es lohnt sich, sein Atelier und seine Dia-Shows anzusehen.

Ist man in Malmö in den Zug gestiegen, so hat die Fahrt hierher, 250 km nördlich des Polarkreises, etwa 30 Stunden gedauert.

Die Fahrt in Norwegen vom Gebirge hinunter zum Rombakfjord und nach *Narvik* ist ein großartiges Erlebnis und lohnt sich auch als Tagestour von Abisko, Björkliden oder Riksgränsen aus. Narvik hat eine Seilbahn zu bieten, die auf 650 m ü.d.M. führt. Von hier aus hat man einen guten Überblick über die Erzverladeanlagen im Hafen, bei entsprechendem Wetter sind von dort oben aus sogar die Lofoten zu sehen. Das *Ofoten-Museum* bietet viele interessante Ausstellungsstücke zur Kulturgeschichte dieser Gegend. Das *Kriegsmuseum* dokumentiert die Zeit der deutschen Besatzung Narviks im Zweiten Weltkrieg. Für die Menschen hier im Norden ist dieses Museum eine wichtige Sache. Uns war es zuviel »Krieg« und zuwenig »Frieden«.

Für die mit »Interrail«- oder »Nordtourist«-Karte Reisenden soll noch erwähnt werden, daß von Narvik aus Busverkehr nach *Fauske* besteht, wo man Anschluß an das norwegische Eisenbahnnetz hat (die »Interrail«-Karte gilt nicht für den Bus!).

Wer Zeit hat und gern Boot fährt, sollte die Gelegenheit nutzen und mit einem kleinen Dampfer von Narvik nach *Svolvaer* auf den Lofoten schippern, mit Zwischenstopps an vielen kleinen Inseln.

Autoreiserouten – auch für Langstreckenradler

Die größte Gruppe unter den Touristen, die Lappland besuchen, sind die Autofahrer. Viele kommen allerdings durch dieses Gebiet nur auf der Durchreise nach Nordnorwegen oder zum Nordkap. Die meisten Straßen in Lappland sind asphaltiert und in gutem Zustand. Die Entfernungen zwischen den Orten und Tankstellen sind meist größer, als wir Mitteleuropäer es gewöhnt sind. In Schweden muß man immer mit Abblendlicht fahren, es besteht Anschnallplicht und eine 0,2-Promillegrenze.

Gefahren lauern auf die Autofahrer in Form von Ermüdungserscheinungen bei manchmal lange geradeaus führender Strecke; eine weitere Gefahr stellen Rentiere und Elche dar, die auf die Straße laufen. Schon allein aus diesem Grund ist es wichtig, nicht zu schnell zu fahren. In Schweden gilt innerhalb geschlossener Ortschaften eine Höchstgeschwindigkeit von 50 km/h, auf Landstraßen 70 oder 90 km/h, in Ausnahmefällen auch 110 km/h.

Benzin gibt es mit 95 (nur bleifrei), 96 und 98 Oktan, außerdem Spezialbenzin für Autos mit Katalysatoren. Wer mit einem Wohnmobil mit Dieselmotor einreist, muß seinen Kilometerstand registrieren lassen und bei der Ausreise für die gefahrenen Kilometer eine Diesel-Abgabe zahlen.

Auch im Winter kann man in Lappland Auto fahren. Die größeren Straßen werden regelmäßig geräumt, haben allerdings teilweise einen festen Eisbelag. Dem passen sich die einheimischen Autofahrer dadurch an, daß sie mit Spike-Reifen fahren. Eine Gefahr für die Autofahrer bedeutet die Tatsache, daß der Schnee sehr trocken ist. Dadurch wird er von vorausfahrenden oder überholenden Autos oft so stark aufgewirbelt, daß die Sicht verschwindet. Da hilft nur Abbremsen und ansonsten Abstandhalten. Auf die in Nordschweden zeitweise niedrigen Temperaturen sind die hier fahrende Autos eingerichtet, indem sie einen »Motorwärmer« eingebaut haben. Das ist eine Art Tauchsieder, der – über einen Stecker mit dem Stromnetz verbunden – das Kühlsystem des Motors konstant warm hält. Wer im Winter mit dem eigenen Auto nach Lappland fahren will, sollte eine solche Investition erwägen.

Anreise

Wer von Deutschland aus mit dem eigenen Pkw oder Wohnmobil nach Skandinavien aufbricht, kann unterschiedliche Bequemlichkeit haben, je nachdem, ob er eine längere oder kürzere Fährstrecke auswählt. Von der Bundesrepublik aus bestehen die Fährverbindungen Kiel–Göteborg und Kiel–Oslo, außerdem Travemünde–Trelleborg/Malmö. Wer über Dänemark anreisen will, fährt die »Vogelfluglinie« Puttgarden–Rödby und nimmt dann die kurze Fähre Helsingör–Helsingborg nach Schweden. Wer von Schleswig-Holstein aus nordwärts reist, kann von Fredrikshavn in Dänemark nach Göteborg übersetzen. Für Reisende aus Berlin und den östlichen Bundesländern ist Saßnitz–Trelleborg die günstigste Fährverbindung.

Für die Anreise nach Lappland mit dem eigenen Pkw gibt es von Süden her vier verschiedene Möglichkeiten: Von Norwegen aus (E 6), von der Küstenstraße am Bottnischen Meerbusen aus (E 4), von Östersund aus über den Inlandsweg (Reichsstraße 88) oder von Malmö bzw. Göteborg aus mit dem Autoreisezug. Die letztgenannte Möglichkeit ist sicher die bequemste Art, die lange Anreise (Entfernung Malmö–Kiruna über die Inlandsverbindung 1.830 km!) zu meistern. Allerdings verkehren die Autoreisezüge nur während der schwedischen Industrieferien von Anfang Juli bis Mitte August, weil die Schwedische Eisenbahn keine eigenen Autotransportzüge besitzt, sondern sie von den großen Autoherstellern leihen muß. Wer also mit dem Autoreisezug nach Lappland fahren will, muß rechtzeitig buchen.

Wenn man in Norwegen nordwärts reist, hat man mehrere Möglichkeiten, über die Grenze nach Lappland zu kommen:

– von Formofoss aus in Richtung Gäddede, dort weiter über den Vildmarksväg (vgl. unten);
– von Brekkvasselv nach St. Blåsjön zum Vildmarksväg;
– von Trofors nach Västansjö am Blå vägen/E 79 oder nach Kittelfjäll am Saga vägen;
– von Mo i Rana auf dem Blå vägen in Richtung Storuman;
– von Storfjord auf dem Silvervägen in Richtung Arjeplog;
– von Narvik aus auf dem Nordkalottvägen in Richtung Kiruna.

Den Autofahrern, die die E 4 in Schweden benutzen, bieten sich nördlich von Härnösand/Lunde viele Möglichkeiten, ins Inland in Richtung Lappland abzubiegen. Es gibt größere und kleinere Straßenverbindungen, solche mit vielen und mit sehr vielen Sehenswürdigkeiten an der Strecke, abhängig nur von den Absichten der Autofahrer und ihren angestrebten Zielorten. Die reizvollste Strecke für die Annäherung an Lappland ist zweifellos der *Inlandsweg*. Die Strecke hat ihren Ausgangspunkt in *Mariestad* am Vänern-See, knapp 170 km von Göteborg entfernt. Sie verläuft über *Kristinehamn* – ab hier bis nach Gällivare immer ungefähr parallel zur Inlandsbahnstrecke –, *Filipstad, Mora, Sveg* und *Åsarna*. Nächste Etappe ist *Östersund*, die Stadt, die sich um die Austragung der Olympischen Winterspiele 1998 bewirbt. 100 km nördlich von Östersund, in *Strömsund*, zweigt die Landstraße Nr. 342 Richtung *Gäddede* (124 km) ab. Dort beginnt der landschaftlich sehr interessante Vildmarksväg (s. u.), der die Reisenden über ein Hochplateau in die Landschaft Lappland hineinführt. Etwa 65 km nördlich von Strömsund überschreitet die Straße Nr. 88 die Grenze zur Kommune *Dorotea*, und damit nach Lappland. Die einzelnen Kommunen entlang des Inlandsweges haben sich zu einer Werbegemeinschaft zusammengeschlossen. Sie wollen erreichen, daß die Straße von Göteborg bis Karesuando eine einheitliche Straßennummer (als Europastraße 45) bekommt. Einen Namen haben sie auch schon parat: »Via Lappia«.

Inlandsvägen – Straße Nr. 88
Von *Dorotea*, »Lapplands Südtor«, sind es rund 750 km bis nach *Karesuando* an der Grenze zu Finnland. Als Sehenswürdigkeiten laden hier die Kirche (mit Statuen von Carl Milles) und das Heimatmuseum »Kullerbacken« ein. Von Dorotea aus sind es 30 km bis zum *Blaikfjäll*, wo man im Herbst Pilze und Multebeeren finden kann. 100 km sind es nach *Borgafjäll*, einem schönen Wandergebiet für die ganze Familie. Nach weiteren 20 km endet die Straße in *Sutme*, einem Sommerwohnort der Sami.
Auf dem Weg ins 58 km entfernte *Vilhelmina* kommt man bald an eine Abzweigung nach Åsele, 55 km entfernt. Bei Meselefors überquert die Straße den Ångermanälv. Größte Attraktion in Vilhelmina ist sicherlich die alte Kirchenstadt mit den sorgfältig restaurierten Häuschen. Hier kann man kleine Ferienwohnungen mieten. In der Kirchenstadt befinden sich auch das Heimatmuseum und zwei Läden mit samischem und nordschwedischem Kunsthandwerk. Der Naturlehrpfad auf dem Kirchenhügel bietet den Autofahrern neben Information und Aussicht über den See, auch frische Luft und die Möglichkeit, die Glieder zu strecken.
Kurz hinter Vilhelmina zweigt die Straße Richtung *Stekenjokk* ab (Vildmarksvägen). Die ersten 60 km bis *Stalon* sind identisch mit dem Sagavägen. 20 km weiter ist ein außergewöhnlicher Wasserfall direkt an der Straße zu bestaunen: »Trappstegsforsen« (Treppenstufenfall). Nach weiteren 10 km ist *Saxnäs* erreicht, direkt am Ufer des Kultsjö. Für Kunstinteressierte bietet sich ein Besuch der Ricklund-Villa an. Emma und Folke Ricklund haben hier ein offenes Haus für Künstler geführt, die mit ihren Werken bezahlten. Genau diese Kunstwerke kann man jetzt besichtigen.
Wenige Kilometer hinter Saxnäs zweigt der Weg nach *Fatmomakke* ab. Das ist ein alter samischer Kirchplatz, der sehr schön gelegen ist. Ein Besuch lohnt sich auf jeden Fall.

Die Kirche von Fatomakke

Klimpfjäll, 120 km von Vilhelmina entfernt, ist als Wintersportort bekannt. Das *Fjällfjället Äventyrshotellet* bietet verschiedene sportliche Arrangements auch im Sommer an. Der Norgefarargården ist sehenswert. Nach noch einmal 20 km hat man die ehemalige Stekenjokk-Grube, an der Grenze zu Jämtland mitten auf einem Hochplateau gelegen, erreicht. Durch den Tagebau ist die Landschaft in der Nähe der Grube nicht mehr ansehnlich, aber der Autofahrer wird es zu schätzen wissen, daß ihm über eine mehrere hundert Meter lange Strecke Straßenbeleuchtung wie in der Großstadt geboten wird. Wer die Fahrt nicht weiter nach Süden Richtung Gäddede fortsetzen will, kann hier wenden und seinen Ausflug vielleicht ab Stalon auf ein Stück Saga vägen (s. S. 181) ausdehnen.

Die Straße Nr. 88 kommt schon 69 km hinter Vilhelmina nach *Storuman* und kreuzt dort den Blå vägen. Durch den Ort fließt der Umeälv. Das Touristenzentrum lädt mit allen möglichen Aktivitäten zur Fahrtunterbrechung ein. Bei der Fahrt auf der Straße 88 weiter nach Norden kommt der Reisende nach knapp 50 km an den Vindelälv. Dieser Fluß gehört mit seinen über 60 größeren Stromschnellen und Wasserfällen zu den spannendsten Gewässern Lapplands. Die Landstraße Nr. 363 folgt dem Fluß über weite Strecken. Ein Abstecher lohnt sich, nicht nur wegen phantastischer Ausblicke, sondern auch wegen der Vielzahl gemütlicher Rastmöglichkeiten.

Über *Blattnicksele*, das einen schöngelegenen Campingplatz bietet, kommt man nach 25 km nach *Sorsele*. Die Landstraße 363 führt weiter am Vindelälv entlang Richtung *Ammarnäs* (90 km). Unterwegs kann man nach 60 km in *Gillesnuole*

Station machen, um das alte Kirchengehöft zu besichtigen. Berühmt in Ammarnäs ist der »Kartoffelhügel« *(potatisbacke)*, ein Moränenhügel, auf dem das gesamte Dorf seine Kartoffeln anbaut. Im Ammarnäsgården gibt es einen Naturraum, der über das nahegelegene Vindelfjäll, Europas größtes Naturreservat, informiert. Wer etwas über die Sami, ihre Kultur, ihr Kunsthandwerk oder über die Renzucht erfahren will, besucht den Samegården.

Nachdem zu Beginn der 70er Jahre im schwedischen Reichstag entschieden wurde, den Vindelälv nicht für die Wasserkraft auszubauen, wurde statt dessen einiges zur Ankurbelung des Tourismus in der Gegend getan, u. a. wurde die Straße am Vindelälv bis hinauf nach Ammarnäs asphaltiert.

Die Inlandsstraße führt weiter in östlicher Richtung. Nach etwa 30 km überschreitet sie den Skellefteälv und die Grenze zum Regierungsbezirk Norrbotten. Der Ort heißt *Slagnäs*, und von hier aus gibt es eine kleine Verbindungsstraße, teilweise ohne Asphaltbelag, nach Arjeplog.

55 km hinter Slagnäs erreicht man *Arvidsjaur*, wo die Inlandsstraße den Silberweg kreuzt. Hauptattraktion des Ortes ist das samische Kirchendorf mit Koten und Vorratshäusern. Es stammt aus dem 17. Jh. und wird bis heute noch benutzt.

Gut 50 km nördlich von Arvidsjaur fährt man über den Piteälv. Ein Abstecher führt zum Wasserfall *Trollforsarna*, wo es Hütten, Boote und Fahrräder zu mieten gibt und von wo aus auch Stromschnellenfahrten mit dem Gummiboot gestartet werden. 30 km weiter trifft die Inlandsstraße auf den von Piteå kommenden *midnattsolvägen*. Wer sich hier südwärts wendet, verläßt die Landschaft Lapplands, aber vielleicht ist ja ein Ausflug zum Storforsen, Europas größtem ungebundenen Wasserfall angesagt oder sogar weiter an die Küste ins kleine Städtchen Piteå oder ins malerische Öjebyn. In diesem Fall sollte der Autofahrer Ausschau halten nach den Hinweisschildern »Böleby« und »Garveri«. Folgt man diesen Schildern, kommt man zu Skandinaviens einziger Gerberei, die mit Fichtenrinde anstelle von chemischen Mitteln arbeitet. Die freundlichen Besitzer erklären gerne alles übers Gerben, man kann auch die Werkstatt besichtigen, und in einem kleinen Laden sind handgemachte Schnabelschuhe und sehr gutes Kunsthandwerk aus ganz Norrbotten zu erstehen. Der Ausflug ist nun allerdings etwas länger geworden, denn hin und zurück waren es doch 220 km.

Nach *Jokkmokk* sind es nur noch 60 km. Wer angelbegeistert ist, wird in Kåbdalis einen Abstecher zum Kronogård machen, wer kunstinteressiert ist, wird in Apokätno die Bilder des bekannten Künstlers Caí ansehen, und jeder wird aufmerken, wenn 10 km vor Jokkmokk der Polarkreis überquert wird. Ein Besuch im neuen Ájtte – Schwedisches Fjäll- und Samemuseum – ist ein »Muß« für jeden Lappland-Reisenden.

In *Vuollerim*, 43 km von Jokkmokk entfernt, in Richtung Luleå (Straße Nr. 97), sind Ausgrabungen einer 6.000 Jahre alten Steinzeitsiedlung und Rekonstruktionen der damaligen Lebensweise zu besichtigen.

Direkt hinter Jokkmokk wird der Lilla Luleälv überquert. Wenige Kilometer weiter zweigt die Straße zum 120 km entfernten *Kvikkjokk* ab. Die Strecke ist sehr reizvoll, sie verläuft am Lilla Luleälv entlang bis zu dessen Quellseen. Der Autofahrer muß hier besonders auf Elche achten, und wer Dieselkraftstoff braucht, sollte vorher volltanken, weil es an diesem Weg keine Möglichkeit dazu gibt. Kvikkjokk liegt sehr schön. Es ist nicht nur Ausgangspunkt für längere Wanderungen entlang dem Kungsleden oder Padjelantaleden, sondern lädt auch ein zu verschiedenen Tageswanderungen, bei guter Sicht etwa auf den Sjnerak oder den Prinskullen, um den faszinierenden Blick über die Deltalandschaft zu genießen. Das Delta kann man auch bei einer Fahrt mit dem Motorboot näher kennenlernen.

20 km weiter auf der Straße 88, an der Ligga-Kraftstation, kommen die Reisenden zum Stora Luleälv, dem anderen Lule-Quellfluß. Hier ist der Abzweig zum Muddus-Nationalpark. Nach 12 km über Schotterweg ist der Parkplatz am Muddus erreicht. Zum 42 m hohen Muddus-Fall sind es 6 km zu wandern, zur Moskokårså-Schlucht sind es 5 km. Schön angelegte Rastplätze laden zum Verweilen ein.

40 km nördlich von Jokkmokk erreichen die Autofahrer, immer am Stora Luleälv entlangfahrend, *Porjus*. 1 km hinter Porjus zweigt der Vägen västerut ab, der sein Entstehen dem Ausbau der Wasserkraft verdankt. Die Straße führt die ganze Zeit am Stora Luleälv entlang bis nach *Ritsem* (150 km). An vielen Stellen gibt es Rastplätze mit schönen Ausblicken.

Ab *Vietas* ist die Straße sehr schmal. Die Autofahrer sollten daran denken, ihren Tank vorher zu füllen, da es an dieser Straße keine Tankstelle gibt.

Gällivare ist 50 km von Porjus entfernt. Das Heimatmuseum mitten im Ort ist liebevoll eingerichtet, auch ein Besuch des Freilichtmuseums neben dem Campingplatz lohnt sich. Sehenswert ist auch die alte Kirche am Ufer des Vassaraälv. In der über eine »Stadtautobahn« zu erreichenden, 3 km entfernten Schwesterstadt *Malmberget* wird die Möglichkeit angeboten, eine stillgelegte Grube und das Grubenmuseum zu besuchen. Eine spannende Angelegenheit ist es auch, über die »Fußgängerzone« der 1988 zum 100jährigen Jubiläum der Erzbahn wiederaufgebauten *kåkstan* (Barackenstadt) zu flanieren. Hier gibt es kleine Läden, Handwerker, Lotterien und ein »Café nur für Nüchterne«. Ein weiteres Ziel ist der Dundret, jener Berg am Rande von Gällivare, von dem sich im Winter die Abfahrtsläufer stürzen. An der südlichen Bergseite ist ein Naturreservat eingerichtet. Ein »Naturraum« im großen Blockhaus auf dem Dundret liefert Informationen dazu.

Die letzte Etappe des Inlandsweges führt über 257 km nach *Karesuando*. In Svappavaara biegt man nach 78 km von der Straße nach Kiruna ab und fährt in Richtung *Vittangi* (26 km). Von dort aus besteht die Möglichkeit zu einem lohnenden Abstecher ins 35 km entfernte *Masugnsbyn*, wo ein Hochofen und andere Gebäude der ersten lappländischen Eisenhütte zu sehen sind. Auf dem Rückweg kann man in *Merasjärvi* bei dem Deutschen Klaus-Peter Strand anhalten, um eine der lappländischen Spezialitäten zu kaufen: Kaffe-ost, ein milder Ziegenkäse, den man sich in starken schwarzen Kaffee schneidet.

46 km hinter Vittangi kommt man nach *Nedre Soppero*. Hier müssen alle abbiegen, die ihr Glück beim Goldwaschen in Lannavaara herausfordern wollen. Jetzt sind es nur noch 60 km bis *Karesuando*. Der Ort liegt mitten in der Tundra, direkt an der Grenze zu Finnland. In einem besonderen Hüttendorf kann man in historischen Sami-Koten und Siedlerhäuschen wohnen.

Von Karesuando aus sind es bis zum *Nordkap* noch 481 km (über Alta) beziehungsweise 514 km (über Karasjok/Lakselv).

Torvsjö-Wassermühlensystem

Sagavägen
Sagavägen, die »Märchenstraße«, verbindet *Örnsköldsvik* an der bottnischen Schärenküste mit dem norwegischen *Dönna* am Atlantik (mehr als 600 km). Der Name der Straße ist eine touristische Erfindung, vielleicht ein Hinweis auf die »märchenhaft« schöne Landschaft. 124 km von Örnsköldsvik entfernt kommt man nach *Åsele*. Nach 25 km in Richtung Vilhelmina (alte Straße nehmen!) erreichen die Reisenden die größte Attraktion der Gemeinde Åsele: die Wassermühlen von Torvsjö. Dabei handelt es sich um neun hintereinander in einem Bach angeordnete Wasserräder, die unterschiedliche Mühlen, Sägen und sogar ein kleines Kraftwerk antreiben. Ein technisches Meisterwerk! Bis nach *Vilhelmina* sind es dann noch 43 km.

15 km hinter Vilhelmina, in *Malgovik*, befindet man sich in einem der schwedischen Kältelöcher: Hier wurden am 13. Dezember 1941 –53° C gemessen. Die nächsten 45 km fährt man am Malgomaj-See entlang bis nach *Stalon*. Hier biegt man ab und erreicht nach weiteren 40 km *Dikanäs*, noch einmal 25 km weiter *Kittelfjäll*. Eine Seilbahn führt hoch auf das Fjäll, wo neben einer tollen Aussicht auch ein Naturpfad mit Informationstafeln zu Flora und Fauna wartet. Man kann hier zu Wanderungen in allen Größenordnungen starten, und das Hotel Kittelfjäll bietet alle möglichen Arrangements an. Durch die phantastische südlappländische Gebirgswelt geht die Fahrt über *Skalmodalen* nach *Hattfjelldal* in Norwegen (114 km). Wer eine Rundtour machen will, kann von hier aus nach *Västansjö* am Blå vägen fahren.

Blå vägen (E 79)

Die »Blaue Straße« (der Name bezieht sich auf den Verlauf der Straße am Umeälv entlang) führt von *Holmsund*, wo die Boote aus dem finnischen Vasa ankommen, über *Umeå* nach *Mo i Rana* in Norwegen, eine Fahrt von insgesamt 510 km.

Von Umeå aus sind es 132 km bis ins lappländische *Lycksele*. Von Lycksele aus fährt man 108 km bis nach *Storuman*, von dort noch einmal 135 km bis nach *Tärnaby*. Dieser Name läßt die Herzen der Skienthusiasten höher schlagen, kommen doch Ingemar Stenmark und Stig Strand aus diesem Ort. Im »Alpinarium« kann man ihre Preise und noch einiges mehr besichtigen. Im »Samegården« besteht die Möglichkeit, sich über die samische Kultur und die Renzucht zu informieren. Eine Seilbahn führt zum Laxfjället hinauf. Wanderungen in allen Größenordnungen sind von Tärnaby aus gut möglich, besonders in das angrenzende Naturreservat Vindelfjällen. 10 km hinter Tärnaby befindet sich die erwähnte Abzweigung Richtung Hattfjelldal in Norwegen, mit deren Hilfe man in einer Rundtour über den Sagavägen zurückfahren könnte.

Wenige Kilometer weiter liegt der Ort *Hemavan*, der derzeitige südliche Endpunkt des Kungsleden-Wanderweges. Von hier aus kann man 470 km bis nach Abisko wandern. Ein Besuch im *Tärna-Fjällpark* ist lohnenswert.

Kurz vor der knapp 70 km entfernten norwegischen Grenze kommt man durch die Siedlung *Kåtaviken*. Von hier aus kann man ein ganzes System unterirdischer Grotten erreichen. Dazu notwendig sind auf jeden Fall zwei funktionierende Lampen und ein Schutzhelm. Man kann sich bei der Ortsbevölkerung erkundigen.

40 km hinter der Grenze ist man in *Mo i Rana* an der E 6. Von Storuman aus fahren Busse nach Tärnaby, Hemavan und Mo i Rana.

Silbervägen

Silbervägen, die »Silberstraße«, folgt ein gutes Stück dem alten Transportweg des Silbers. Sie führt von der bottnischen Stadt *Skellefteå* zur norwegischen Stadt *Bodö* am Atlantik über 520 km. Für den Beginn des Weges werden drei Varianten angeboten: neben dem direkten Weg Skellefteå–Arvidsjaur–Arjeplog noch eine nördliche Umgehung Piteå–Älvsbyn–Arvidsjaur und ein südlicher Umweg Skellefteå–Norsjö–Malå–Slagnäs–Arjeplog. Die letztgenannte Strecke soll hier beschrieben werden.

Von Skellefteå zur lappländischen Kommune *Malå* sind es gut 100 km. Nach Slagnäs fährt man rund 60 km auf kleinen, teilweise nicht asphaltierten Straßen. Von dort aus fährt man auf ebenso kleinen Straßen noch einmal gut 50 km bis *Arjeplog*. Eine andere Möglichkeit ist die, von Malå aus Richtung Arvidsjaur zu fahren, um nach rund 60 km die Abzweigung der Straße Nr. 95 in Richtung Arjeplog von der Inlandsstraße zu erreichen. Von hier aus sind es noch 75 bequeme Asphalt-Kilometer bis Arjeplog. Das weltberühmte Silbermuseum des Ortes sollte man sich nicht entgehen lassen.

6 km hinter Arjeplog kreuzt man in *Jäkkvik* den berühmten Kungsleden-Wanderweg (s. S. 188), auf dem man von hier aus nach Norden bis Abisko und nach Süden bis Hemavan wandern kann, letzteres übrigens durch den nahege-

legenen Pieljekaise-Nationalpark. In Jäkkvik besteht auch die einzige Tank-
möglichkeit zwischen Arjeplog und der E 6 in Norwegen.
In *Lillviken*, 30 km hinter Jäkkvik, kann man von der Straße aus den Rånejokk-
Wasserfall sehen. 46 km später ist die norwegische Grenze erreicht. Von hier aus
sind es noch 155 km bis nach Bodö.

Nordkalottvägen
Die »Nordkalottenstraße« verläuft von *Luleå* am Bottnischen Meerbusen über
Töre, Överkalix, Gällivare und Kiruna nach *Narvik* an der norwegischen
Atlantikküste. Die gesamte Strecke ist 550 km lang, das Teilstück zwischen
Kiruna und Narvik wurde 1984 eröffnet.
Nachdem man Överkalix etwa 50 km hinter sich hat, beginnt die Landschaft
Lappland. Vor Gällivare biegt die Straße 98 nach Norden ab und verläuft ge-
meinsam mit der 88 bis *Svappavaara*. Da befindet man sich bereits seit der
Brücke über den Kalixälv in der Gemeinde Kiruna (Entfernung Gällivare–Kiru-
na 127 km). 10 km vor Kiruna geht es zu einem Abstecher nach *Jukkasjärvi*.
Diesen Ort gab es lange vor der Stadt Kiruna. Sehr interessant sind hier das
Freilichtmuseum und die älteste Kirche Lapplands.
Kirunas Stadtbild wird von den beiden Bergen Kirunavaara und Luossavaara
geprägt, die durch den Erzabbau ein terrassenförmiges Aussehen erhalten ha-
ben. Besichtigungen der größten unterirdischen Grube der Welt werden im
Sommer mehrmals täglich vom Touristenbüro angeboten.

Die Kirche von Jukkasjärvi

Ein Ausflug ins 70 km entfernte *Nikkaluokta* ist lohnenswert. Dort kann man im Schatten von Schwedens höchstem Berg, dem Kebnekaise (2.111 m), Wanderungen machen oder Bootsfahrten im Vistas-Delta unternehmen. Das neue Touristenzentrum ist es wert, bei einer Tasse Kaffee und einem lappländischen Imbiß genauer in Augenschein genommen zu werden.

55 km hinter Kiruna erreicht man den großen See *Torneträsk*. An ihm geht es entlang, begleitet von immer neuen phantastischen Ausblicken, nach *Abisko*. In dieser kleinen Siedlung befindet sich die einzige Tankstelle auf der Strecke Kiruna–Narvik. Dort gibt es Läden, Restaurants und unterschiedliche Übernachtungsmöglichkeiten. Abisko ist ein Ort mit einer sehr geringen Niederschlagsmenge, ein »Sonnenloch« also. So wird es sich wahrscheinlich lohnen, mit dem Sessellift auf den Njulla hochzufahren, um die herrliche Sicht zu genießen. Ein Besuch im »naturrum« von Abisko vermittelt Kenntnisse über die Spezialitäten von Flora und Fauna im Abisko-Nationalpark und in den angrenzenden Gebieten. Die lange Strecke des Kungsleden – 470 km Wanderweg bis nach Hemavan – hat hier ihren nördlichen Ausgangspunkt.

Schon wenige Kilometer weiter liegt das nächste Touristenzentrum *Björkliden*. Etwas weiter kann man an einem Rastplatz halten und nach etwa 3 km Spaziergang den alten Eisenbahnerfriedhof von *Tornehamn* besichtigen, der in der Nähe der Bahnstrecke mitten im Birkenwald liegt.

Von Abisko nach *Riksgränsen* sind es 37 km. Riksgränsen ist eines der führenden schwedischen Skigebiete, mit Abfahrtsmöglichkeiten bis in den Juni. Die obligatorische Hotelanlage bietet allen Service. Auch als Ausgangspunkt für Wanderungen ist Riksgränsen interessant. Der berühmte Fjällfotograf Sven Hörnell wohnt hier. Er führt beeindruckende Multivisionsshows vor und bietet neben seinen Bildern Kunsthandwerk aus ganz Lappland zum Verkauf an.

Von der Grenze sind es nur noch 46 km bis nach Narvik.

Wanderrouten

Dieses Kapitel ist für Leute geschrieben, die einen »Wandereinstieg« in Lappland finden wollen. Wer die Gegend um den Polarkreis schon öfter zu Fuß erkundet hat, kennt seine Lieblingsstrecken und Wunschziele für die nächsten zehn Jahre. Diesen Lesern wünschen wir nur weiterhin viel Spaß. Alle anderen dürfen hier keine detaillierten Streckenbeschreibungen erwarten, denn es gibt so unendlich viele Möglichkeiten, daß deren Beschreibung allein ein Lebenswerk werden könnte.

Wir möchten hier den *Kungsleden* (»Königspfad«) vorstellen, eine Wanderroute, die von »alten Hasen« mehr oder weniger verächtlich »Wanderer-E 4« genannt wird, die aber für alle Neulinge, wie wir finden zu Recht, begehrenswert ist. Dazu geben wir Hinweise auf Abzweige, Umwege, »Verkehrsknotenpunkte« und Strecken, die eine Entdeckung wert sind.

Der Kungsleden wurde in den 20er Jahren nach und nach bezeichnet und mit Rasthütten versehen. In den 40er Jahren hatte er bereits eine Länge von 383 km und führte von Abisko nach Jäkkvik. Heute kann man den Wegzeichen von *Abis-*

ko nach *Hemavan* folgen (ca. 500 km), und der Anschluß an vorhandene Wanderwege im Norden bis Treriksröset und im Süden bis Grövelsjön (Dalarna) ist geplant. Etwa 1.200 km kann der König dann auf seinem Pfad zurücklegen und dabei die nördliche Hälfte seines Reiches kennenlernen. Die meisten der lappländischen Nationalparks mit ihren geologischen und biologischen Besonderheiten werden vom Kungsleden berührt, und alles, vom Kahlfjäll mit Aussicht auf Gletscher und Bergspitzen, über Fahrten auf eisigen Bergseen bis zum Eindringen in dichten Urwald mit Brücken über rauschende Flüsse und den Genuß am Vogelgezwitscher im lichten Birkenwald wird den Wanderern geboten.

Zwar sind tatsächlich Teile des Kungsledens im Sommer sehr stark frequentiert, besonders die »Rennstrecke« Abisko nach Nikkaluokta, doch zählt gerade sie zu den schönsten Abschnitten. Hier gibt es auch die Möglichkeit, einen kleinen Seitensprung zu machen und später wieder auf den Hauptweg zu treffen. Will man auf dem Kungsleden bleiben, ist keine Rundwanderung möglich, und für eine Teilstrecke muß man 4–6 Tage einplanen, ehe man wieder ein Verkehrsmittel erreichen kann. Autofahrer müssen also auch Anfangs- und Endpunkt ihrer Wanderung entsprechend planen. Die Strecke *Abisko–Nikkaluokta* bietet sich unter anderem deshalb an. Autofahrer können ihren Wagen in Kiruna stehenlassen und mit der Bahn nach Abisko fahren. Von Nikkaluokta aus gibt es Busverbindungen wieder zurück nach Kiruna.

Fangen wir also im Norden an. Direkt an der Bahnstation *Abisko-Turist*, 3 km hinter Abisko Östra, liegt das neu errichtete »Tor« zum Kungsleden. Seitdem

Das »Tor« zum Kungsleden in Abisko

1984 die Straße Kiruna–Narvik fertiggestellt wurde, hat die Zahl derjenigen zugenommen, die Tagestouren im Abisko-Nationalpark machen. Eine STF-Fjällstation bietet allen möglichen Komfort, aber Voranmeldung ist nötig. Wer Zeit hat, sollte ruhig den ersten Tag mit einer Sesselliftfahrt und Wanderung auf den Njulla verbringen, von dem die Aussicht auf das nordschwedische Fjäll berauschend sein kann.

Doch zurück zum Kungsleden: Entlang dem Abiskojåkkå und Abiskojaure erreicht man nach 15 km *Abiskojaurestugan* (*stuga* = Hütte) mit 45 Betten, Nottelefon und Proviantverkauf. Danach führt der Weg hoch ins Gebirge, aber immer durch Täler. Nach 22 km erreicht man die *Alesjaurestuga* mit 90 Betten, Nottelefon und Proviantverkauf. In diesem Gebiet gibt es unzählige Möglichkeiten, Nebenstrecken zu gehen, allerdings nicht immer ohne Zelt. Freunde des Rundwanderns können hier z. B. in nordöstlicher Richtung an der anderen Seite des Alesjaure zurück – und am Fuße des Pakkapahuktjåkka über den Alesätno gehen (Brücke). Durch das Bessesvaggi erreichen sie dann die Bahnstation Kaisepakte (insgesamt ca. 5 Tage). Von Alesjaure nordwestlich liegt die Hütte *Unna Allakas,* von der aus man entweder nach Norden bis Riksgränsen (Bahn) oder nach Norwegen zum Rombaksfjord oder auf anderem Wege nach Narvik gelangt. Selbstverständlich ist auch umgekehrt der Einstieg in den Kungsleden so möglich, so daß man die am stärksten frequentierte Strecke im Nationalpark vermeidet.

Weiter führt der Kungsleden südlich zur *Tjäktjastuga,* 13 km von Alesjaure. Jetzt folgt der Tjäktjapaß, der höchste Punkt der Strecke mit 1.150 m ü. d. M. Hinter der *Sälka-Hütte* (Proviantverkauf), nach 12 km, teilt sich der Weg wieder. Wer nicht auf dem Kungsleden 12 km weiter zur *Singistuga* laufen will, kann hier nach Osten abbiegen und an der Kebnekaise-Fjällstation vorbei Nikkaluokta erreichen. Bei schönem Wetter lohnt sich ein Aufenthalt in der Fjällstation, wo man die Möglichkeit hat, eine geführte Wanderung auf einen der Kebnekaise-Gipfel zu machen. Eine andere Alternative führt von Sälka aus nach Westen an der Hukejaurestuga vorbei zur *Sitasjaurestuga.* Hier fährt der Postbus dreimal in der Woche über Ritsem nach Gällivare. Die Hochebene um Sitasjaure hat durch den Wasserkraftausbau ihren Reiz verloren, es ist dort stellenweise jetzt ganz einfach häßlich. Der Vorteil dieses Weges ist aber, daß man von Ritsem aus über den Akkajaure fahren und so direkt den *Padjelantaleden* erreichen kann. Auch hier kann man ohne Zelt (in ca. 8–10 Tagen) bis nach *Kvikkjokk* gehen, wo man wieder auf den Kungsleden trifft.

Von Singi geht es ansonsten weiter nach Süden zur *Kaitumjaurestuga* (12 km), auch hier Nottelefon und Proviantverkauf. In dem besonders reizvollen Teusatal liegt nach nur 9 km die *Teusajaurestuga.* Nach 8 km Bootsfahrt über den Teusajaure und 14 km Wanderung erreicht man schließlich an der *Vakkotavarestuga* wieder eine Straße. Ein Bus fährt hier im Sommer täglich nach Ritsem (Boot zum Padjelantaleden) oder in die andere Richtung nach Kebnats (Boot zum Kungsleden), Luspebryggan (Inlandsbahnstation) und Gällivare.

Weiter also auf dem Kungsleden: Das Boot von Kebnats bringt die Wanderer zur *Saltoluokta-Fjälistation,* einem ziemlich großen Hotel- und Jugendherbergsbetrieb mit gutem Essen, wo man sich aber auch selbst versorgen kann. Vorherige Anmeldung ist erforderlich. Wer hier gleich weitergehen will, kommt über ein

Bootsfahrt über den Sitojaure

weites Hochtal, in dem sich etwa auf der Mitte der Strecke ein Windschutz für die Rast befindet, nach 20 km zur *Sitojaurestuga*. Nach 4 km Bootsfahrt über den Sitojaure und einer Wanderung sehr steil bergauf und sehr steil bergab (kein Wasser unterwegs!) kommt man nach 9 km in *Aktse* an. Hier machen viele Wanderer eine Pause, um diese großartige Gegend zu genießen (Proviantverkauf erleichtert das). Aktse ist auch heute noch ein Berghof, dessen Bewohner ihren Lebensunterhalt mit Bootsfahrten, Jagd und Fischfang verdienen. Ausflüge mit dem Boot ins Rapadelta und auf den würfelförmigen heiligen Berg Nammatj sowie eine Bergtour auf den markanten Skierfe mit phantastischem Blick über das Delta bieten sich hier an und sind sehr zu empfehlen!

Auf dem nächsten Abschnitt führt der Kungsleden durch den südöstlichsten Zipfel des Sarek-Nationalparks, auf dessen Gletscher man schon vom Skierfe aus blicken konnte. Wenn man vom Rittak herabsteigt, kommt man in einen Birkenurwald. Nach 24 km erreicht man die *Pårtestugorna*. Die nächste Fjällstation mit Dusche und Laden wartet schon nach 16 km in *Kvikkjokk*. Hier gibt es auch einen Campingplatz, Ferienhütten und tägliche Busverbindungen nach Jokkmokk (Inlandsbahn) oder Murjek (Hauptbahnlinie). In Kvikkjokk stößt der Padjelantaleden von Ritsem auf den Kungsleden, und von ihm aus kann man im Tarradal nach Westen abzweigend Sulitelma in Norwegen erreichen (Bus nach Fauske zur norwegischen Bahnlinie). Dafür braucht man zur Zeit noch ein Zelt und ca. eine Woche Zeit. Am *Pieskehaure* ist eine neue Hütte gebaut, bis 1991 soll eine in *Vaimok* dazukommen, so daß diese Verbindung auch für Leichtgepäck-Wanderer sichergestellt ist. Hier handelt es sich allerdings um eine Hochgebirgstour mit den entsprechenden Wettergefahren – und der entsprechenden Superaussicht bei Sonne.

Von Sulitelma oder Pieskehaure aus gibt es die Möglichkeit, südlich weiter nach Mavas (Angelcamp) über Jurunbron nach Vuoggatjålme zu laufen, wo es Busverbindungen nach Jäkkvik zum Kungsleden oder weiter nach Arjeplog und Arvidsjaur (Inlandsbahn) gibt. Weiter auf dem Kungsleden läßt man sich aber von Kvikkjokk mit dem Boot nach *Mallenjarka*, einem alten Berghof, fahren. Von jetzt an braucht man auf dem Pfad ein Zelt, weil die Hütten zu weit auseinanderliegen.

Durch den Wald geht es jetzt 15 km nach *Tsielekjåkk*, wo in den nächsten ein, zwei Jahren ebenfalls eine Hütte gebaut werden soll. Augenblicklich existiert dort nur ein Windschutz mit zwei Pritschen und ohne Brennstoff. Am Fuße des 1.552 m hohen Repentjåkko und wieder durch Waldland erreicht man nach 23 km *Västerfjäll*, einige Höfe, wo man private Unterkunft bekommen kann. Hier ist auch ein Angelaufenthalt möglich.

Die nächste Etappe, 34 km nach *Vuonatjviken*, wird man sich wahrscheinlich aufteilen. Zuerst 2 km Bootsfahrt über den Tjeggelvas, dann durch den Wald hinauf auf den Bergrücken Barturte, wo man durch angenehme Fjällheide geht, gelangt man schließlich zum Gåbdok, über den man knapp 1 km selbst rudern muß. Danach senkt sich der Weg hinab zu dem Berghof *Vuonatjviken*, wo man wieder private Unterkunft und Angelscheine bekommen kann.

Jetzt wird der Kungsleden zur »Wasserstraße«: 10 km Bootsfahrt über den Riebnes, dann nur 7 km Wanderung bis Sautaluokta und noch einmal 12 km Bootsfahrt über den Hornavan – nach 29 km erreicht man *Jäkkvik*. Die Bootsfahrten bestellt man am besten in Vuonatjviken.

Jäkkvik ist ein Kirchenplatz ähnlich wie Kvikkjokk. Es gibt hier Hotel, Jugendherberge und Ferienhütten. Mit dem Bus erreicht man Arjeplog und Arvidsjaur (Inlandsbahn) oder auf norwegischer Seite Storjord und die Bahn.

Auf dem Kungsleden zwischen Jäkkvik und Ammarnäs ist nun unbedingt ein Zelt erforderlich. Zuerst führt der Weg in den kleinen Pieljekaise-Nationalpark, hinauf in den Einschnitt zwischen Pieljekaise und Gaisatj. Dann umrundet man den Lutaure, an dessen Ostende eine Brücke über den Fluß führt. Durch Waldland kommt man nach 27 km in *Adolfström* an. Dieses kleine Dorf war ein Hüttenwerk für die Silbergrube im Nasafjäll. Über alte Wege kann man die Grube an der Laisstuga und dem Ballonåive-Massiv vorbei noch erreichen. Sie liegt direkt an der norwegischen Grenze. Von Randalsvollen an der E 6 sind es nur wenige Kilometer hinauf zum Nasafjäll. In Adolfsström gibt es Übernachtungsmöglichkeiten und an einigen Tagen in der Woche Busverbindung über Laisvall nach Arjeplog. Über den Iraft gibt es eine Bootsverbindung nach Bäverholmen. Mit der Brücke über den Laisälven und vorbei an der Svaipavalle sameviste erreicht man nach 22 km *Snjultje sameviste*, wo es ein Telefon gibt. In südlicher Richtung zuerst durch Wald und an mehreren Seen vorbei und dann über das Björkfjäll kommt man nach 35 km in *Ammarnäs* an und ist damit in Västerbotten. Ammarnäs ist ein Bergdorf mit allem Service und Busverbindungen nach Sorsele (Inlandsbahn). Westlich von Ammarnäs liegt das familienfreundliche Ammarfjäll im Vindelfjällens-Naturreservat, dem größten Naturschutzgebiet Europas. Hier bietet sich wieder ein »kleiner« Abstecher an: Entlang dem Vindelälv über Vitnjul und Dalovardo und dann nach Süden über Skidbäckstugan zum Tärnasjön hat man das Ammarfjäll einmal umrundet und wieder den Kungsleden erreicht.

Wer das nicht will, geht direkt 8 km zur *Aigertstuga* und weiter 20 km zur *Tärnasjöstuga*. Dort gibt es ein Nottelefon. Am Tärnasjö entlang sind es 14 km zur *Syterstuga* (Nottelefon). Jetzt geht es zum Schlußspurt noch einmal hinauf ins Norra Storfjället, 13 km zur *Viterskalsstuga* (Nottelefon) und schließlich hinunter zum Endpunkt des Kungsledens: 9 km nach *Hemavan*. Hier bieten sich den Wanderern wieder alle Bequemlichkeiten in unterschiedlichen Preislagen an sowie Verkehrsverbindungen nach Mo i Rana in Norwegen und über Tärnaby, Storuman (Inlandsbahn) und Lycksele nach Umeå an der schwedischen Ostküste.

An der Strecke Abisko–Kvikkjokk liegen 14 Hütten, ohne Ruhetag kann man sie also in 13 Tagen schaffen. Von Kvikkjokk nach Ammarnäs sind es ca. 185 km, auf denen die Hütten in weiten Abständen liegen. Je nach Kondition und Wetter kann man mit Zelt- und Kochausrüstung im Rucksack 12–18 km am Tag schaffen. Das wären also 10–16 Tage reine Wanderzeit. Das südlichste Stück Ammarnäs–Hemavan ist 64 km lang und hat Hütten in 8–20 km Abstand. In fünf Tagen kann man diese Strecke wandern, wenn man jede Station ausnutzt.

Wahrscheinlich wird es Schnelläufer geben, die die gesamte Strecke in drei Wochen gehen, aber vier bis sechs Wochen sind realistischer. Die meisten Wan-

Tundralandschaft

derer werden sich sowieso nur nach und nach ein Teilstück vornehmen und das Charakteristische dieser Gegend genießen – jeder auf seine Art.

Ab Anfang September kann man nicht mehr mit *Motorbootservice* rechnen. Leider – denn für die südlichen Strecken, die mehr im Waldland liegen, ist die Zeit ab Mitte August als Wanderzeit günstiger, weil dann die größte Mückenplage vorbei ist. Aber für die paar Touristen, die dann noch unterwegs sind, lohnt sich wirklich keine Bootslinie. Empfehlenswert ist es, sich zu erkundigen, wann auch die Ruderboote winterfest gemacht werden.

In den *STF-Hütten* kann es in der Hochsaison schon mal zu Gedränge kommen, aber kein Wanderer wird abgewiesen, notfalls muß man mit einer Matratze auf dem Fußboden vorlieb nehmen. Allerdings kann auch keiner damit rechnen, länger als eine Nacht in einem Bett schlafen zu dürfen: sollte viel Betrieb sein, muß man in der zweiten Nacht für die Neuankömmlinge räumen. Aber in der Regel ordnet sich das alles von selbst.

Die *Fjällstationen* haben teilweise Hotelbetrieb, deshalb ist eine Anmeldung zu empfehlen. Eine Matratze auf dem Fußboden muß aber auch hier jeder bekommen. Adressen:

Abisko Turiststation, S-98024 Abisko, Tel. 09 80/4 00 00;

Kebnekaise Fjällstation, S-98129 Kiruna, Tel. 09 80/1 81 84;

Saltoluokta Fjällstation, S-97200 Gällivare, Tel. 09 73/4 10 10–11;

Kvikkjokks Fjällstation, S-96045 Kvikkjokk, Tel. 09 71/2 10 22.

Eine aktuelle *Wanderkarte* zu erhalten ist zur Zeit nicht so einfach, denn das gesamte Kartenwerk wird umgearbeitet. *Nya Fjällkartan* ist jetzt also veraltet. Die neuen Karten heißen wieder nur *Fjällkarta* und haben ein lila Design. Damit alles etwas verwirrender wird, hat man auch gleich die Blatteinteilung mit verändert. Eine gute Ergänzung für begeisterte Kartenleser bilden die Vegetationskarten, auf denen neben den Vegetationszonen auch gewisse geologische Informationen enthalten sind. Über folgende Kartenzentralen kann man immer die neueste Auflage erhalten: Vasagatan 16, S-11120 Stockholm; Götagatan 11, S-41105 Göteborg; Östergatan 11, S-21125 Malmö.

Reisetips von A–Z

Reisetips von A–Z

ARZTBESUCH

Zwischen Schweden und der Bundesrepublik Deutschland sowie Österreich gibt es Behandlungsabkommen. Dementsprechend benötigt man keinen Krankenschein. Bei einem Arztbesuch ist eine Gebühr von 100 Kronen zu zahlen. Beim Zahnarztbesuch ist ein Kostenanteil von 60 % zu tragen. In der Apotheke ist eine Rezeptgebühr von 65 Kronen zu entrichten.

BOTSCHAFTEN

Deutsche Botschaft, Skarpögatan 9, S-11527 Stockholm, Tel. 08/63 13 80.
Schweizer Botschaft, Skeppsbron 20, S-11130 Stockholm, Tel. 08/2 -72 70.
Österreichische Botschaft, Kommendörsgatan 35, S-11458 Stockholm, Tel. 08/23 34 90.

GELD

Landeswährung sind schwedische Kronen (skr). 1 Krona = 100 Öre. Es gibt 1000-, 500-, 100-, 50- und 10-Kronen-Scheine, Münzen zu 5 skr, 1 skr sowie 50- und 10-Öre-Stücke. Wechselkurs Ende 1990: 100 DM = 375 skr. Die Einfuhr ist unbegrenzt. Ausfuhrbegrenzungen max. 6.000 skr, andere Währungen bis 25.000 skr.
Die Öffnungszeiten der Banken: 9.30–15 Uhr; in größeren Städten 9.30–17.30 Uhr, samstags geschlossen; am Tag vor einem Feiertag nur bis 13 Uhr geöffnet.
Auf Postämtern kann man von seinem Postsparbuch Geld abheben. Höchstbetrag innerhalb von 30 Tagen: 2.000 DM; pro Tag nicht mehr als 1.000 DM. Der Höchstbetrag für Euroschecks beträgt 1.400 skr pro Scheck. Euroschecks sind in Schweden im Kommen. In vielen Hotels, Restaurants und Geschäften werden sie bereits als Zahlungsmittel angenommen.
Auch Kreditkarten werden als Zahlungsmittel akzeptiert: American Express, Visa, Diner's Club, Master Card, Euro Card.

Trinkgeld ist in den meisten Preisen inbegriffen. Bei Taxifahrten sollte man jedoch 5 bis 10 % des Fahrpreises als Trinkgeld geben.

INFORMATIONEN

Allgemein
Svenska Institutet, Box 7473, S-10391 Stockholm.
Schwedische Touristikinformation, Glockengießerwall 2–4, 2000 Hamburg 1, Tel. 040/33 01 85.
Reisebüro Norden, Ost-West-Straße 70, 2000 Hamburg 11, Tel. 040/36 32 11.
Schwedisches Reisebüro, Joachimstaler Str. 10, 1000 Berlin 15, Tel. 030/8 82 15 16.
Reisebüro Norden, Immermannstr. 54, 4000 Düsseldorf, Tel. 02 11/36 09 66.

Touristenbüros

Die Touristenbüros in den Hauptorten sind während der Sommersaison (Mitte Juni bis Mitte August) in der Regel von 9 bis 21 Uhr geöffnet. Außerhalb der Saison haben sie oft nur bis 15 Uhr geöffnet und sind während der Mittagspause und an den Wochenenden geschlossen.
Die Touristenbüros geben genaue Auskünfte über lokale Veranstaltungen.
Nachfolgend sind die Adressen der ganzjährig geöffneten Touristenbüros aufgeführt:
Arjeplogs Turistbyrå, Storgatan 20, S-93090 Arjeplog, Tel. 09 61/1 12 20;
Arvidsjaurs Turistbyrå, Ö Skolgatan 18, S-93300 Arvidsjaur, Tel. 09 60/1 58 00;
Dorotea Turistbyrå, Torget, Storgatan 42, S-91070 Dorotea, Tel. 09 42/1 12 06;
Gällivare Turistbyrå, Storgatan 16, S-98231 Gällivare, Tel. 09 70/1 86 63;
Jokkmokks Turistbyrå, Stortorget 4, S-96231 Jokkmokk, Tel. 09 71/1 21 40;
Kiruna Turistbyrå, Hjalmar Lundbohmsväg 42, S-98185 Kiruna, Tel. 09 80/1 88 80;
Lycksele Turistbyrå, Storgatan 29, S-92100 Lycksele, Tel. 09 50/3 74 74;

Reisetips von A–Z

Sorsele Turist o Fritidsbyrå, Stationsgatan, S-92070 Sorsele, Tel. 09 52/1 09 00; Tärnaby Turistbyrå, Västra Strandvägen 11, S-92064 Tärnaby, Tel. 09 54/1 04 50; Vilhelmina Turistbyrå, Storgatan 17, S-91200 Vilhelmina, Tel. 09 40/1 11 00.

Wandern
Svenska Turistföreningen (STF), Vasagatan 48, S-10120 Stockholm, Tel. 08/7 90 31 00.

Paddeln
Svenska Kanotförbundet, Idrottens hus, S-12387 Farsta, Tel. 08/7 13 64 18.

Radfahren
Cykelfrämjandet, Box 3070, S-10361 Stockholm, Tel. 08/10 10 86.

Naturschutz und Nationalparks
Naturvårdsverket, Box 132, S-17125 Solna, Tel. 08/7 99 10 00.
Naturskyddsföreningen, Box 4510, S-10265 Stockholm, Tel. 08/7 02 02 10.

Landkarten
Lantmäteriverket, S-80182 Gävle, Tel. 026/15 30 00.

NOTRUF

In ganz Schweden ist die Notrufnummer 9 00 00; der Notruf ist von jeder Telefonzelle möglich und durch Knopfdruck gratis.

ÖFFNUNGSZEITEN

Geschäfte sind im allgemeinen von 9.30 bis 18 Uhr geöffnet, samstags bis 13 Uhr, während der Touristensaison oft auch bis 16 Uhr, außerdem auch am Sonntag zwischen 11 und 16 Uhr. Fast immer gibt es auch ein oder mehrere Geschäfte am Ort, die jeden Tag abends bis 20 oder 21 Uhr geöffnet haben. Ansonsten haben fast alle *Tankstellen* eine Lebensmittelabteilung und sind im Sommer bis 21 Uhr oder sogar bis 24 Uhr geöffnet.

Banken haben in der Regel von 9.30 bis 15 Uhr geöffnet, allerdings nur montags bis freitags.
Die *Post* hat von Montag bis Freitag von 10 bis 18 Uhr, am Samstag bis 12 Uhr geöffnet.

PANNEN

Falls man eine Panne hat, sucht man im Telefonbuch nach »Larmtjänst« (schwedische Pannenhilfe und Abschleppdienst). Oder man bittet die nächste Tankstelle um Hilfe.

RADIO

»Radio Sweden Europe« sendet von Juni bis September täglich Nachrichten, Wetterberichte und Veranstaltungstips u. a. auf deutsch auf Mw 118 mHz – 254 m. Die »Deutsche Welle« kann man auf KW 6075 kHz = 1179 mHz empfangen.

SPRACHE

Touristen können sich in Lapland im allgemeinen mit Deutsch oder Englisch – unter Zuhilfenahme von Händen und Füßen – verständigen. Einige schwedische Vokabeln sind aber vielleicht trotzdem ganz hilfreich. Zwei Worte können große Wirkung haben: *tack* bedeutet danke und bitte, *hej* ist die übliche Begrüßung.

stängd	geschlossen
tysk	deutsch
pengar	Geld
vykort	Postkarte
frimärke	Briefmarke
biljett	Fahrkarte
läkare	Arzt
tåg	Zug
söndag	Sonntag
måndag	Montag
tisdag	Dienstag
onsdag	Mittwoch
torsdag	Donnerstag
fredag	Freitag
lördag	Sonnabend

Reisetips von A–Z

ett	1
två	2
tre	3
fyra	4
fem	5
sex	6
sju	7
åtta	8
nio	9
tio	10
tidtabell	Fahrplan
hejdå	Auf Wiedersehen

Fast alle Namen und Geländebezeichnungen in Lappland sind *samischen* Ursprungs. In den Karten sind die samischen Ausdrücke zu finden. Da sie sehr genau das Gelände beschreiben, kann es hilfreich sein, sie zu verstehen. Deshalb s nd hier einige häufige Begriffe in ihrer nord- und lule-samischen Form aufgeführt und übersetzt.

áhpi, ape	großes Moor, Moorlandschaft
bákti, pakte	Steilwand
coalmi, tjålme	Sund
cohkka, tjåkkå	Berggipfel
corru, tjärro	Bergrücken
eatnu, ätno	Fluß
gáisi, kaise	steiles Gebirge
gorsa, kårså	enges Tal, Klamm
jávri, jaure	See
jeaggi, jägge	Moor
jietnja, jiekna	Eis, Gletscher
johka, jåkkå	Bach
láhku, lako	weitgestreckte Fjällheide
luokta	Bucht
luoppal	kleiner See, durch den ein Fluß läuft
luspi, luspe	Auslauf aus einem See
njárga, njarka	Halbinsel
njunni, njunnje	Bergausläufer
sáivag saiva	See
skáidi, skaite	Landzunge am Zusammenfluß von zwei Wasserläufen
suolu, suolo	kleine Insel
vággi, vagge	U-förmiges Tal, Talgang
várri, vare	Berg, Fjäll
alip, alep	westl cher, höher

lulip, lulep	östlicher
bajip, pajep	oberer, höherer
vuolip, vuolep	unterer, niedrigerer
gaska, kaska	zwischen

Im Sommer kann man im Gebirge ziemlich oft auf Sami treffen. Vielleicht ist es nett, für eine solche Begegnung zwei samische Wörter zu kennen: *Bures* bedeutet Guten Tag und wird mit *bures, bures* beantwortet. Danke heißt *giitu*.

TELEFON

Für das Telefon ist in Schweden nicht die Post zuständig, sondern »Televerket«. Für Telefonzellen benötigt man Ein- und Fünf-Kronen-Stücke (Mindesteinwurf 2 skr).
Die Vorwahlen:
nach Deutschland: 0 09 49.
nach Österreich: 0 09 43.
in die Schweiz: 0 09 41.
Nach der Vorwahl Signalton abwarten, dann die Ortskennzahl ohne die 0 wählen.

UHRZEIT

In Schweden gilt die Mitteleuropäische Zeit (auch Sommerzeit).

UNTERKUNFT

Die Campingplätze haben meistens einen sehr guten Standard. Dort gibt es fast immer auch Wohnwagenstellplätze mit elektrischem Anschluß. In der Regel verfügen die Campingplätze auch über ein Hüttendorf *(stugby)*, das Größe und Ausstattung betreffend sehr unterschiedlich sein kann.
Die Jugendherbergen *(vandrarhem)* sind nicht nur für Jugendliche. Hier wohnen auch ältere Leute, es gibt Familienzimmer, auch für Paare. Einige Herbergen nehmen vom 1. September bis 1. Juni nur Gruppen von mindestens neun Personen nach Voranmeldung auf. Anmeldung ist immer günstig. Einzelpersonen müssen aber aufgenommen werden.

Hotels haben entsprechend ihrem Standard sehr unterschiedliche Preise; Berghotels verfügen oft über eine Wandererabteilung mit einfachem Standard und Selbstversorgungsmöglichkeit. Hotelrestaurants bieten meist preiswerte Frühstücksbuffets und Tagesgerichte an, die auch Campingplatzbenutzer ausprobieren können. Tagsüber gibt es keinerlei Kleidervorschriften.

VERKEHRSWEGE

Informationen über Verkehrsregeln, Straßenverhältnisse etc. erhält man bei *Trafiksäkerhetsverket*, S-78186 Borlänge.
Der STF gibt jedes Jahr neu eine Broschüre »Turisttrafik i fjällen« (Anreise und Verkehrsverbindungen in Zusammenhang mit Wanderwegen) heraus, die etwa ab Mai beim STF (Adresse s. S. 193) gegen internationale Portogutscheine zu bestellen ist.
Informationen zur Inlandsbahn und Inlandsstraße sind zu bekommen bei *Stiftelsen Turismutveckling*, Kyrkgatan 56, S-83134 Östersund, Tel. 0 63/12 76 90.
Folgende Stellen informieren über Busverkehr: *Postens Diligenstrafik*, Box 502, S-92100 Lycksele; *Länstrafiken i Västerbotten*, Storgatan 36, S-92100 Lycksele; *Länstrafiken i Norrbotten*, Box 183, S-95623 Överkalix.
Informationen zur Erzbahn: *SJ Malmbanedivision*, Box 21, S-98121 Kiruna, Tel. 09 80/ 7 40 00.

VERLEIH

Fahrräder und Boote können in fast jedem Ort geliehen werden, in der Regel beim Touristenbüro und/oder Campingplatz. Wer ein Boot leiht, bekommt pro Person eine Schwimmweste dazu, deren Benutzung in Anbetracht der Temperaturen in den lappländischen Gewässern dringend empfohlen wird. Kajaks werden in Schweden selten verliehen, hier sind Kandadier eher üblich. Wander- und Skiausrüstung kann in den meisten Berghotels ausgeliehen werden.

ZEITUNGEN

Deutschsprachige und internationale Zeitungen sowie Bücher gibt es nur in Städten bei »Pressbyrån«, in den Zeitungsabteilungen der Warenhäuser, an größeren Tankstellen. Achten Sie auf die Zeichen »i-p« (international press)!

ZOLL/EINFUHRBESTIMMUNGEN UND EINREISE

1. Zur Einreise benötigt man einen gültigen *Reisepaß* oder *Personalausweis*. Bei Kindern unter 16 Jahren reicht ein Kinderausweis.
2. Personen unter 20 Jahren dürfen keinen Alkohol mitbringen, Personen unter 15 Jahren keine Tabakwaren. Pro Person ist zollfrei: 1 Liter Spirituosen, 1 Liter Wein (oder 2 Liter, wenn keine Spirituosen mitgebracht werden) und 2 Liter Bier.
3. *Verzollungsmenge und Preise* für Spirituosen. Es können 5 Liter Wein und/oder Schnaps (freie Zusammenstellung) und 5 Liter Bier zusätzlich zur erlaubten Menge (s. o.) verzollt werden. Schnaps: 180 skr pro Liter; Sekt 56 skr pro Liter; Bier 11 skr pro Liter; Wein (über 15 %) 56 skr pro Liter; Wein (unter 15 %) 25 skr pro Liter.
4. Erlaubte *Tabakwaren* pro Person: 200 Zigaretten oder 100 Zigarillos oder 50 Zigaretten oder 250 g Tabak mit 200 Blatt Zigarettenpapier.
5. *Verpflegung*: Personen über 12 Jahren dürfen 15 kg Lebensmittel mitnehmen. Obst, Kaffee, Tee, Gewürze und Gemüse nach Bedarf (Gesamtwert 1.000 skr). Einfuhrverbot besteht für Kartoffeln, Wurzelgemüse, Bohnen, Erbsen, Milch, Sahne, Quark, Frischkäse, Eier und Frischfleisch, ausgenommen in Konserven.
6. Für *Tiere* besteht 4 Monate Quarantäne-Pflicht wegen Tollwutgefahr.
7. *CB-Funker* müssen vor der Reise eine Genehmigung einholen: Televerkets Radiovision, Tillståndskontoret, S-12386 Farsta.
8. *Jagdwaffen* können nur eingeführt werden, wenn vorher bei der Polizeibehörde des

Einreiseortes eine Genehmigung eingeholt wurde; die Kosten dafür betragen knapp 100 DM.

9. *Video-Ausrüstungen* sind normalerweise abgabefrei. Sollte die Ausrüstung die normalen Bedürfnisse für Urlaubsreisen übersteigen, wird u. U. Zoll erhoben. Tragbare Fernsehgeräte sind immer zollfrei.

10. Das *Kraftfahrzeug* braucht bei der Einreise ein Nationalitätenkennschild (D, CH, A). Die internationale Versicherungskarte empfiehlt sich, ist jedoch nicht Pflicht.

11. Diesel-Wohnmobile müssen bei der Einreise ihren Kilometerstand registrieren lassen und bei der Ausreise entsprechende Abgaben bezahlen.

12. Wer mit dem *eigenen Boot* kommt und zollpflichtige Waren an Bord hat, muß auf direktem Weg einen Zollhafen anlaufen. Dort müssen Dokumente über Nationalitätennachweis/Heimatnachweis des Bootes sowie Eigentumsverhältnisse vorgelegt werden.

Zollauskünfte erteilt die Bundesstelle für Außenhandelsinformationen, Blaubach 13, 5000 Köln, und das Schwedische Hauptzollamt, Generaltullsstyrelsen, Box 2267, S-10316 Stockholm, Tel. 08/7 89 73 00.

Literaturauswahl

Alex, Wulf: Wandern unter der Mitternachtssonne, Herford 1979.

Andersson, Lars: Schneelicht, München 1981.

Bäärnhielm, Göran: I Norrland hava vi ett Indien. Gruvdrift och kolonisation i Lappmarken under 1600-talet, Stockholm 1978.

Burmeister, Axel (Hg.): Schweden. Ein Reisehandbuch, üb. Aufl., Rieden 1990.

Crottet, Robert: Verzauberte Wälder, München 1976.

Curry-Lindahl, Cai,: Sarek – Stora Sjöfallet – Padjelanta. Drei Nationalparks in Schwedisch-Lappland, Stockholm 1969.

Eriksson, Jörgen I. (Hg.): Samisk Shamanism, Stockholm 1988.

Ersson, Boris/Hedin Brigitta: Wir sind Lappen. Lappenkinder erzählen, Reinbeck 1978.

Falck-Ytter, Harald: Das Polarlicht. Mit Fotos von Thorbjörn Löfgren, Stuttgart 1983.

Falkenson, Christina: Inlandsbana. En resehandbok, Östersund 1986.

Fjellström, Phebe: Samernas samhälle i tradition och nutid, Värnamo 1985.

Gelotte, Ann-Madeleine: Ida Maria aus Lappland, Zürich 1981.

Groth, Östen: Ur Norrbottens historia, Luleå 1984.

Hagemann, Gustav: Das Leben der Lappen, Iserlohn 1976.

Hallencreutz, Carl F.: Till alla folk. Ur svenska kyrkans missionshistoria, Stockholm 1985.

Höijer, Björn Erik: Die Lawine, 1964.

Hörnell, Sven: Mitt Lappland, Riksgränsen 1982.

Hultkrantz, Åke: Die Religion der Lappen, in: Religionen der Menschheit, Bd. 3, Stuttgart 1962.

Johnson, Eyvind: Hier hast Du Dein Leben, 1951.

Ders.: Zeit der Unruhe, 1960.

Jonason, Jan/Mårtensson, Solveig (Hg.): Sverigefakta '88.

Kasten, Erich: Kulturwandel bei den Samen, Berlin 1983.

Kohl-Larsen, Ludwig: Reiter auf dem Elch. Volkserzählungen aus Lappland, Kassel 1971.

Ders.: Die steinerne Herde. Von Trollen, Hexen und Schamanen.Volkssagen aus Lappland, Kassel 1975.

Ders.: Das Haus der Trolle. Märchen aus Lappland, Kassel 1982.

Labba, Andreas: Anta, Leipzig 1969.

Lidmann, Sara: Im Land der gelben Brombeeren, 1959.

Dies.: Das Teertal, 1967.

Linné, Carl von: Lappländische Reise, Frankfurt 1964.

Lundmark, Lennart: Koloni i norr, 1971.

Manker, Ernst: Volk der acht Jahreszeten. Das große Lapplandbuch, München 1964.

Ders.: Nåidkonst. Trollrummans bildvärld, Halmstad 1965.

Madej, Hans: Lappland, Hamburg 1985.

Naturvårdsverket (Hg.): Sarek – Mythos und Wirklichkeit, 1986.

Nilsson, Edvin: Sarek. Wanderungen in Schwedens letzter Wildnis, Stockholm 1972.

Nordh, Bernhard: Schatten über Marshalde, 1947.

Ders.: Die Liebenden von Gulbrandstal, 1954.

Nordisches Kunstzentrum (Hg.): Sámi Daidda. Kunst aus Lappland, Helsinki 1986.

Rönn, Gunnar: Land der Samen, Stockholm 1961.

Ruong, Israel: Samerna i historien och nutiden, Stockholm 1982.

Ders.: Die Samen, Identität und Identitätskriterien, Luleå 1985.

Schwedisches Staatliches Amt für Umweltschutz (Hg.): Schwedische Nationalparks, Frankfurt 1984.

Schwedische Zentrale für Tourismus (Hg.): Schweden. Erlebnis-Ferien in Skandinavien, erscheint jedes Jahr neu.

Söderlind, Lars (Hg.): Med utgångspunkt från Kvikkjokk, Solna 1982; auch englisch: Outward bound from Kvikkjokk.

Svenska Naturskyddsföreningen (Hg.): Värt att se i Sveriges natur. En reseguide, Stockholm 1983.

Svenska Samernas Riksförbund (Hg.): Informationsskrift, Luleå 1987.

STF (Hg.): Fjällhandbok (deutsch: Gebirgswandern in Schweden), jedes Jahr neu.

Turi, Johan: Erzählung von dem Leben der Lappen, Helsinki 1982.

Valkeapää, Nils-Aslak: Ich bin des windigen Berges Kind. Lieder und Texte aus Lappland, Wald 1985.

Västerbottens Länsturistnämd (Hg.): Västerbotten – Södra Lappland, Kanot- och
Vandringsleder.

Västerbottenförlaget (Hg.): Sameland i för-
vandling, Bureå 1986.

Völker der Arktis, Nr. 119 von »pogrom –
Zeitschrift für bedrohte Völker«, Göttingen
1985.

Vorren, Ö./Manker, E.: Die Lappen, Braunschweig 1967.

Wallquist, Einar: A'zt im hohen Norden, Zürich 1958.

Personen- und Sachregister

Ortsregister

TESSA HOFMANN

EXPRESS REISEHANDBUCH

ARMENIEN GEORGIEN

ZWISCHEN ARARAT UND KAUKASUS

MUNDO

400 Seiten
farbige Karte
im Umschlag,
26 farbige und
96 s/w-Abb.
viele Karten
ISBN
3-87322-001-6

In den Jahren 110, 230 und 287 fanden in Armenien Christen-verfolgungen statt. 301 wurde die armenisch-apostolische Kirche gegründet – die älteste bestehende Staatskirche der Welt! Josef Stalin wurde in Georgien geboren, und seine Verehrung dort ist ungebrochen. Seit 337 ist das Christentum Staatsreligion in Georgien. Fahren Sie von Etschmiadsin direkt nach Kutaissi, dessen Geschichte bis in die Alt-Steinzeit reicht. Sie können nur sehen und erleben, was Sie sich vorher angeeignet haben – mit dem Express-Reisehandbuch aus dem Mundo-Verlag.

MUNDO VERLAG
2950 LEER · POSTFACH 2207

EXpress Reisehandbücher

– machen dort weiter, wo andere schon lange aufhören…

Argentinien Dirk Bruns (Hg.), 488 S., 28 farbige, 115 s/w Abb., ISBN 3-87322-037-7, DM 39,–
Australien Roger Bendisch/Uwe Seidel (Hg.), 495 S., 39 farbige, 110 s/w Abb., ISBN 3-87322-002-4, DM 39,–
Armenien – Georgien Tessa Hofmann, 400 S., 80 farb. u s/w Abb., ISBN 3-87322-001-6, DM 39,–
Dänemark – Färöer-Inseln, Hermañ U. Soldan (Hg.), ca. 340 S., 80 farb. u s/w Abb., ISBN 3-87322-004-0, DM 39,–
Finnland Wolfgang Albrecht (Hg.), 296 S., 140 Abb., ISBN 3-87322-003-2, DM 39,–
Griechenland Barbara Hoffmann (Hg.), 702 S., ca. 13 farb., 195 s/w Abb., ISBN 3-87322-006-7, DM 44,–
Hong Kong Nando Belardi (Hg.), 402 S., 28 farbige, 73 s/w Abb., ISBN 3-87322-009-1, DM 39,–
Indien Bd. 1 (Politik – Kultur) Eberhard Schmitt, 341 S., 22 Abb., ISBN 3-87322-010-5, DM 34,–
Italien Matthias Kroß (Hg.), 464 S., 32 farbige, 134 s/w Abb., ISBN 3-87322-012-1, DM 39,–
Irland Albrecht Steinecke (Hg.), 508 S., 100 farb. und s/w Abb., ISBN 3-87322-011-3, DM 39,–
Kanada Maria Feltes/Thomas Feltes, 384 S., 29 farbige, 89 s/w Abb., ISBN 3-87322-013-X, DM 39,–
Lappland Irmtraud Feldbincer/Wolfgang Stahlberg, 208 S., ca. 60 farb. u. s/w Abb., ISBN 3-87322-014-8, DM 29,–
Malta – Reisen eines Ahnungslosen, Joy Markert, 260 S., 10 s/w Abb., ISBN 3-87322-031-8, DM 28,–
Mexiko Hennke/Bultmann/Dettmer (Hg.), 448 S., 26 farbige, 92 s/w Abb., ISBN 3-87322-015-6, DM 39,–
Neuseeland Wolf-Rüdiger Gericke (Hg.), 504 S., 26 farbige, 109 s/w Abb., ISBN 3-87322-016-4, DM 39,–
Niederlande Hans-Jürgen Moritz (Hg.), 352 S., 17 farbige, 69 s/w Abb., ISBN 3-87322-018-0, DM 39,–
Norwegen Karsten Döfert (Hg.), ca. 360 S., 80 farb. u. s/w Abb., ISBN 3-87322-020-2, DM 39,–
Nordind. Himalaya E. Schmitt, 400 S., 17 farb. u. 74 s/w Abb., zahlr. Pläne, ISBN 3-87322-019-9, DM 39,–
Ostafrika · Reisetips Fritz Gleiß (Hg.), 520 S., zahlreiche farbige u. s/w Abb., ISBN 3-87322-021-0, DM 39,–
Ostafrika · Politik, Kultur, Ökonomie, Fritz Gleiß (Hg.), 520 S., ISBN 3-87322-040-7, DM 39,–
Portugal R. Steinecke/A. Steinecke (Hg.), 403 S., 15 farb., 160 s/w Abb., ISBN 3-87322-022-9, DM 39,–
Schweden Axel Burmeister/Thomas Kuntze (Hg.), 382 S., ca. 150 Abb., ISBN 3-87322-023-7, DM 39,–
Skyros Walter Schoendorf, 112 S., 15 farbige, 37 s/w Abb., ISBN 3-87322-008-3, DM 16,–
Spanien Gudrun Hennke (Hg.), 508 S., ca. 150 farb. u. 80 s/w Abb., ISBN 3-87322-024-5, DM 39,–
Südtürkei Klaus Ho defehr/Eberhard Schmitt, 320 S., 13 farbige, 34 s/w Abb., ISBN 3-87322-007-5, DM 29,–
Südpaz. Inseln S. Gabel/A. Regel (Hg.), 456 S., 100 farb. u. s/w Abb., ISBN 3-87322-025-3, DM 39,–
Türkei Bd. 1 (Politik – Kultur) Eberhard Schmitt, 400 S., 51 Abb., ISBN 3-87322-027-X, DM 39,–
Türkei Bd. 2 (Reise) Eberhard Schmitt (Hg.), 600 S., 26 farb. u.28 s/w Abb., ISBN 3-87322-028-8, DM 39,–
Ungarn András Rigó (Hg.), 302 S., 14 farbige, 131 s/w Abb., ISBN 3-87322-029-6, DM 39,–
Mit dem Fahrrad nach Istanbul Christoph Schroeder, 272 S., 47 s/w Abb., ISBN 3-87322-026-1, DM 26,–
Mit dem Fahrrad durch Neuseeland Horst H. Schulz, 190 S., 40 s/w Abb., ISBN 3-87322-017-2, DM 24,–

MUNDO-Verlag
2950 Leer, Postfach 22 07